本书就个人破产的制度构建、基本原则、适用对象、债务人财产、债权人债权以及破产清算、和解、重整等一系列法律实务问题进行分析和探讨。全书分11章、55节，并引编了15个裁判案例说明司法观点。本书是我国第一部专门探究个人破产法律实务之作，希望得到读者的喜爱。

作者

2021年5月

个人破产

法律实务

Legal Practice of

PERSONAL BANKRUPTCY

江丁库◎主编

金永熙　柯宇航　林　达　胡　珊　戴元斌◎副主编

法律出版社
LAW PRESS·CHINA
北京

图书在版编目(CIP)数据

个人破产法律实务 / 江丁库主编. -- 北京:法律出版社, 2021
ISBN 978-7-5197-6267-4

Ⅰ.①个… Ⅱ.①江… Ⅲ.①破产法-研究-中国 Ⅳ.①D922.291.924

中国版本图书馆 CIP 数据核字(2021)第 257424 号

个人破产法律实务
GEREN POCHAN FALÜ SHIWU

江丁库 主编

策划编辑 周 洁 朱轶佳
责任编辑 周 洁 朱轶佳
装帧设计 李 瞻

出版发行 法律出版社
编辑统筹 司法实务出版分社
责任校对 王 丰
责任印制 胡晓雅
经 销 新华书店
开本 710 毫米×1000 毫米 1/16
印张 24.5 **字数** 360 千
版本 2021 年 12 月第 1 版
印次 2021 年 12 月第 1 次印刷
印刷 固安华明印业有限公司

地址:北京市丰台区莲花池西里 7 号(100073)
网址:www.lawpress.com.cn
投稿邮箱:info@lawpress.com.cn
举报盗版邮箱:jbwq@lawpress.com.cn
销售电话:010-83938349
客服电话:010-83938350
咨询电话:010-63939796

书号:ISBN 978-7-5197-6267-4
定价:88.00 元
凡购买本社图书,如有印装错误,我社负责退换。电话:010-83938349

前 言

企业和自然人是社会两大市场基础主体，但我国目前只有企业破产制度而无自然人破产制度，故《中华人民共和国企业破产法》被认为是“半部破产法”。

随着改革开放的不断深入、私营经济的不断发展以及消费观念的不断变化，建立个人（自然人）破产制度势在必行。中共中央、国务院《关于新时代加快完善社会主义市场经济体制的意见》（2020 年 5 月 11 日）明确提出，推动个人破产立法，实现市场主体有序退出。此后，浙江、江苏等地也开展与个人破产功能相当的“个人债务集中清理制度”试点工作，参照《中华人民共和国企业破产法》的规定办理了不少的个人破产案件。深圳经济特区出台了《深圳经济特区个人破产条例》，率先建立了个人破产制度。根据深圳市个人破产信息公开平台显示，自《深圳经济特区个人破产条例》于 2021 年 3 月 1 日施行以来，截至 2021 年 10 月上旬，深圳市中级人民法院收到 756 宗个人破产申请，正式启动破产程序 17 宗。从试点地区的实践来看，个人破产制度的建立，对个人摆脱债务困境重获生机、促进社会稳定和经济发展都具有重要意义。但是，各试点地区人民法院对个人破产的程序安排、具体做法、问题解决不尽相同。

为构建个人破产法律体系并使之具有实务价值，北京德恒（温州）律师事务所破产管理人团队的五位律师根据自然人属性和“个人债务集中清理”的司法实践，依照《中华人民共和国民法典》并参照《中华人民共和国企业破产法》以及《深圳经济特区个人破产条例》的有关规定，撰写了本书。

目　录

CONTENTS

第一章

个人破产概述

我国民事主体分为自然人、法人、非法人组织三大类，其中，企业法人破产已有《企业破产法》规范，非法人组织如无法律规定则可参照《企业破产法》规定进行破产清算，当前我国破产制度的最大缺陷是没有自然人破产法律规范。

第一节　构建个人破产制度的必然性

我国至今未建立个人破产制度，既有历史原因又有现实原因。在中华人民共和国成立至改革开放前的30多年时间里，曾有很多人认为，人民群众应当共享劳动成果，不应有个人破产。再说，当时人民群众生活水平低下，只能解决温饱问题，没有多少财产，个人破产缺乏社会基础和经济条件，人们的观念中也就没有破产概念。改革开放后，人民群众生活水平不断提高，财产积累越来越多，但也有人在市场经济中败下阵来而负债累累，在此情况下，有人认为，如果轻易建立个人破产制度会使一些人恶意举债消费，然后通过破产逃避债务。还有人认为，个人破产制度需要以个人财产登记制度和良好的个人社会信用为基础，而我国个人财产登记制度和个人信用机制尚不完善，故建立个人破产制度缺乏基础条件，实践中也难以执行。

笔者认为，随着市场经济特别是私营经济的不断发展，随着越来越多的个人参与市场经济活动，以及消费观念的不断变化，建立个人破产制度已具必然性。

一、建立个人破产制度是拯救债务人最有效的法律措施

自然人是社会活动的基础主体，解放自然人的生产力，激活自然人的积极性，对国家社会稳定和市场经济发展具有决定性意义。然而，在市场经济的环境中，并非所有自然人都是“幸运儿”，做生意亏本、办企业倒闭的比比皆是。因我国现行民事法律规定个人承担无限债务责任，故个人如果身背巨额债务，就有可能一辈子陷入债务困境而不能解脱。在现实中，有些债权人打着“欠债还钱天经地义”的旗号，采取威胁、殴打、拘禁等方式暴力讨债，逼得债务人胆战心惊、东躲西藏，甚至在绝望中自杀。

我国民法对债务的清偿和债权的实现有明确规定，但一直偏向于债权保护，而疏忽一定条件下的债务免除，故不能有效地拯救“资不抵债”的债务人。如果建立个人破产制度，在保障债务人及其家庭基本生活条件的同时，通过破产程序免除其不能清偿的债务，将会使其从债务危机中解脱出来，从绝望中得以拯救，并有机会继续参与市场经济活动，以求东山再起。

二、建立个人破产制度是解决“执行难”最有效的法律措施

长期以来，“执行难”不仅是困扰人民法院的突出问题，而且是人民群众反映强烈、社会各界极为关注的热点问题。法院为了解决“执行难”绞尽了脑汁，穷尽了措施，因此也取得了显著成效。但是，单凭强制执行不可能根本解决问题，如将被执行人纳入失信名单，虽对解决“执行难”起到一定作用，但过分使用或者滥用该措施会使“资不抵债”的个人深陷债务不能自拔。我们在实践中发现，不少债务人虽然一时创业失败或者因其他原因出现“资不抵债”情形，但有潜在能力恢复过来，若被法院纳入失信名单，会导致其声誉严重受损，堵塞融资渠道，商业机会丧失殆尽，结果反而对债权人不利。以温州两级法院为例，2018 年度新收执行案件 94,286 件，纳入失信被执行人名单 64,723 人次，限制高消费 137,355 人次，罚款 8231 人次，司

法拘留7926人次，追究拒执刑事责任142人，拍卖财产5139件次，累计腾空不动产4618处，执行到位金额195.36亿元，实际执行率62.4%，执行标的到位率53.5%。从上述数据中可以看出，温州两级法院强制措施很多，执行力度很大，执行成效也很显著，但实际执行率还有37.6%的差距，执行标的到位率还有46.5%的差距，其中主要原因是大部分被执行人确无履债能力“不能执行”，而非法院执行不力。从全国法院的执行情况来看，真正执行完毕而结案的比率不高，反而不能执行和未执行完毕的占多数，法院在穷尽执行措施后对无法实际到位的执行案件，只能作“本次执行程序终结”处理，这些案件其实并未执行完毕，仍挂在法院那里。

破产程序实际上是一种概括性的执行程序，即为全体债权人的利益而对债务人财产进行的特别执行程序，且破产程序比执行程序具有更为强大的财产调查、财产控制的功能，更为有效地解决债权债务问题。建立个人破产制度，将“资不抵债”个人的所有债务案件统一纳入破产清算，对经破产清算仍不能清偿的债务在一定条件下予以免除，也就能基本解决“执行难”的问题。因此，建立个人破产制度是解决“执行难”最有效的法律措施。

最高人民法院院长周强在2018年10月24日第十三届全国人民代表大会常务委员会第六次会议上所作的《关于人民法院解决“执行难”工作情况的报告》中指出：“民商事案件中，约18%的案件是‘执行不能’案件。”“一些交通事故、人身损害赔偿、刑事附带民事诉讼等案件，被执行人自始就财力有限，甚至‘家徒四壁’，确无清偿能力。实践中，许多当事人及社会公众认为生效法律文书是以国家信用作背书，只要有生效文书就一定要执行到位，要求法院兜底、承担化解一切风险的‘无限责任’。从世界各国通例来看，‘执行不能’案件都属于当事人应当承担的商业风险、法律风险、社会风险，并非法院执行不力所致，需要通过个人破产、社会救助等制度机制予以解决，不属于申请执行的范围，不能进入执行程序。”周强院长还建议借鉴国外的通用做法“推动建立个人破产制度，完善现行破产法，畅通‘执行不能’案件依法退出路径”。周强院长指出“执行难”的症结所在和彻底解决个人“资不抵债”问题的根本途径是建立个人破产制度。

最高人民法院于2018年10月24日向全国人大常委会提交的《关于人民

法院解决“执行难”工作情况的报告》表明，民商事案件中，约18%的案件是“执行不能”案件。这类案件所涉债务大致分为两类：一类是法人债务，另一类是自然人债务。对于前者，目前已有破产程序、执转破程序予以化解。对于后者，则应重点通过个人破产制度解决。2019年2月，最高人民法院发布《关于深化人民法院司法体制综合配套改革的意见——人民法院第五个五年改革纲要（2019—2023）》，将“研究推动建立个人破产制度及相关配套机制，着力解决针对个人的执行不能案件”纳入五年改革纲要。

三、建立个人破产制度能够最大限度保护债权人的公平受偿权

普通执行程序是为个别债权人的利益而实施的，旨在满足个别债权人的债权诉求，当债务人出现“资不抵债”情形，且有多个债权人时，普通执行程序往往会造成不公平现象，即先诉先执的债权人先受偿，后诉后执的债权人只能就债务人的剩余财产受偿，未诉未执的债权人往往分文不得。此外，个人债务人在“资不抵债”的情况下，很有可能对亲戚好友等债权人自行个别清偿，结果不能清偿其他债权人的债权，造成其他债权人的损失。由此可见，普通民事执行程序和债务人个别清偿，对其他债权人的债权受偿和债权实现是不公平的。破产程序作为概括性的执行程序，旨在保护全体债权人的利益而对债务人的全部财产进行执行，对全体债权人进行公平分配。因此，建立个人破产制度，将债务人个人的所有债务案件统一纳入破产程序一并处理，并依法阻断个别清偿，将能最大限度保护债权人的公平受偿权。

四、建立个人破产制度能够促进社会信用体系的完善

《民法典》总则编第7条规定：“民事主体从事民事活动，应当遵循诚信原则，秉持诚实，恪守承诺。”这条规定的诚实信用原则是市场交易和社会交往的一种普遍要求，具有价值引领的重要功能，为判断相关民商事主体的信用状况提供了重要的法律根据，也为未来社会信用法的制定和运行提供了强大的法律支持。

从金融信贷制度来看，在企业向金融机构申请贷款时，大多数金融机

构（主要是商业银行）不管企业信用如何都要求企业提供财产担保，在企业自有财产不能满足担保要求的情况下，要求法定代表人、股东等提供个人财产担保或者保证担保。当企业贷款到期未能偿还时，就会牵涉个人担保问题，即处置个人财产来清偿企业的债务，这就产生了两个问题：一是企业信用和金融信贷制度不能发挥作用；二是将企业的债务风险转嫁给个人承受。这虽对金融机构实现贷款债权有利，却违背了企业法人有限责任原则。如果建立个人破产制度，个人破产与企业破产一样保护债权人的公平受偿债权，则能倒逼金融机构完善和落实金融信贷制度，阻断单凭财产担保放贷的做法，通过财产担保和企业信用相结合的方式来防范和化解贷款风险。

从个人信用来看，良好的个人信用和足够的个人财产是个人进行大额融资的两个基本条件，如果缺乏这两个基本条件，个人是难以从金融机构或者民间获得大额借款的。但由于个人信用程度难以评估，国家也难以建立完善的个人信用体制，由此造成个人融资难、债权人实现债权难等问题。如果建立个人破产制度，则可倒逼有关部门建立个人信用体系，倒逼个人为了方便交易、融资以及寻求破产保护而自觉遵守诚实信用原则。

个人破产立法的问题，现已引起党和国家的重视。国家发展和改革委员会等十三个部委经国务院同意联合印发的《加快完善市场主体退出制度改革方案》（发改财金〔2019〕1104 号）中提出，“研究建立个人破产制度”“逐步推进建立自然人符合条件的消费负债可依法合理免责，最终建立全面的个人破产制度”。并将“解决企业破产产生的自然人连带责任担保债务问题”作为个人破产制度的首要和重点问题进行解决。债务人如果违反诚实信用原则，实施恶意逃债或者破产欺诈的行为，个人破产法则可规定惩治的措施加以制止。中共中央、国务院《关于新时代加快完善社会主义市场经济体制的意见》明确提出，健全破产制度，改革完善企业破产法律制度，推动个人破产立法，实现市场主体有序退出。此后，也就有了《深圳经济特区个人破产条例》（以下简称《深圳个人破产条例》）和江苏、浙江等地的“个人债务集中清理制度”。

第二节　个人破产的立法构想

个人破产制度的构建所要达到的目的是制定个人破产法。个人破产法是自然人因生产经营、生活消费导致不能清偿到期债务或者资产不足以清偿全部债务时，法院依当事人申请对其进行破产处置的法律规范。这里从立法模式的选择和主要方法两方面出发，谈谈个人破产的立法构想。

一、个人破产立法模式的选择

在法学界，不少专家对我国个人破产的立法模式提出不少看法。在借鉴国外经验方面，有的主张参照西方国家或日本的个人破产模式结合我国国情立法。在破产能力方面，有的主张采用商人破产主义立法，即具有商人身份的自然人才适用个人破产；有的主张采用一般破产主义，即所有自然人都适用个人破产。

笔者认为，我国采取商人破产主义而排除非商人破产是不符合《民法典》第4条“民事主体在民事活动中的法律地位一律平等”原则的，非商人如果出现不能清偿到期债务或者资产不足以清偿全部债务的情形，亦应受个人破产法律的保护，故应采用一般破产主义，即具有民事行为能力的所有自然人，无论是生产经营负债，还是生活消费负债，只要具备规定的破产原因都可以依法进行破产，其破产后的基本生活保障和不能清偿的债务应受个人破产法律的保护。《深圳个人破产条例》第2条规定，自然人“因生产经营、生活消费导致丧失清偿债务能力或者资产不足以清偿全部债务的，可以依照本条例进行破产清算、重整或者和解”。这条规定体现了个人债务人破产采取一般破产主义。

二、个人破产立法的主要方法

个人破产法与企业破产法都是通过破产程序来清理债权债务的法律，但企业破产法所适用的对象是企业法人以及部分非法人组织，而个人破产法所适用的对象是自然人个人，这是企业破产法与个人破产法在适用对象上的区别。个人破产法与企业破产法的法律地位应当同位，即宪法下的“兄弟同辈”平衡关系。那么，个人破产应采取什么方法立法?

企业破产法与个人破产法虽是两个不同的破产法，但2006年制定的《企业破产法》至今已经实施了35年，在此期间，最高人民法院还制定了几个司法解释，应当说，我国企业破产制度是比较成熟的。企业破产法与个人破产法的区别主要是适用对象不同，而破产程序有着类似之处，故成熟的企业破产法对个人破产立法具有重要的参考价值，甚至可以说是个人破产立法的样板。据此，笔者认为，个人破产制度首先应当根据自然人特性立法，同时应当吸收与自然人特性相适应的具有共性的《企业破产法》的有关规定，即“突出特性、吸收共性”的个人破产立法方法。

这种方法可分三个方面去理解：一是《企业破产法》的有些条款与个人破产具有共性，在个人破产立法时可以直接予以吸收；二是《企业破产法》的有些条款与个人破产既有共性又有区别，可以根据自然人特性修改为个人破产法的规定；三是自然人特性很强而《企业破产法》不可能为其作出规定的，在个人破产立法时应当根据自然人特性另行作出规定。

首先，关于个人破产立法的框架结构问题。个人破产立法的框架结构完全可以参照《企业破产法》的立法结构。《企业破产法》立法结构分为：总则、申请和受理、管理人、债务人财产、破产费用和共益债务、债权申报、债权人会议、重整、和解、破产清算、法律责任、附则，共十二章。因个人破产规则大致上与企业破产规则相同，故个人破产的立法结构完全可以参照企业破产的上述立法结构，但在个人破产立法时可以进行先后顺序调整、分离或合并。

其次，关于个人破产的程序设置问题。法律程序由时间要求和空间要求构成，主要解决法律行为的步骤和次序问题，具有很强的形式性。《企业破产法》及其最高人民法院司法解释对企业破产作出的企业破产程序，基本上可为个人破产立法吸收。例如，《企业破产法》规定的破产申请、审查、受理为企业破产必经的启动程序，也可为个人破产必经的启动程序，故个人破产完全可以参照立法。又如《企业破产法》规定的清算、重整、和解的操作程序，亦应为个人破产的三大操作程序。但在个人破产中，不可能为企业破产所规定的程序，就应根据自然人特性作具体规定。

最后，关于自然人特性问题。我们在主张个人破产在程序上参照《企业破产法》有关规定的同时，更加强调其在内容上充分体现自然人特性。充分体现自然人特性是个人破产立法的出发点和归宿点，也是个人破产制度的生命力所在。下面列举《深圳个人破产条例》中体现自然人特性的几条规定：

该条例第 2 条规定，债务人个人因“生活消费导致丧失清偿债务能力或者资产不足以清偿全部债务的”可以破产；

该条例第 4 条规定，债务人个人“经过破产清算、重整或者和解后，依照本条例规定免除其未清偿债务”，此为个人破产免债规定；

该条例第 22 条规定，“债务人的配偶、子女、共同生活的近亲属、财产管理人以及其他利害关系人，应当配合人民法院、破产事务管理部门和管理人调查，协助管理人进行财产清查、接管和分配”，明确了有关个人配合、协助的义务；

该条例第 23 条规定了债务人个人的 8 种限制消费行为；

该条例第 31 条第 1 款规定，“人民法院裁定受理破产申请后，债务人死亡的，其遗产继承人一致同意继续进行破产程序或者没有遗产继承人的，由管理人依照本条例相关规定对其遗产进行接管、变价和分配后，由人民法院裁定终结破产程序”；

该条例第 36 条是“为保障债务人及其所扶养人的基本生活”的“豁免财产”规定。

“突出特性、吸收共性”的方法是个人破产立法的捷径，《深圳个人破产条例》也体现了这种立法方法，在突出自然人特性的同时吸收了不少《企业破产法》的规定，且其第 172 条还明确规定：“本条例没有规定的，适用《中华人民共和国民事诉讼法》、《中华人民共和国企业破产法》和其他法律、行政法规的有关规定”。于是，《深圳个人破产条例》形成了一个体例较为完整的个人破产制度。

第三节　个人破产的基本原则

破产法上的基本原则是始终贯穿于破产程序并解释和理解破产法律条文的根本规则。根据《民法典》第 2 条至第 7 条的规定，民事行为的基本原则有平等、自愿、公平、诚实信用、公序良俗等。根据《企业破产法》第 1 条“公平清理债权债务，保护债权人和债务人的合法权益”的规定，企业破产有公平清理债权债务和保护合法权益两条基本原则。在个人破产立法时，在坚持《民法典》规定和参照《企业破产法》规定的基本原则的同时，可以根据自然人特性和实际需要突出规定自己的基本原则。例如，《深圳个人破产条例》第 3 条规定：“依照本条例清理债权债务，应当遵循诚实信用、公平保护、公正高效的原则。”

这里根据《民法典》并参照《深圳个人破产条例》的有关规定，对个人破产应当遵循的几条基本原则进行分析。

一、诚实信用原则

关于诚实信用原则问题，上文已经从“建立个人破产制度能够促进社会信用体系的完善”角度做了分析，这里从个人破产自身角度再作几点说明。

诚实信用原则是民事活动的一项基本道德准则，要求民事主体在从事民事活动时具有诚实善意、坚守信用的理念，必须将有关事项的真实情况如实告知对方，必须根据合同的约定行使权利和履行义务，在合法的前提下追求自己的利益，若发生损害就应及时采取合理的补救措施。诚实信用原则要求行为人禁止实施欺诈行为，禁止隐瞒事实真相欺骗对方，禁止擅自毁约，禁止非法损害他人利益和社会利益。

个人破产诚实信用原则，既适用于债务人也适用于债权人，但强调个人债务人坚持诚实信用原则更为重要，债务人个人若想获得破产保护，就必须坚持诚实信用原则。《深圳个人破产条例》就体现了这一精神，在个人破产适用对象上，该条例强调进入破产程序的个人债务人，首先应当具备破产条件，其次应当是“诚实而不幸的”人。如该条例第 8 条和第 14 条规定，债务人向法院提出破产申请，应当如实提交规定材料，应当提交诚信承诺书；债务人基于转移财产、恶意逃避债务、损害他人信誉等不正当目的申请破产，或者有虚假陈述、提供虚假证据等妨害破产程序行为的，法院裁定不予受理，已经受理但尚未宣告破产的，应当裁定驳回申请。又如该条例第 33 条和第 98 条规定，法院裁定受理个人债务人破产申请后，债务人应当向法院和管理人如实申报本人及其配偶、未成年子女以及其他共同生活的近亲属名下的财产和财产权益，故意违反财产申报义务规定的，不得免除其未清偿的债务。

在个人破产程序中，债权人也应遵循诚实信用原则，特别是在申报债权时，必须如实向管理人提交相关证据，必须如实申报债权数额。债权人如果虚构债权、虚假申报，主张虚假的取回权、抵销权或者恶意串通行使表决权，损害他人合法权益，构成妨害破产程序，法院将依法予以训诫、拘传、罚款、拘留；构成犯罪的，依法追究刑事责任。

此外，个人破产管理人亦应遵循诚实信用原则，履行“勤勉尽责、忠实执行职务”的义务，而不得与当事人或者他人恶意串通，损害债务人或者债权人的合法权益，否则，如果构成妨害破产程序，亦应承担法律责任。管理人怠于履行或者不当履行职责给债务人、债权人或者其他利害关系人造成损失的，应当依法承担赔偿责任，法院还可以根据破产管理人的有关规定予以处理。

二、公平保护原则

《民法典》第 6 条明确规定，“民事主体从事民事活动，应当遵循公平原则，合理确定各方的权利和义务”。公平原则要求民事主体参与民事活动的机会平等，利益获得均衡，义务分配合理，责任承担适当，排除任何特权，反对权利与义务不一致。

公平原则作为民事活动的基本原则是民法最基本的价值取向，同样适用于破产程序。《企业破产法》第 1 条规定的“公平清理债权债务，保护债权人和债务人的合法权益”，既可理解为企业破产的立法目的之一，也可理解为公平保护原则。《深圳个人破产条例》第 3 条沿袭了上述规定，将“公平保护”确定为个人破产的基本原则之一。

在个人破产的情况下，利益冲突较多，如债权人与个人债务人的利益冲突，债权人与个人债务人家庭成员的利益冲突，债权人之间的利益冲突，优先债权与普通债权的利益冲突，公法债权与私益债权的利益冲突，等等。只有坚持公平原则，才能使各方当事人的权益得以平衡和保护，使债权人能够根据自己债权的性质获得一个合法的清偿。当然，公平清偿不是平均分配，在法律框架下，对破产财产应按照法律规定顺序进行受偿，脱离法律依据是不可能实现公平原则的。

与企业破产一样，个人破产的公平原则有以下三个方面的价值表现：

一是在个人破产中债权不论发生先后均以同等地位并存，但公平受偿不是平均受偿，而是按照法律规定的清偿顺序受偿，如优先债权先于普通债权受偿。

二是个人破产程序不仅保护债权人的利益，同时也兼顾保护债务人个人的利益，如对债务人个人及其家庭因基本生存所需的财产应当依法予以保留，经破产未清偿的债务应当依法予以免除等。

三是在个人破产程序中所有债权人的债权都能依法得到有序地公平受偿，禁止个人债务人对个别债权人进行清偿。

三、公正高效原则

这里的公正高效原则，主要是对法院、破产管理人而言的。公正原则要求法院、破产管理人平等对待个人债务人和债权人，给双方当事人同等的表达意见和辩论的机会，公正地审查、决定、裁判破产案件，做到不偏不倚。高效原则要求法院和破产管理人有效降低破产程序成本，提高破产程序效率，同时，在确保程序正当性的基础上，简化破产程序流程，创新财产处置方式，加快破产案件审理进程，从而达到提升个人破产程序效率的目标。

相对企业破产而言，不少个人破产案件债权债务关系明确，债务人财产状况清晰，案情比较简单，如果参照《企业破产法》的规定按部就班地走普通破产程序，不仅会拖延个人破产程序的时间，还会造成个人破产成本的提高和司法资源的浪费。为此，《深圳个人破产条例》第十章专门设置了“简易程序”，要求法院对适用简易程序审理的案件，在裁定受理个人破产申请之日起三个月内审结。

第四节　个人债务集中清理

迄今为止，我国只有深圳出台了个人破产条例并开始办理个人破产案件，那么，在尚无个人破产法的情况下，个人债务人出现“资不抵债”情形又如何进行破产处理？在试点地区，个人债务人可向法院申请个人债务集中清理。如浙江省法院在2020年受理了个人债务集中清理案件291件，共办结190件，涉案债务总额共计4.95亿元。

一、个人债务集中清理概述

个人债务集中清理尚无法律定义，通常是指将不能清偿到期债务，并且资产不足以清偿全部债务或者明显缺乏清偿能力的个人债务人的所有债务集中起来，适用体现个人破产功能的特别执行程序，统一进行公平清理的一种司法制度。

（一）个人债务集中清理具有个人破产性质

最高人民法院《关于深化执行改革健全解决执行难长效机制的意见——人民法院执行工作纲要（2019—2023）》提出，“开展与个人破产制度功能相当的试点工作，为建立个人破产制度打下实践基础。”为贯彻落实上述精神，试点地方法院纷纷出台个人债务集中清理规定并组织实施。如浙江省高级人民法院于2020年12月2日印发了《浙江法院个人债务集中清理（类个人破产）工作指引（试行）》，其中“类个人破产”说明个人债务集中清理的性质类似于个人破产。该指引第6条规定，“自然人不能清偿到期债务，资产不足以清偿全部债务或者明显缺乏清偿能力，可以依照本指引申请开展个人债务集中清理工作”，这里规定的个人债务集中清理原因，显然参照了《企业破产法》第2条第1款的规定，故可视为个人破产原因，由此表明个人债务集中清理的功能与个人破产制度相当。

（二）个人债务集中清理作为特别民事执行程序来设计

从试点地区法院出台的规定来看，温州市中级人民法院《关于个人债务集中清理的实施意见（试行）》、台州市中级人民法院《执行程序转个人债务清理程序审理规程（暂行）》和苏州市吴江区人民法院《关于个人债务清理的若干规定》均具有典型意义。从这些地方法院的司法实践来看，个人债务集中清理是在民事执行程序中进行的，但因民事执行法律没有债务集中清理的规定，故在参照《企业破产法》有关规定的基础上，将个人债务集中清理又作民事执行的特别程序来设计。也就是说，在现有民事法律框架内，按照民事执行制度形成个人债务清偿方案，在确定个人债务人的豁免财产后，经集中清理，合理免除个人债务人不能清偿的债务，使执行程序有效退出和个人债务人信用得以修复，从而达到使个人债务人解脱债务困境并得以拯救的目的。

（三）个人债务集中清理的主要特点是"集中清理"

前面已经说过，普通民事执行是为实现个别债权人的债权而实施执行的，且只能清偿已经取得生效法律文书的债权人的债权，这对未取得生效法律文书的债权人以及后申请执行的债权人是不公平的。个人债务集中清理作为特别民事执行程序进行设计，其主要特点是"集中清理"，即根据被执行人的申请，法院把个人债务人的所有债务和财产集中起来进行统一处置，同时把所有债权通过申报程序集中起来进行统一清偿，并形成个人债务集中清理方案，经债权人会议通过和法院认可，在清理方案执行完毕后，有条件地豁免财产和免除债务。

二、个人债务集中清理方式

参照《企业破产法》《深圳个人破产条例》的有关规定，个人破产有和解、重整和清算三种方式，当事人可以选择其一进行破产。那么，个人债务集中清理可否也适用这三种方式?

（一）和解方式

不论是企业破产还是个人破产，根据当事人意思自治原则，双方有和解意愿的，和解应为首选方式，只有在当事人不愿和解或者和解不成的情况下才适用清算方式。在个人债务集中清理程序中，债务人可以要求债权人放弃部分债权，承诺清算剩余债务，双方据此达成和解协议的，应当终结集中清理程序，然后进入履行程序。在个人债务集中清理程序中，经双方自愿协商订立的和解协议或者形成的个人债务清偿方案，与普通执行程序中的执行和解以及企业破产中的破产和解有异曲同工之处。如海门法院于2020年12月1日受理的沈某夫妻个人债务清理案，适用和解程序进行审理，促成双方当事人进行和解，沈某夫妻承诺在3年内清偿60%的债务，债权人会议一致表决通过，完结了本次债务清理程序。

（二）重整方式

在个人债务集中清理程序中，个人债务人如果具备重整条件，亦可适用类似企业破产的重整程序进行债务重整，例如，在个人债务人有未来可预期收入、清偿比例不低于破产清算等情况下，个人债务人申请重整，债权人也同意重整的，应当根据自然人的特点，参照《企业破产法》的有关规定进行重整。《浙江法院个人债务集中清理（类个人破产）工作指引（试行）》第52条也规定，“有未来稳定可预期收入的债务人，可以通过债务重整的方式进行个人债务集中清理”。例如，杨某某、潘某某夫妇于2020年1月19日向遂昌县人民法院申请个人债务重整，提交了重整草案，如实申报了财产、债务、婚姻等情况，签署了诚信承诺书。在遂昌县人民法院受理后，两人提交的重整草案经债权人会议通过并被法院认可，此后，杨某某、潘某某夫妇按照重整方案清偿了247,437.7元债务，清偿率达73.2%，剩余90,544.78元债务被豁免，遂昌县人民法院遂将杨某某、潘某某的信用恢复至相当于债务履行完毕后的状态，并解除其行为限制。

（三）清算方式

被执行债务个人财产不足清偿债务或者执行不能，且无法与债权人和解或者和解不成，且没有重整可行性的，个人债务集中清理中的“清理”与破产清算中的“清算”应当具有相当的功能，故个人债务集中清理可以参照企业破产清算的规定进行清算。如姚某系××公司法定代表人，为拯救公司，姚某夫妇陆续为公司向6家银行的巨额借款提供连带责任保证，现有尚未执行完毕的案件7件，涉案申请执行标的额4600余万元，姚某夫妇便向桐乡市人民法院提起个人债务集中清理申请，后债权人通过了《个人债务集中清理财产管理方案》，对姚某夫妇进行清算式清理。

三、申请集中清理的基本条件

当事人申请个人债务集中清理，除了按照规定向法院提交申请材料外，还需要具备以下三个基本条件：

一是有个人债务案件已经进入执行程序。个人债务集中清理作为特别执行程序，首先要求有个人债务案件已经依法进入执行程序，尚无个人债务案件进入执行程序，则无法适用个人债务集中清理程序。个人债务案件进入执行程序，个人债务人是被执行人，此时，被执行的个人债务人才有资格申请个人债务集中清理。债权人虽对个人债务人享有债权，但未经诉讼、仲裁或者虽经诉讼、仲裁但未申请执行的，不可申请个人债务集中清理。而在个人债务集中清理程序中债权人有权申请债权。

二是被执行的个人债务人一般应有多个债权人。有人认为，《企业破产法》《深圳个人破产条例》对债权人人数都没有限制，故在债权人只有一人的情况下，只要个人债务人已经出现破产事由就可适用个人破产。笔者认为，在无须“集中”的个人债务清理中，个人债务人只有一个债权人的情形下，为使个人债务人得以豁免财产和免除债务，可以适用个人破产。但是，个人债务集中清理有所不同，个人债务人本来就是普通民事执行程序中的被执行人，当其只有一个债权人时，不存在“集中清理”的条件，也不存在“公平清偿”的问题，只要继续适用普通执行程序执行并处置被执行债务人的财产以清偿单个债权人的债权即可；至于其豁免财产和免除债务，应当依照《民事诉讼法》及其司法解释的有关规定予以保留，或者适用终结执行程序进行处理。但在个别例外情况下，也可以对个人债务进行清算，如个人债务人死亡，只有清算其遗产才能使唯一债权人实现债权，债权人申请清算的，可以对个人债务人的遗产进行清算处置。

三是被执行的个人债务人应有财产可供执行。被执行的个人债务人没有财产，或者其财产仅维持其个人及其家庭生活必需而无多余的，属无财产可供执行的情形。既然无财产可供执行，个人债务集中清理也就没有意义和作用，只能依照《民事诉讼法》的有关规定中止执行或者终结执行。

四、个人债务集中清理的意思自治原则

我们在前面已经阐明了个人破产的基本原则，其中的意思自治原则和诚实信用原则在个人债务集中清理中有着特定的作用，故继续进行分析。在个人债务集中清理中，意思自治原则主要表现为以下三个方面：

一是被执行的个人债务人自主决定申请。个人债务集中清理的申请人主要是被执行的个人债务人，被执行的个人债务人是否申请个人债务集中清理由其自主决定，被执行的个人债务人未提出申请的，法院不得依职权启动个人债务集中清理程序；提出申请后又撤回的，法院可不问事由允许其撤回申请。只有被执行的个人债务人提出申请，并经法院审查认为符合条件，才可以将普通民事执行程序转为个人债务集中清理程序。

二是在个人债务集中清理程序中，是否采取执行和解方式清理债务以及免除债务，均应由个人债务人与债权人自行协商决定，且和解的内容必须经双方一致同意，法院才可裁定认可。

三是个人债务集中清理方案由被执行的个人债务人拟制并提出，经债权人会议表决通过后，该方案也就成为双方自愿达成的和解方案；除依法豁免财产和免除债务外，债权人会议由于其他原因未表决通过的，法院不宜强制认可个人债务集中清理方案。

五、个人债务集中清理的诚实信用原则

在个人债务集中清理中，诚实信用原则有以下五个方面的要求：

一是被执行人在申请个人债务集中清理前的债务案件审理、仲裁、执行等程序中应当自始至终处于诚信状态，在提出申请时不存在借个人债务集中清理名义逃避债务的意思，不存在其他可能影响其履行能力的失信行为，否则，法院不予受理。

二是在被执行人申请个人债务集中清理时，应当如实提供全部已到期和未到期债务的形成情况和所有未了结债务的情况，如实报告个人和配偶等的财产状况，同时还需提交诚信承诺书。

三是被执行人根据自己的实际履债能力，提出切实可行的个人债务集中

清理方案，不得虚构事实欺骗债权人。

四是在法院根据最高人民法院《关于限制被执行人高消费及有关消费的若干规定》下达行为限制令后，申请人应当严格遵守。

五是个人债务集中清理方案经债权人会议通过后，或者申请人与债权人达成执行和解协议后，申请人应当诚心诚意地执行。

六、个人债务集中清理的豁免财产

这里的豁免财产与个人破产制度中的豁免财产基本相同，均指保留债务人及其家庭成员的基本生产、生活所必需的财产。

例如，2020 年 12 月 3 日发布的东营市中级人民法院《关于个人债务清理的实施意见（试行）》第 24 条规定，下列财产属于豁免财产：

（1）债务人及其所抚养人生活、医疗、学习的必需品和合理生活费用；

（2）为职业发展需要必须保留的物品或者合理费用；

（3）勋章或者其他表彰荣誉物品；

（4）没有现金价值的人身保险；

（5）专属于债务人的人身损害赔偿金、社会保险金以及最低生活保障金等；

（6）依照其他法律、法规或者基于公序良俗不应当用于清偿债务的财产。

前款规定的财产，价值较大、不用于清偿债务明显违反公平原则的，不认定为豁免财产。

七、免除个人债务人不能清偿的债务

在普通民事执行程序中，被执行个人的所有财产被采取拍卖、变卖等方式处置完毕后，尚有剩余债务未能清偿的，除《民事诉讼法》第 257 条规定的“作为被执行人的公民死亡，无遗产可供执行，又无义务承担人的”“追索赡养费、扶养费、抚育费案件的权利人死亡的”“作为被执行人的公民因生活困难无力偿还借款，无收入来源，又丧失劳动能力的”三种情形应当裁定终结执行外，被执行债务人应当继续履行义务，债权人发现被执行债务人有其他财产的，可以随时请求法院继续执行，并不当然免除被执行人未能清偿的剩余债务。但在个人债务集中清理方案履行完毕后，个人债务人有未能清偿的剩余债务，除另有规定外都应终结债务清理程序，结束对被执行个人的执行。关于个人债务的具体免除问题，后面再做详细分析。

八、个人债务人的失权与复权

（一）个人债务人失权

这里的失权，是指对被执行的个人债务人进行一定范围的行为限制和资格限制，属于法律上的负面评价。如温州市中级人民法院《关于个人债务集中清理的实施意见（试行）》第35条的失权规定，除法律另有规定或者当事人另有约定外，债务清理申请人在信用恢复之前，不得有下列行为：

（1）最高人民法院《关于限制被执行人高消费及有关消费的若干规定》第3条禁止的高消费及非生活和工作必需的消费行为，乘坐飞机经济舱及高铁二等座除外；

（2）担任营利性公司的法定代表人、股东；

（3）担任国有企业的法定代表人、董事、监事；

（4）法院认为应当进行限制的其他行为。

（二）个人债务人复权

这里的复权，是指对被执行的个人债务人受到限制的权利或者资格依照相关规定予以恢复，属于法律上的正面评价。复权是相对失权而言的。如温州市中级人民法院《关于个人债务集中清理的实施意见（试行）》第34条和第36条规定，债务清理申请人按照个人债务集中清理方案全部履行完毕，且符合下列条件之一的，法院根据债务清理申请人的申请，对其信用进行恢复：

（1）债务总额在200万元以下且清偿率在50%以上的，自个人债务集中清理方案全部履行完毕之日起满一年；

（2）债务总额在200万元以上500万元以下且清偿率在30%以上的，自个人债务集中清理方案全部履行完毕之日起满一至三年；

（3）债务总额在500万元以上2000万元以下且清偿率在10%上的，自个人债务集中清理方案全部履行完毕之日起满二至五年；

（4）除前三项情形之外的，自个人债务集中清理方案履行完毕之日起满三至六年。

债权人会议对债务清理申请人信用限制期限另有决议的，按照债权人会议决议执行，但债权人会议决议的信用限制期限不得长于上述规定的期限。债务集中清理方案履行完毕后，债务清理申请人可以自愿履行未清偿的债务，自愿履行的债务金额与债务集中清理方案中履行的金额合并计算后，对其信用限制年限可以相应调整。对债务清理申请人的信用恢复，应当恢复至相当于债务履行完毕的状态。

（三）个人债务人的复权方式

国外破产复权有两种方式，一种是当然复权，即破产人无须经过申请和法院裁判，只要满足规定条件就可以自动复权。另一种是申请复权，即由破产人向法院提出申请，法院审查认为符合规定条件的，方可决定复权。我国地方法院规定不一，有的采取当然复权，有的采取申请方式复权。东营市中级人民法院《关于个人债务清理的实施意见（试行）》第44条规定的是当然复权，即“人民法院裁定认可重整清理方案的，应当根据债务人实际情况同时作出从失信被执行人名单剔除、解除限制债务人乘坐飞机、动车等交通工具等相关行为的决定，并将决定书送达债务人，通知有关单位，并予以公告。有关单位应当配合解除对债务人的限制措施。”而有些法院规定，法院裁定终结债务清理程序，且符合规定条件的，法院根据债务人申请，对其信用进行恢复。

地方法院对个人债务集中清理的上述规定和做法，特别是公平清偿、豁免财产、免除债务、失权复权，与个人破产特征相吻合，体现了个人破产制度的功能和程序，因此，个人债务集中清理处理好了，个人破产立法也就不远了。

【裁判案例1】

提示：个人债务集中清理的功能基本相同于个人破产清算。

姚某某系某某化纤公司的股东（占股65%）及法定代表人。某某化纤公司因经营管理不善，于2016年5月停产。经债权人某某机电公司的申请，桐乡市人民法院于2019年11月27日受理某某化纤公司的破产清算案。在挽救某某化纤公司经营过程中，姚某某与其妻黄某某陆续为六家银行的巨额借款提供连带责任保证，合计担保金额近5000万元，截至2020年6月10日，两人在桐乡市人民法院尚未执行完毕的案件有7件，涉案申请执行标的4600余万元。两人名下现有住宅一套、小型汽车一辆和黄某某在某某皮革公司拥有7.075%的股权，除此之外，无其他资产可供执行或清偿债务。

2020年6月15日，姚某某和黄某某以现有个人资产不能清偿到期债务且全部资产不足以清偿全部债务为由，向桐乡市人民法院申请个人债务集中清理（个人破产清算）。

桐乡市人民法院经审查认为：两申请人作为被执行人不能清偿到期债务，且资产不足以清偿全部债务，明显缺乏清偿能力。同时两申请人不存在赌博、挥霍消费等不良原因，也未存在为规避执行而欺诈、转移或隐匿财产及其他逃避债务或违反诚信的行为和情形。鉴于2019年11月27日该院已裁定受理某某化纤公司破产清算一案，并经嘉兴市中级人民法院随机选定浙江南湖律师事务所为管理人，而姚某某系某某化纤公司的法定代表人和股东，两申请人所负债务基本以为该公司的金融借贷提供担保为主。故参照浙江省高级人民法院《破产案件管理人指定工作规程》相关规定，不再另行指定管理人。

据此，桐乡市人民法院参照《企业破产法》第2条第1款、第3条、第7条第1款、第13条之规定，作出（2020）浙0483破申24号民事裁定书，裁定如下：

（1）受理申请人姚某某、黄某某的个人债务集中清理（个人破产清算）申请；

（2）指定浙江南湖律师事务所为姚某某、黄某某个人债务集中清理（个人破产清算）的管理人。

而后，管理人协助姚某某、黄某某制定了《姚某某、黄某某个人债务集中清理案破产财产分配方案》，桐乡市人民法院作出（2020）浙0483破18号之二民事裁定，认可该分配方案。2020年12月29日，管理人向桐乡市人民法院提出申请，称管理人已对姚某某、黄某某的财产进行了全面清查，并根据桐乡市人民法院认可的《姚某某、黄某某个人债务集中清理案破产财产分配方案》执行完毕，请求桐乡市人民法院终结姚某某、黄某某的个人债务集中清理程序。

桐乡市人民法院认为：在该院受理姚某某、黄某某的个人债务集中清理申请后，管理人对姚某某、黄某某的财产状况进行了全面调查。在个人债务集中清理期间，债务人如实申报财产，管理人以价值最大化为原则变价出售债务人财产，对债务人的特定财产享有担保权的权利人，对该特定财产享有优先受偿的权利。经债权人会议审议确定债务人的生活必需品（豁免财产）清单后，优先清偿清理费用和共益债务，其他债务依照债务人欠付的赡养费等先行支付，债务人财产不足以清偿同一顺序债权的，按照比例分配。管理人在执行分配方案完毕后，及时向法院提交债务人财产分配报告，并提请法院裁定终结个人债务集中清理程序。管理人提出的申请符合法律和相关法规规定，应予准许。

桐乡市人民法院参照《企业破产法》第120条，并根据《浙江法院个人债务集中清理（类个人破产）工作指引（试行）》第55条、第56条、第58条之规定，裁定如下：

（1）终结债务人姚某某、黄某某个人债务集中清理程序；

（2）债务人姚某某、黄某某在行为考察期内应当继续履行法院作出的限制行为决定规定的义务。

［根据浙江省桐乡市人民法院（2020）浙0483破申24号和（2020）浙0483破18号之三民事裁定书编写］

作者说明：

本案个人债务集中清理基本相同于个人破产清算的主要表现为：

1. 姚某某和黄某某向法院申请个人债务集中清理和法院裁定受理个人债务集中清理申请中都用括号注明“个人破产清算”；

2.《姚某某、黄某某个人债务集中清理案破产财产分配方案》也明示为个人破产财产分配；

3. 债权人会议审议确定债务人的生活必需品（豁免财产）清单，而豁免财产是个人破产的特有制度；

4. 债务人在行为考察期内应当继续履行法院作出的限制行为决定规定的义务，其中限制债务人行为及其考察期是个人破产一大特有方式。

第二章

个人破产适用对象

在法学界，“个人破产”也被称为“自然人破产”。自然人是在自然条件下诞生的人，个人是自然人中的个体自然人。个人破产适用于自然人个体，故称“个人破产”为妥。这一章分析自然人及个人投资并承担无限责任的个体工商户、独资企业的破产问题。

第一节　自然人个人破产问题

因自然人有民事行为能力问题，故并非所有自然人个人都具有破产主体资格。根据我国《民法典》的规定，我国自然人的民事行为能力分为完全民事行为能力、限制民事行为能力和无民事行为能力三种。

一、具有完全民事行为能力的自然人是适格的破产主体

这里的“个人破产主体”仅指个人破产程序中的债务人。根据《民法典》第 17 条、第 18 条的规定，18 周岁以上的自然人是成年人，具有完全民事行为能力；16 周岁以上的未成年人，以自己的劳动收入为主要生活来源的，视为完全民事行为能力人。

16 周岁以上的未成年人虽未成年，但已经就业参加劳动，有自己的独立收入，并能认识自己行为的后果的，若不允许他们独立地进行民事活动，会

给其劳动和生活带来许多不便，因而这些人被视为完全民事行为能力人。

具有完全民事行为能力的自然人可以独立与他人进行民事活动。民事活动包括生产经营活动和生活消费行为。完全民事行为能力人因生产经营、生活消费负债，导致丧失清偿债务能力或者资产不足以清偿全部债务的，可以进行个人破产，如果其是债权人，则有权亲自申报债权。

二、限制民事行为能力人一般不能成为个人破产主体

根据《民法典》第19条、第22条的规定，限制民事行为能力人有两种情况：一是8周岁以上的未成年人；二是不能完全辨认自己行为的成年人。限制民事行为能力人与他人发生的民事行为是否有效，关键看该行为与其年龄、智力、精神健康状况是否相适应。行为人实施的民事行为与其年龄、智力相适应的，不必得到其法定代理人的同意或者追认就可认定有效；与其年龄、智力不相适应，又未经其法定代理人同意或者追认的，应当认定行为无效。因个人破产是重大事件，不是与限制民事行为能力人的年龄、智力相适应的民事行为，故限制民事行为能力人不是个人破产的适用对象。

但是，根据《民法典》第22条“不能完全辨认自己行为的成年人为限制民事行为能力人，实施民事法律行为由其法定代理人代理或者经其法定代理人同意、追认；但是，可以独立实施纯获利益的民事法律行为或者与其智力、精神健康状况相适应的民事法律行为”和第34条第1款“监护人的职责是代理被监护人实施民事法律行为，保护被监护人的人身权利、财产权利以及其他合法权益等”的规定，在个人破产中，限制民事行为能力人如果是债权人（如通过继承取得的债权），则可由其法定代理人代理申请债务人破产，或者代理其申报债权并行使有关权利。

三、无民事行为能力人不是个人破产主体

根据《民法典》第20条、第21条的规定，无民事行为能力人有三种：一是不满8周岁的未成年人，二是不能辨认自己行为的成年人，三是不能辨认自己行为的8周岁以上的未成年人。无民事行为能力人不具备辨别和控制自己行为的能力，其实施民事法律行为不存在“经其法定代理人同意、追

认”和“可以独立实施纯获利益的民事法律行为或者与其年龄、智力相适应的民事法律行为”的情况，应由其监护人（法定代理人）全权代理。就个人破产而言，无民事行为能力人一般不会单独负债到达破产程度，即使负有巨额债务不能清偿，也不应是个人破产的主体，但当其是债权人时，则应由其法定代理人全权代理其申报债权。

第二节　夫妻一并破产问题

夫妻一并破产，是指夫妻在婚姻关系存续期间都出现法定破产原因，经当事人申请由法院裁定合并夫妻资产与债务一起进行处置的一种个人破产方式。这里先分析夫妻一并破产中的主体问题，至于夫妻破产所涉的财产和债务等问题，将在后面做具体分析。

一、夫妻一并破产的情形

两个自然人根据法律规定结成的婚姻关系是夫妻关系。夫妻关系既是婚姻关系又是自然人之间特殊的关系。基于这种特殊关系，夫妻在婚姻关系存续期间共同生活会形成共同财产、共同债务和一方财产、一方债务等复杂关系。因夫妻关系是一种自然人之间的关系，故夫妻破产属于个人破产范畴。根据个人破产规则，我们认为夫妻一并破产主要有以下两种情形。

（一）夫妻因负有共同债务而构成共同破产

根据《民法典》婚姻家庭编及其司法解释的有关规定，夫妻共同债务，是指夫妻双方共同意思表示以及夫妻一方在婚姻关系存续期间以个人名义为家庭日常生活需要所负的债务。当事人不能举证证明为夫妻一方债务的，推定为共同债务。夫妻共同债务应当共同偿还，首先应以夫妻共同财产偿还，共同财产不足以清偿或者财产归各自所有的，应以双方个人财产继续清偿。

从实践情况来看，夫妻一并破产的原因主要是夫妻共同财产和个人财产都不足以清偿共同债务。在此情况下，如果分别进行破产，不仅增加破产成本，浪费司法资源，而且因夫妻财产归属不同和债权人不同，容易出现夫妻共同财产和共同债务难以分割破产的问题，也容易出现将夫妻共同债务作为一方债务以及将夫妻共同财产作为一方财产进行处理的问题；如果一并进行破产，上述这些问题将会得到有效解决。

夫妻负有共同债务而出现“资不抵债”情形时，因夫妻双方是连带债务人，可以一起向法院申请个人破产；法院已经裁定受理夫妻一方破产申请的，另一方也可以向法院申请加入破产，然后进行一并破产。夫妻一并破产将对夫妻共同财产、一方个人财产一并进行处置，用以清偿共同债务。

（二）夫妻双方各自负有个人债务各自构成个人破产

夫妻一方负有个人债务而出现“资不抵债”情形，另一方也负有个人债务而出现“资不抵债”情形时，其中如果不存在共同债务，双方都构成个人破产，可以各自独立破产。但这种情形并不多见。从现实情况来看，夫妻长期在一起生活，双方财产、债务纠缠在一起的情况比比皆是，因此难以各自独立破产。此时，为了降低破产成本，提高破产效力，可以合并破产，同时处置夫妻共同财产和一方个人财产，以便分别清偿夫妻双方各自的个人债务以及难以区分的共同债务。但在其中，应当区分夫妻各自的债务以各自的个人财产分别进行清偿，以及分割共同财产清偿个人债务，以免混淆夫妻双方的债务债权关系，以防用一方的财产错误清偿另一方的债务。

二、非破产配偶加入破产程序

《深圳个人破产条例》第171条规定：“符合本条例规定的债务人，其配偶可以选择同时适用本条例进行破产清算、重整或者和解。”这条规定只是表明债务人配偶可以同时选择破产清算、重整或者和解，那么配偶加入个人破产程序后是什么角色？

笔者认为，在夫妻共同财产及其个人财产均不足以清偿夫妻共同债务的情况下，一方配偶作为共同债务人申请参与破产是没有问题的，问题是在债务方出现破产原因，而其配偶不具有个人破产原因时，非破产配偶加入债务方破产程序后的主体身份为何。

非破产配偶主动加入债务方破产程序，表示明确与债务方一起清偿债务的，属于债务加入，故该配偶不是破产债务人，而是共同债务清偿人。两者的主要区别是，该配偶作为共同债务清偿人只依其承诺共同清偿债务，不承担其他破产义务，同时也不享有财产豁免和债务免除等权利。

除此之外，非破产配偶也可以以利害关系人的身份参与债务方的破产程序。非破产配偶作为利害关系人参与破产程序是有一定意义的：一是可以主张管理人认为的夫妻共同财产的全部或者部分属于其个人财产，从而维护自己的合法财产权益；二是可以主张管理人认为的夫妻共同债务的全部或者部分是债务方的个人债务，从而避免自己破产或者承担债务清偿责任；三是有利于配合法院、管理人、债务方、债权人协调处理资产与债务的问题。

三、配偶加入破产的程序选择

《深圳个人破产条例》第 171 条规定，配偶可以与债务方同时选择破产清算、重整或者和解。也就是说，配偶选择的破产适用程序应当与债务方相同，如果债务方选择破产清算程序，配偶亦应选择清算程序，而不能另行选择重整程序或者和解程序；如果债务方选择重整程序或者和解程序，配偶不能另行选择清算程序，否则无法一并破产。但是，债务方进入破产清算程序后，非破产配偶承诺加入债务清偿，但要求重整或者和解的，因非破产配偶加入债务清偿对债权人有利，故可依其申请将清算程序转换为重整程序或者和解程序。

【裁判案例 2】

提示：夫妻一方个人破产，配偶加入债务清偿，使重整计划顺利获得通过。

梁某某是一名工程师，2018 年在蓝牙耳机市场创业，为解决经营资金问题，向 13 家银行、网络贷款公司借款，债务总额累计 75 万多元。由于没有稳定的客户资源，且受新冠肺炎疫情影响，梁某某无力全部偿还上述全部借款，而其财产仅有存款 36, 120 元，住房公积金 4719. 9 元，无房产、车辆等大宗财产。目前在一家公司担任结构工程师，每月固定工资收入约 2 万元。

2021 年 3 月 10 日，梁某某根据《深圳经济特区个人破产条例》的规定，向深圳市中级人民法院申请个人破产重整。2021 年 5 月 11 日，深圳市中级人民法院予以受理，并向梁某某发出《限制消费行为决定书》，对梁某某采取限制消费行为措施。在破产重整期间，梁某某提交了重整计划草案，主要内容为：

（1）债权调整方案。经深圳市中级人民法院裁定确认，梁某某的10家债权人，债权本金总额合计564,216.91元100%清偿，除债权本金以外的其他债权额调整为0。

（2）债务清偿方案。偿债资金来源于两部分，债务人梁某某及配偶的现有货币资金以及可预期的劳动报酬收入和可能的预期外收入，普通债权人按其所持有的本金占普通破产债权本金总额的比例受偿。

（3）可预期收入和预期外收入分配方案。扣除豁免财产清单中所列的家庭最低合理费用外，剩余部分按照清偿方案进行分配，原则上每月进行一次分配，发生劳动报酬迟延支付等特殊情况可予以相应延迟。

（4）重整计划执行期限。重整计划自2021年7月16日起36个月内执行完毕。

（5）重整计划执行期间，梁某某应当接受破产管理人对重整计划的执行监督，每月向深圳市破产事务管理署、破产管理人报告有关收入、支出以及债务清偿情况。

2021年6月22日，梁某某将重整计划草案提交第一次债权人会议，会议设普通债权组对重整计划草案进行表决，表决同意重整计划草案的债权人8家，占普通债权组出席本次会议有表决权9家债权人人数的88.89%，重整计划草案获得债权人会议通过。2021年7月16日，深圳市中级人民法院依照《深圳经济特区个人破产条例》第119条的规定，裁定批准梁某某重整计划，并终结梁某某个人破产重整程序。

［根据深圳市中级人民法院（2021）粤03破230号（个1）民事裁定书等资料编写］

作者说明：

本案的一大特点是配偶在个人破产重整中加入债务清偿，即在“梁某某及配偶的现有货币资金以及可预期的劳动报酬收入和可能的预期外收入”中，梁某某的配偶加入了梁某某破产重整中的债务清偿。根据《民法典》婚姻家庭编的有关规定，在婚姻存续期间，夫妻一方以个人名义为家庭日常生活需要所负的债务是夫妻共同债务，夫妻共同债务应以夫妻共同财产偿还，这为个人破产重整中配偶加入债务清偿提供了法律依据。在个人破产债务全部或者部分为夫妻共同债务的情况下，配偶加入债务清偿，一是有利于债权人受偿更多的债权，二是因此使重整计划草案容易获得债权人会议的通过，三是可以避免债权人在个人破产程序外另行向配偶追索。

此外，值得说明的是，该案重整计划中的“除债权本金以外的其他债权额调整为0”，其实是对梁某某的利息等债务的免除，即梁某某及配偶按照重整计划100%清偿本金债务后，对其他债务不再承担清偿责任。

第三节　个体工商户破产问题

《民法典》第54条规定：“自然人从事工商业经营，经依法登记，为个体工商户。”据此，个体工商户是指经依法登记从事工商业经营的自然人经济体。因个体工商户由自然人作为业主投资经营，故经营者和个体工商户有着直接的关系，那么，在个人破产程序中两者关系如何？

一、个体工商户的特点

根据《民法典》《个体工商户条例》的规定，自然人申请办理个体工商户的，应当按照规定向市场监督管理部门提出申请并提交规定的材料，市场监督管理部门经审核，认为申请登记的经营范围不属于法律、行政法规禁止进入的行业的，应当依法予以登记，并发个体工商户营业执照。个体工商户经依法登记后具有以下特点：

（一）具有相应的民事权利能力和民事行为能力

在自然人依法取得个体工商户营业执照后，该执照上的个体工商户便具有了相应的民事权利能力和民事行为能力，如有资格在登记范围内独立从事工商业经营活动、有权申请商标专用权、有权雇佣人员、可在银行开设账户并向银行申请贷款、对经营的资产和合法收益享有所有权、正当经营活动受法律保护，等等。

（二）投资经营人是自然人或家庭

《个体工商户条例》第2条第2款规定："个体工商户可以个人经营，也可以家庭经营。"由此可见，个体工商户的投资经营人是自然人个人或者自然人组成的家庭，除此之外的社会组织，如企业法人、机关法人等不能登记成为个体工商户从事工商业活动。

《个体工商户条例》还要求个体工商户的投资者与经营者应当一致，据此，个体工商户虽然具有民事权利能力和民事行为能力，但因其由经营者投资经营，资产和收益均属经营者所有，导致两者在财产和责任上具有高度统一的特征，故经营者与个体工商户在法律上应视为同一人。

（三）业主承担无限民事责任

《民法典》第56条第1款规定："个体工商户的债务，个人经营的，以个人财产承担；家庭经营的，以家庭财产承担；无法区分的，以家庭财产承担。"这是关于经营者对个体工商户的债务承担无限民事责任的规定。据此，个体工商户出现"资不抵债"情形而破产的，应以个体工商户的财产和经营者的其他财产一起清偿债务。

二、个体工商户与经营者的破产主体问题

在《民法典》中，个体工商户既不是营利法人，也不是非营利法人，而是归类于自然人，故不适用《企业破产法》破产规定，是没有问题的。个体工商户经营者作为自然人适用个人破产也是没有问题的。实践中的问题是个体工商户本身是不是个人破产的适用对象？关于这个问题当前有以下两种不同意见：

一种意见认为，经依法登记的个体工商户具有从事工商业经营的民事权利能力和民事行为能力，个体工商户与经营者个人在债务承担的范围和方式方面实质相同，故个体工商户为个人破产的适用对象。也就是说，个体工商户也是个人破产主体，个体工商户破产不能清偿的债务由经营者继续清偿。

另一种意见认为，个体工商户虽然具有相应的民事权利能力和民事行为能力，但因其由自然人投资经营，个体工商户拥有的财产属于自然人个人或

者家庭。个体工商户“资不抵债”不一定等于经营者也“资不抵债”，即使个体工商户“资不抵债”，在自然人的全部资产足以清偿债务的情况下，只需通过一般诉讼程序要求经营者对其个体工商户的债务承担无限民事责任即可，并不需要个体工商户破产。个体工商户与其经营者同时“资不抵债”的，只需通过经营者个人破产，将个体工商户的财产作为经营者个人的部分破产财产一并处置即可，故个体工商户不应是个人破产的适用对象。

最高人民法院《关于适用〈中华人民共和国民事诉讼法〉的解释》（以下简称《最高院民诉法解释》）第 59 条规定：“在诉讼中，个体工商户以营业执照上登记的经营者为当事人。有字号的，以营业执照上登记的字号为当事人，但应同时注明该字号经营者的基本信息。营业执照上登记的经营者与实际经营者不一致的，以登记的经营者和实际经营者为共同诉讼人。”据此，个体工商户所负的债务属于经营者的债务，债权人提起民事诉讼应当以经营者为被告，由经营者承担个体工商户的债务清偿责任。但是，经依法登记的个体工商户具有民事权利能力和民事行为能力，凡是具有民事权利能力和民事行为能力的组织和个人都可成为民事主体，享有民事权利并承担民事义务。因此，《浙江法院个人债务集中清理（类个人破产）工作指引（试行）》第 6 条第 2 款规定，“个体工商户可以参照本指引进行债务集中清理”。由此可见，个体工商户也可是个人破产的适用对象，但经营者对个体工商户的破产债务应当承担无限民事责任。

三、经营者破产清偿个体工商户的债务

根据《民法典》第 56 条第 1 款和婚姻家庭编的有关规定，在个人破产程序中，经营者清偿个体工商户的债务分以下三种情况处置：

一是个人经营的个体工商户所负的债务属于个人债务，应以经营者个人的破产财产，包括其名下的个体工商户财产清偿债务。

二是家庭经营的个体工商户所负的债务属于家庭共同债务的，应以家庭共同财产清偿。但在个人破产的情况下，如果家庭其他成员不是破产人，只能以该个人债务人在家庭共同财产中占有的份额清偿债务。

三是夫妻共同经营的个体工商户所负的债务属于夫妻共同债务，个人经

营个体工商户所负的债务用于夫妻共同生活的，也属于夫妻共同债务，应由夫妻共同清偿。

【裁判案例3】

提示：个体工商户法律人格与经营者高度重合，故其有权申请债务人破产。

装饰装潢服务部系核准登记的个体工商户，由袁某某个人经营。电源公司系在市场监督管理部门登记注册的有限责任公司。2018 年 12 月 6 日，某某电源公司向袁某某出具欠条一份，注明欠袁某某 2012 年至 2014 年、2015 年的装修厂房工程款 45 万元。袁某某向法院提起诉讼，法院判决后该案进入执行程序。

2019 年 6 月 10 日，装饰装潢服务部以电源公司不能清偿到期债务，并且资产不足以清偿全部债务或者明显缺乏清偿能力为由，向武汉市新洲区人民法院申请对债务人电源公司进行破产清算。新洲区人民法院于 2019 年 6 月 14 日通知债务人电源公司，电源公司在法定期限内未提出异议。

新洲区人民法院认为：公民、法人和其他组织可以作为民事诉讼的当事人，个体工商户以字号作为民事诉讼的当事人符合民事法律规定，即申请人装饰装潢服务部符合本案民事主体资格。申请人装饰装潢服务部系个人经营的个体工商户，其法律人格与个人经营者高度重合，在民法上没有分离的独立人格。装饰装潢服务部对债务人电源公司享有债权，其申请对债务人进行破产清算是其申请人权利的选择，法律并未禁止，且案涉欠款事实已由生效法律文书予以确认，债权尚未获得清偿，债务人电源公司其他到期债务也未清偿，已构成不能清偿到期债务，装饰装潢服务部作为债权人申请债务人电源公司破产清算符合破产相关法律规定，应予以受理。

新洲区人民法院依照《企业破产法》第 7 条第 2 款、第 10 条第 1 款之规定，裁定如下：受理装饰装潢服务部对电源公司的破产清算申请。

［根据湖北省武汉市新洲区人民法院（2019）鄂 0117 破申 1 号民事裁定书编写］

第四节　个人独资企业破产问题

个人独资企业，是指由一个自然人投资，财产为投资人个人所有，投资人以其个人财产对企业债务承担无限责任而依法设立的经营企业。这里根据个人独资企业的特点，分析个人独资企业是否属于个人破产的适用对象以及其资产与债务的处置问题。

一、个人独资企业的特点

个人独资企业与个体工商户有许多共同之处，如两者都由自然人个人投资设立、经营者（投资人）都以其个人财产承担无限责任等。但是，个体工商户在主体性质上仍为自然人个人，而个人独资企业是企业即经营实体组织，故两者有着很大的区别。

根据《民法典》《个人独资企业法》的有关规定，个人独资企业具有以下几个特点：

（一）投资人是一个自然人或者家庭

这是个人独资企业最为突出的特点，其中“个人独资”就是这个意思。企业法人、非企业法人等组织不能投资设立个人独资企业。两个以上的自然人（除家庭成员外）可以投资设立合伙企业、有限责任公司，但不能设立个人独资企业。

（二）财产为投资人个人或者家庭所有

这与个体工商户是一样的，即个人独资企业的财产为投资人个人或者家庭所有。《个人独资企业法》第17条还规定，投资人对个人独资企业的财产及有关权利可以依法进行转让或继承。

（三）属于非法人组织

《民法典》第2条规定：“民法调整平等主体的自然人、法人和非法人组织之间的人身关系和财产关系。”《民法典》第102条规定，非法人组织是不具有法人资格，但是能够依法以自己的名义从事民事活动的组织，非法人组织包括个人独资企业。由此可见，个人独资企业虽为非法人组织，但具有独立的民事主体资格，这与个体工商户不同。

（四）投资人承担无限补充责任

《民法典》第104条规定，除法律另有规定外，非法人组织的财产不足以清偿债务的，其出资人或者设立人承担无限责任。《个人独资企业法》第18条规定："个人独资企业投资人在申请企业设立登记时明确以其家庭共有财产作为个人出资的，应当依法以家庭共有财产对企业债务承担无限责任。"这里的"无限责任"是指无限补充责任。就个人独资企业而言，其财产不足以清偿全部债务的，投资人个人或者家庭对剩余的债务承担补充清偿责任。

二、个人独资企业可否适用个人破产

《企业破产法》《个人独资企业法》《深圳个人破产条例》都没有明确规定个人独资企业适用何种破产程序。那么，当个人独资企业出现"资不抵债"情形时，可否适用企业破产法或者个人破产法进行破产？

（一）关于个人独资企业适用企业破产问题

《个人独资企业法》第27条至第28条规定，个人独资企业解散的，由投资人自行清算或者由债权人申请法院指定清算人进行清算，通过清算处理债权债务。在个人独资企业解散后，原投资人对个人独资企业存续期间的债务仍应承担偿还责任。

《企业破产法》第135条规定："其他法律规定企业法人以外的组织的清算，属于破产清算的，参照适用本法规定的程序。"最高人民法院《关于个人独资企业清算是否可以参照适用企业破产法规定的破产清算程序的批复》指出，"根据《中华人民共和国企业破产法》第一百三十五条的规定，在个人独资企业不能清偿到期债务，并且资产不足以清偿全部债务或者明显缺乏清偿能力的情况下，可以参照适用企业破产法规定的破产清算程序进行清算。""根据《中华人民共和国个人独资企业法》第三十一条的规定，人民法院参照适用破产清算程序裁定终结个人独资企业的清算程序后，个人独资企业的债权人仍然可以就其未获清偿的部分向投资人主张权利。"

根据上述规定，个人独资企业虽是非法人组织，但当其出现"资不抵债”情形时，债权人可以依法向法院申请个人独资企业破产清算，法院受理后应当指定清算人对个人独资企业进行破产清算，然而个人独资企业破产不适用和解程序和重整程序。个人独资企业经破产清算后，其资产不足以清偿债务的，剩余债务应当由投资人个人继续清偿。

（二）个人破产所涉个人独资企业的资产与债务的处置

个人独资企业可以适用《企业破产法》进行破产清算，那么可否适用个人破产？笔者认为，在个人独资企业尚未破产清算的情况下，投资人因其他债务或者个人独资企业债务而出现“资不抵债”情形向法院申请个人破产，法院已经裁定受理其个人破产申请的，应当适用个人破产程序进行处置。因个人独资企业的资产属于投资人个人资产，又因投资人以其个人财产对其个人独资企业的债务承担无限责任，故不论是不是个人独资企业的债务引起个人破产，也不论个人独资企业债务占总债务的比率多少，个人独资企业的资产和债务都应纳入个人破产与投资人个人的其他资产和债务一并进行处置。但是，因投资人是自然人，而个人独资企业是非法人组织，两者是两个不同的民事主体，故在破产清算时，应将个人的其他财产、债务与个人独资企业的财产、债务分别进行处置。

笔者认为，在个人破产中牵涉个人独资企业资产的，可以适用重整程序对个人独资企业进行重整；如果适用和解程序，则可将个人独资企业的资产纳入和解范围进行处置。

三、个人独资企业债务的清偿顺序

《个人独资企业法》第 29 条规定，个人独资企业解散的，财产应当按照下列顺序清偿：

（1）所欠职工工资和社会保险费用；

（2）所欠税款；

（3）其他债务。

这是个人独资企业在解散情况下的债务清偿顺序。但在个人破产程序中，还有其他债权和费用需要纳入破产程序进行一并清偿，如破产费用、共益债务、特定财产担保的优先债权等，故还应按照个人破产法律的规定安排清偿顺序。

四、关于个人独资企业的分割破产

以夫妻一方名义投资设立个人独资企业，但该个人独资企业属于夫妻共同财产的，在该个人独资企业本身不存在破产原因而夫妻一方破产的，另一方在该个人独资企业中的财产不属于破产财产，应得到保护，那么，就需要分割该个人独资企业的财产。

根据最高人民法院《关于适用〈中华人民共和国民法典〉婚姻家庭编的解释（一）》（以下简称《最高院民法典婚姻家庭编解释（一）》）第75条的规定，夫妻以一方名义投资设立个人独资企业的，法院分割夫妻在该个人独资企业中的共同财产时，应当按照以下情形分别处理：

（1）一方主张经营该企业的，对企业资产进行评估后，由取得企业资产所有权一方给予另一方相应的补偿；

（2）双方均主张经营该企业的，在双方竞价基础上，由取得企业资产所有权的一方给予另一方相应的补偿；

（3）双方均不愿意经营该企业的，按照《个人独资企业法》等有关规定办理，即作解散清算处理。

在夫妻一方破产的情况下，债务方分割所得的财产属于破产财产，而其配偶分割所得的财产，除承担连带清偿责任的外，不属于破产财产。

【裁判案例4】

提示：个人独资企业经破产清算不能履行债务，债权人可要求投资人承担相应的民事责任。

沈某某投资登记成立的某某纺织厂（个人独资企业），因生产经营需要融资，通过银行贷款、民间借贷举债，多起债务案件进入执行程序后，该纺织厂仍不能履行债务。2020年11月6日，苏州市吴江区人民法院裁定受理债权人某某咨询公司申请纺织厂破产清算案，并指定管理人。

管理人经审查，认定纺织厂债权总额为27,415,912.05元，但调查发现纺织厂已无经营场所、无经营人员，名下只有银行存款3.06元。管理人据此编制的债权表提交第一次债权人会议核查，债务人纺织厂和全体债权人一致表示对该债权表无异议，吴江区人民法院便裁定认可该无争议的债权表。

截至2020年12月25日，该案已发生破产费用4050元，而纺织厂的财产不足以支付破产费用。

管理人认为，纺织厂不能清偿到期债务，并且资产不足以清偿全部债务，甚至不足以支付破产费用，于是提请吴江区人民法院宣告纺织厂破产并终结破产程序。

吴江区人民法院认为，纺织厂停止清偿到期债务呈连续状态，并且资产已不足清偿全部债务，已达到宣告破产的条件。同时，纺织厂财产已不足以清偿破产费用，应当终结破产程序。另，依照最高人民法院《关于个人独资企业清算是否可以参照适用企业破产法规定的破产清算程序的批复》的规定，法院参照破产清算程序终结个人独资企业清算程序后，个人独资企业的债权人仍可就其未获清偿的部分向投资人主张权利。纺织厂系个人独资企业，投资人为沈某某，故纺织厂债权人可就未获清偿部分要求纺织厂投资人沈某某承担相应民事责任。

吴江区人民法院依照《企业破产法》第43条、第107条之规定，裁定如下：

（1）宣告纺织厂破产；

（2）终结纺织厂破产程序。

［根据江苏省苏州市吴江区人民法院（2020）苏0509破142号之二民事裁定书编写］

【裁判案例5】

提示：在个人独资企业破产清算中，投资人与债权人自行达成和解协议，法院裁定终结破产程序。

2011年10月8日，刘某某出资4万元登记成立某某服装厂（个人独资企业）。2017年10月13日，温州市瓯海区人民法院作出民事调解书，该服装厂应偿付某某集团公司预付款及赔偿款合计52,000元。因该服装厂没有履行生效法律文书所确定的义务，集团公司于2018年1月26日向瓯海区人民法院申请强制执行。因被执行人服装厂无财产可供执行，瓯海区人民法院裁定终结本次执行程序。

集团公司以服装厂不能清偿到期债务，且资产不足以清偿全部债务，或者明显缺乏清偿能力为由，向瓯海区人民法院申请对服装厂进行破产清算。瓯海区人民法院收到集团公司的申请后，依法通知被申请人服装厂，被申请人服装厂在法定期限内未提出异议。

瓯海区人民法院认为：申请人集团公司对被申请人服装厂提出破产清算申请符合法律规定，便于2020年8月31日裁定受理对服装厂的破产清算申请。

在债权申报期限内，瓯海区税务局和集团公司共2户债权人向服装厂管理人申报债权，债权总额为54,393.63元。2020年10月14日，瓯海区人民法院裁定确认债权人集团公司的普通债权金额52,000元，瓯海区税务局的债权金额2393.63元。2020年10月15日，刘某某与集团公司签订和解协议，约定由刘某某代为偿还集团公司27,000元，分别于2020年10月30日偿还10,000元；2020年11月30日偿还10,000元；2020年12月30日偿还7000元。2020年10月30日，集团公司出具补充说明，确认刘某某代替服装厂支付27,000元，剩余25,000元的债权，服装厂及刘某某个人均无需支付。截至2020年10月23日，服装厂已向瓯海区税务局缴清所欠缴的款项。

2020年11月5日，服装厂以已经缴清所欠瓯海区税务局的款项，并已经与债权人集团公司签订和解协议为由，请求瓯海区人民法院裁定认可刘某某与集团公司签订的和解协议。

瓯海区人民法院认为：法院受理破产申请后，债务人与全体债权人就债权债务的处理自行达成和解协议的，可以请求法院裁定认可，并终结破产程序。本案债权人瓯海区税务局的债权已经清偿完毕，债权人集团公司与债务人服装厂就债务清偿已自行达成和解协议，服装厂申请法院裁定认可和解协议符合法律规定。瓯海区人民法院依照《企业破产法》第105条之规定，裁定如下：

（1）认可服装厂负责人刘某某与集团公司签订的和解协议；

（2）终结服装厂破产程序。

［根据浙江省温州市瓯海区人民法院（2020）浙0304破申93号和（2020）浙0304破83号之一民事裁定书编写］

第三章

个人破产原因与程序启动

个人破产原因是启动个人破产程序的事实根据，个人破产程序启动后个人债务人才进入实质性破产阶段。这一章分析个人破产原因、程序启动以及执行案件移送破产审查三个问题。

第一节　个人破产原因

破产原因，是指债务人存在不能清偿到期债务并且资产不足以清偿全部债务或者明显缺乏清偿能力的法律事实。这种法律事实是否存在是确认当事人能否提出破产申请、法院应否受理破产案件的法定依据。《企业破产法》第 2 条第 1 款中“企业法人不能清偿到期债务，并且资产不足以清偿全部债务或者明显缺乏清偿能力”的规定是企业破产原因，第 2 条第 2 款中“企业法人有前款规定情形，或者有明显丧失清偿能力可能的，可以依照本法规定进行重整”的规定是企业破产重整的原因。《深圳个人破产条例》第 2 条中自然人“因生产经营、生活消费导致丧失清偿债务能力或者资产不足以清偿全部债务”的规定是个人破产原因。下面参考上述规定分析与个人破产原因有关的几个问题。

一、关于个人“不能清偿到期债务”问题

“不能清偿到期债务”，是指债务人以明示或默示的形式表示其不能清偿

到期债务。参照最高人民法院《关于适用〈中华人民共和国企业破产法〉若干问题的规定（一）》第2条规定，下列情形同时存在的，法院应当认定个人债务人不能清偿到期债务：

（1）债权债务关系依法成立；

（2）债务履行期限已经届满；

（3）债务人未完全清偿债务。

由此可见，“不能清偿到期债务”强调的是债务人不能清偿债务的外部客观行为，而不是债务人的财产客观状况，所以，“不能清偿到期债务”不一定就丧失清偿债务能力，故其不能单独构成破产原因。只有在“不能清偿到期债务”的基础上同时出现“资产不足以清偿全部债务”或者“明显缺乏清偿能力”等情形时，才能构成破产原因。

二、关于个人“资产不足以清偿全部债务”问题

“资产不足以清偿全部债务”，是指债务人的资产总和小于其债务总和，即债务人实有资产不足以清偿全部债务，也就是通常所说的“资不抵债”。在实践中认定个人债务人“资产不足以清偿全部债务”需要注意以下两个事情：

一是个人“资不抵债”的重点在于资产与债务的比例关系，一般不考虑其信用、声誉等其他非财产因素。其实，当个人出现破产原因时，其信用、声誉也就基本丧失，再难以发挥产生财产性收入的作用，如因不能清偿到期债务而失去信用和声誉，就难以再获得融资的机会。

二是不少个人在从事生产经营过程中或多或少都会发生因短期资金周转困难而出现短期或者阶段性“资不抵债”的现象，但能够通过受偿经营收入或者通过亲朋好友融入资金予以化解，在这种情况下若也对其进行破产清偿，将会使有些个人债务人丧失自我拯救的信心，任凭管理人和法院处置其财产，这反而对债务人和债权人都不利。

三、关于个人“明显缺乏清偿能力”问题

债务清偿能力是债务人偿还债务（包含本金及利息）的能力。“明显缺

乏清偿能力”与“丧失债务清偿能力”以及“不能清偿到期债务”有所不同。“明显缺乏清偿能力”通常是指债务人的账面资产虽大于负债，但出于某些原因无法处置其财产清偿债务的情形。如个人债务人有大量难以收回的应收款未收回，虽然尚未丧失债务清偿能力，但这种情形下未能清偿到期债务，亦可构成破产原因。

关于个人破产的“明显缺乏清偿能力”的具体情形，可以参照最高人民法院《关于适用〈中华人民共和国企业适用破产法〉若干问题的规定（一）》第4条的规定进行认定。参照该规定，个人债务人存在下列情形之一的，法院应当认定其“明显缺乏清偿能力”：

（1）因资金严重不足或者财产不能变现等原因，无法清偿债务；

（2）法定代表人下落不明且无其他财产管理人，无法清偿债务；

（3）经人民法院强制执行，无法清偿债务；

（4）长期亏损且经营扭亏困难，无法清偿债务；

（5）导致债务人丧失清偿能力的其他情形。

四、关于个人“丧失债务清偿能力”问题

根据《企业破产法》第2条第2款“企业法人有前款规定情形，或者有明显丧失清偿能力可能的，可以依照本法规定进行重整”的规定，企业法人不能清偿到期债务，并且明显丧失清偿能力，属于破产重整原因。这里的“并且”要求，“丧失债务清偿能力”不能理解为“不能清偿到期债务”，而应将债务人所负的债务与其资产结合起来一并进行考量。债务人即使负有债务，但若未达到“丧失债务清偿能力”程度，破产法不应进行干预；债务人虽然“不能清偿到期债务”，但资产足以清偿全部债务的，就不构成“丧失债务清偿能力”。

笔者认为，在个人破产立法设置重整程序时，可以参照上述规定，也将“债务人不能清偿到期债务，并且明显丧失清偿能力”作为个人破产重整的原因加以规定。《深圳个人破产条例》第2条也规定，自然人丧失清偿债务能力的，可以进行破产清算、重整或者和解。

第二节　个人破产程序启动

我国民事诉讼程序的启动过程为起诉、审查和受理。企业破产程序作为民事诉讼的特别程序，其启动过程与民事诉讼程序相似，有申请、审查、受理三个过程。个人破产程序作为民事诉讼的另一种特别程序，完全可以参照《企业破产法》规定的上述三个过程进行启动。

一、当事人申请个人破产

根据“不告不理”原则，个人破产首先要有当事人提出申请。当事人提出破产申请其实是向法院提出通过破产程序对债务人的债务进行清理的诉讼请求。当事人未提出破产申请，法院不得依职权启动破产程序。

（一）个人破产的申请人

根据《企业破产法》第 7 条和第 70 条的规定，企业破产的申请人有以下四种：

（1）债务企业自己向法院提出破产申请；

（2）债权人向法院申请债务企业破产；

（3）清算责任人在“企业法人已解散但未清算或者未清算完毕”的情况下向法院申请债务企业破产清算；

（4）出资人根据《企业破产法》第 70 条第 2 款“债权人申请对债务人进行破产清算的，在人民法院受理破产申请后、宣告债务人破产前，债务人或者出资额占债务人注册资本十分之一以上的出资人，可以向人民法院申请重整”的规定向法院申请重整。

个人破产申请人与企业破产申请人有所不同。参照《深圳个人破产条例》第 8 条和第 9 条的规定，只有个人债务人和债权人才可为个人破产的申请人。个人破产（除个人独资企业外）不存在法定的清算责任人，个人可能是企业法人的出资人，但对其本人财产投资而言，本人即出资人。故《企业破产法》中的清算责任人和出资人不可能成为个人破产的申请人。

（二）个人债务人申请破产应当提供的材料

个人债务人出现破产原因，本人可以直接向法院申请破产清算，或者破产重整，或者破产和解，同时提交有关材料。参照《深圳个人破产条例》第8条的规定，债务人提出破产申请的，应当向法院提交下列材料：

（1）破产申请书、破产原因及经过说明；

（2）收入状况、社保证明、纳税记录；

（3）个人财产以及夫妻共同财产清册；

（4）债权债务清册；

（5）诚信承诺书。

债务人依法承担扶养义务的未成年人和丧失劳动能力且无其他生活来源的成年近亲属（以下简称所扶养人），应当提供所扶养人的基本情况等有关材料。

债务人合法雇用他人的，还应当提交其雇用人员工资支付和社会保险费用缴纳情况的相关材料。

（三）债权人申请个人破产清算应当提供的材料

《深圳个人破产条例》第9条第1款规定："当债务人不能清偿到期债务时，单独或者共同对债务人持有五十万元以上到期债权的债权人，可以向人民法院提出破产申请，申请对债务人进行破产清算。"参照此规定，债权人作为个人破产的申请人，只能申请个人债务人破产清算，而不能申请重整或者和解，故只要提交破产清算所需的材料即可。

参照《深圳个人破产条例》第9条第2款的规定，债权人申请个人债务人破产清算的，应当向法院提交下列材料：

（1）破产清算申请书；

（2）被申请人基本信息材料；

（3）到期债权证明；

（4）经书面或者法定程序要求债务人清偿债务的证明等相关材料；

（5）诚信承诺书。

这里的"相关材料"包括：用于证明申请人身份真实性的材料，如企业法人作为个人债务人的债权人应当提交营业执照、法定代表人的身份证件等，个人作为债务人的债权人只需提交居民身份证件；用于证明申请事实和理由的材料，如债权人用以证明债权有效存在和债务人到期不履行债务的合同、借据、催款通知书等。

（四）申请人撤回个人破产申请

《企业破产法》第9条规定："人民法院受理破产申请前，申请人可以请求撤回申请。"《深圳个人破产条例》第11条第1款作出同样的规定，即"人民法院裁定受理破产申请前，申请人可以请求撤回申请"。这说明，无论是企业破产还是个人破产，无论是个人债务人自己申请破产还是债权人申请个人债务人破产，在法院裁定受理破产申请前申请人都可以请求撤回申请。

但是，在法院裁定受理个人破产申请后，申请人则不可撤回申请。主要理由是：首先，法院一旦裁定受理个人破产申请就会做出一系列司法行为，如通知当事人、指定管理人、发布破产公告、宣告债务人对个别债权人的债务清偿无效等，这些司法行为大多不可逆转。其次，个人破产程序是众多债权人的集体清偿程序，而不是个别清偿程序，如果允许申请人在法院裁定受理后撤回破产申请，那么债权债务又回归个别清偿，有违个人破产集体清偿规则。

《深圳个人破产条例》第11条第2款还特别规定："人民法院裁定准许撤回申请的，申请人无正当理由，不得在撤回申请之日起一年内再次申请同一债务人破产。"也就是说，除有正当理由外，申请人只有在法院裁定准许撤回申请之日起的一年后才可以再次申请同一债务人破产。

（五）个人债务人提出破产异议

这种异议是个人债务人对债权人申请其破产清算所提出的不同意见。个人债务人出现破产原因，债权人有权申请个人债务人破产清算，但为防止债权人滥用破产申请权，保障个人债务人的程序权利，在个人破产立法时，应当参照《企业破产法》第10条的规定，赋予被申请破产清算的债务人提出破产异议的权利。

《深圳个人破产条例》第10条第1款规定："人民法院应当自收到破产申请之日起五日内通知已知债权人、债务人和破产事务管理部门，并公开破产申请。"第2款规定："债务人对债权人的申请有异议的，应当自收到人民法院通知之日起七日内向人民法院提出。”这与《企业破产法》第 10 条第 1 款、第 2 款的规定基本一致。

从上述规定可以看出，债权人申请对个人债务人进行破产清算，异议人只能是被申请的个人债务人。个人债务人自己申请破产，不可能又对自己的申请提出异议，但若认为自己申请破产不妥或者错误，只能依法请求撤回申请。

个人债务人对债权人申请其破产清算提出异议的主要事由包括：

（1）债务人认为自己没有出现或者没有达到规定的破产原因，对债权人认为其具有破产原因提出异议；

（2）债务人认为自己的负债数额未达到个人破产规定的负债数额，如《深圳个人破产条例》第 9 条规定，“单独或者共同对债务人持有五十万元以上到期债权的债权人，可以向人民法院提出破产申请，申请对债务人进行破产清算”，而被申请债务人认为自己负债数额未达 50 万元；

（3）债务人以自己与债权人之间不存在债权债务关系、债权债务尚有争议未确定、债权债务未到期、债务已经清偿等为由，否定债权人提出的债权，或者否定债权人申请其破产清算的主体资格；

（4）债务人认为自己未来仍有经营收入且足以清偿债务，主张不应对其进行破产清算。

债务人以上述事由提出异议，其实是对抗债权人的破产清算申请。债务人提出异议，不论其异议是否成立，法院都应认真对待，都应让债务人充分行使陈述、质证、抗辩等程序权利，在必要时召开听证会对异议进行审查。

二、法院审查个人破产申请

债务人和债权人虽然都有权申请个人破产，但对法院来说，不一定有申请就必须受理，其间有一个审查过程，即法院对当事人提出的破产申请进行审核、调查。法院收到当事人的破产申请后，要做的第一件事情是对破产申请进行审查。《深圳个人破产条例》第 12 条第 1 款规定，“人民法院审查破产申请，一般以书面调查的方式进行；案情复杂的，可以进行听证调查”。这条规定说明三个问题：（1）对个人破产申请的审查是法院受理个人破产之前的必经程序；(2) 审查的主要方法是书面调查即书面审查；(3) 当事人申请破产，案情复杂的，可以进行听证调查。法院对个人破产申请的审查可分为形式审查和实质审查。

(一) 对个人破产申请的形式审查

法院对个人破产申请的形式审查，主要通过书面形式审查以下几个内容：

(1) 债权人和被申请人是否具备主体资格。在审查被申请人时，重点审查被申请人是否具备破产能力和负债数额是否达到规定要求；在审查申请人时，重点审查申请人是不是被申请人的债权人。

(2) 审查对当事人申请的个人破产案件有无管辖权。如深圳经济特区范围内的个人破产申请案件，根据《深圳个人破产条例》第 5 条的规定，应当审查是否属于深圳市中级人民法院管辖，或者是否属于经指定的基层人民法院管辖。

(3) 审查申请人提交的申请材料，包括证据材料等是否符合规定的要求。

(二) 对个人破产申请的实质审查

法院对个人破产申请的实质审查主要审查被申请人是否具有破产原因。个人债务人自行提出破产申请的，除怀疑虚假破产外，在通常情况下，通过对其提交的申请材料进行审查，就可确认其是否具有破产原因。在债权人提出破产清算申请的情况下，因多数债权人对被申请人的财产状况和债务状况不尽了解，故其提交的申请材料不一定能确切地反映被申请人具有破产原因。在此情况下，法院应当结合被申请人是否提出异议及其提出异议的相关内容，先从书面上进行审查。

破产原因是个人破产的实质条件，属于事实问题，而个人破产原因的事实情况，不是仅凭申请人提供的申请材料就能确认的，还需在破产程序启动后进行调查核实。所以，受理申请时的实质审查仅是一种表面事实的审查，也就是说，法院在受理时仅依据申请人提交的材料和证据来审查被申请人是否具有破产原因，以便及时决定是否启动破产程序。

法院通过表面事实审查，认为被申请人不存在破产原因的，应当裁定不予受理；认为被申请人具有破产原因的，应当裁定予以受理；在裁定受理后至宣告破产前，发现被申请人不具有破产原因的，应当裁定驳回申请。

（三）个人破产的听证调查

我国听证制度起始于行政决策、行政管理以及行政处罚，因行政听证具有现代民主特色和广泛征求意见的功能，故为司法行为所吸收，并推行至破产程序的某些环节。

个人破产听证，是指法院在接到当事人个人破产申请后，为查明案件的事实，通过公开举行由个人债务人、债权人、利害关系人以及其他有关人员参加的听证会，听取当事人陈述、申辩、质证意见和其他与会人员意见的司法行为。法院对个人破产举行听证主要适用于复杂的案件，目的是通过民主方式把破产原因和有关事实调查清楚，听取各方意见后，再决定是否受理个人破产申请。

个人破产听证通常以召开听证会形式进行。听证会可按先后顺序设计以下几个主要内容：

（1）申请人宣读破产申请书，陈述申请个人破产的事实、理由及相关证据；

（2）被申请人陈述自己生产经营状况、资产及负债情况，同时可以提出抗辩，如提出自己不具有破产原因，要求法院不予受理等意见；

（3）法院对申请人和被申请人提供的证据材料进行初步审查，对被申请人的资产、负债、财产担保、资产变现、债务清偿、抚养人等情况进行调查；

（4）债权人申请被申请人破产清算的，双方应当核对债权债务以及被申请人是否存在“资不抵债”的情况；

（5）被申请人要求重整或者和解，且能够提交重整或者和解的思路或者草案的，双方在听证会上可就此进行协商，为以后重整、和解奠定基础。

但是，个人破产听证不是法院受理个人破产案件的必经程序，故不论个人破产案件是否复杂，法院有无举行听证，均不影响裁定受理破产申请的效力。

三、法院裁定受理个人破产申请

这里的受理，是指法院在收到个人破产申请后，经审查认为符合法定条件，决定予以接受并立案的司法行为。法院经审查认为个人债务人具有破产原因，并符合规定条件的，应当作出受理裁定。个人破产案件受理与企业破产案件受理一样，都是启动破产程序的标志，两者之间没有多大区别。因而《深圳个人破产条例》有关个人破产案件的受理规定与《企业破产法》有关企业破产案件的受理规定基本一致，只是个别时间和个别要求有所不同而已。

（一）个人破产案件的裁定受理及送达期限

根据《深圳个人破产条例》第13条的规定，法院经审查认为债务人个人具有破产原因并符合其他规定条件的，应当自收到个人破产申请之日起30日内（《企业破产法》规定15日内）作出受理裁定；若遇特殊情况，如个人债务人申请破产一时难以确定其是否具有破产原因，又如对被申请人对债权人提出的破产清算异议一时难以审查确认，因此需要延长裁定受理期限的，经受理法院院长批准可以适当延长。

法院以裁定方式决定受理个人破产案件，个人破产程序就告启动。为满足当事人的知情权，法院应当自受理之日起在规定的时间内将裁定书送达个人债务人；债权人申请对个人债务人进行破产清算的，法院应当自受理之日起在规定时间内将裁定书送达债权人和个人债务人。

（二）个人破产案件的受理公告

为使债权人和其他利害关系人能够及时参加个人破产程序行使权利，或者按照个人破产程序的要求履行义务，法院应当在规定的时间内发布受理公告。《深圳个人破产条例》第20条规定，法院应当自裁定受理破产申请之日起20日内发布受理公告，公告应当载明下列事项：

（1）申请人、被申请人的姓名或者名称；

（2）人民法院裁定受理破产申请的时间和适用程序；

（3）限制债务人行为的决定；

（4）债权申报的期限、方式和注意事项；

（5）管理人姓名或者名称及其地址；

（6）对债务人负有债务的人或者债务人财产的持有人向管理人清偿债务或者交付财产的方式；

（7）第一次债权人会议召开的时间、地点和方式；

（8）法院认为需要公告的其他事项。

《深圳个人破产条例》上述规定的公告内容与《企业破产法》第14条的相关规定基本一致。

四、不予受理个人破产申请

当事人提出个人破产申请，法院经审查认为申请不符合法定条件的，应当裁定不予受理。《企业破产法》规定的不予受理的事由比较简单，法院经审查发现债务人不具有破产原因，即可裁定不予受理或者驳回申请。《深圳个人破产条例》第14条规定的不予受理的事由较为具体：

（1）个人债务人不符合该条例第2条规定，即没有出现破产原因；

（2）债权人申请对个人债务人进行破产清算不符合该条例第9条第1款规定，即债权人单独或者共同对债务人持有的到期债权没有达到50万元而申请个人债务人破产清算；

（3）个人债务人基于转移财产、恶意逃避债务等不正当目的申请破产；

（4）债权人以损害被申请人信誉等不正当目的申请破产；

（5）个人债务人或者债权人有虚假陈述、提供虚假证据等妨害破产程序行为；

（6）个人债务人依照该条例免除未清偿债务未超过8年。

法院接到个人破产申请后至受理前，经审查发现有上述情形的，应当裁定不予受理；法院在受理个人破产申请后至破产宣告前，发现有上述情形的，应当裁定驳回申请。驳回申请与不予受理的事由虽然相同，但两者在法律上的作用有所不同。法院裁定不予受理的作用是阻却了破产程序的启动，而驳回申请发生在受理个人破产申请后至破产宣告前这个阶段，其法律效果是通过裁定驳回破产申请来终结个人破产程序。申请人不服不予受理裁定或者不服驳回申请裁定，均可提起上诉。

第三节　个人破产的“执转破”问题

执行案件移送破产审查，是指法院在执行程序中发现被执行人具有破产原因，经当事人同意后将执行案件移送被执行人住所地法院进行破产审查的司法行为，简称“执转破”。因“执转破”基于当事人同意而实施，故具有启动个人破产程序的作用。

一、“执转破”的司法解释

为使执行程序与破产程序相衔接，《最高院民诉法解释》第513条至第515条首次建立了“执转破”制度。其中，第513条规定：“在执行中，作为被执行人的企业法人符合企业破产法第二条第一款规定情形的，执行法院经申请执行人之一或者被执行人同意，应当裁定中止对该被执行人的执行，将执行案件相关材料移送被执行人住所地人民法院。”第514条规定：“被执行人住所地人民法院应当自收到执行案件相关材料之日起三十日内，将是否受理破产案件的裁定告知执行法院。不予受理的，应当将相关案件材料退回执行法院。”第515条第1款规定：“被执行人住所地人民法院裁定受理破产案件的，执行法院应当解除对被执行人财产的保全措施。被执行人住所地人民法院裁定宣告被执行人破产的，执行法院应当裁定终结对该被执行人的执行。”这些规定构建了“执转破”的一个框架。

为促进和规范执行案件移送破产审查工作的开展，保障执行程序与破产程序的有序衔接，最高人民法院又于2017年发布了《关于执行案件移送破产审查若干问题的指导意见》，对“执转破”问题专门作出21条规定，由此很好地推进了“执转破”工作，对解决“执行难”和“破产难”具有重要作用。

但是，最高人民法院现有的“执转破”制度仅适用于“作为被执行人的企业法人”，尚未推广到个人，《深圳个人破产条例》也无个人破产的“执转破”规定。笔者认为，在个人破产立法时，应当参照最高人民法院现行的企业法人“执转破”规定，建立个人“执转破”制度，让个人债务从执行程序转入个人破产程序进行公平清偿。

二、个人破产“执转破”的条件设置

参照最高人民法院《关于执行案件移送破产审查若干问题的指导意见》第2条的规定，考虑自然人破产特点，个人破产“执转破”条件可作如下设置：

（1）被执行人为自然人个人。因个人破产是调整个人债务人与债权人的债权债务关系，故被执行人作为债务人转入破产必须是个人，而不是企业法人。这是个人破产中“执转破”的必然要求，也是其与企业破产中“执转破”的根本区别。

（2）个人债务人具有破产原因。债务人个人作为被执行人出现不能清偿到期债务，并且资产不足以清偿全部债务或者明显缺乏清偿能力，即个人破产原因，是“执转破”的前提条件，如果不存在个人破产原因，则不适用“执转破”的司法规则。

（3）执行案件必须是具有金钱给付内容并可参与个人破产财产分配的债务案件。不具金钱给付内容的执行案件，如法院仅判决排除妨害的执行案件，因无可参与破产财产分配的内容，故不属于“执转破”范畴。

（4）须经一方当事人书面同意。个人债务人作为被执行人书面同意“执转破”的，相当于该个人债务人自己申请破产，故无须债权人同意即可“执转破”。执行案件的任何一个申请执行人书面同意“执转破”的，相当于该申请执行人即债权人申请个人债务人破产清算，被执行的个人债务人反对无效。执行案件中申请执行人和被执行人都不同意“执转破”的，法院不得违背当事人意思自治原则强制进行“执转破”。

同时符合上述四个条件的，法院执行机构应当将执行案件以及相关材料移送破产机构，或者由执行法院移送破产法院审查处置。

三、个人执行案件“执转破”的操作程序

最高人民法院《关于执行案件移送破产审查若干问题的指导意见》对债

务企业的“执转破”操作程序作出了较为具体的规定，因企业“执转破”操作程序并不影响个人破产的特性，故完全可以作为个人债务人“执转破”的模板适用。

（一）执行法院征询移送意见

执行法院在对个人债务案件采取财产调查措施后，发现被执行人有破产原因的，应当先询问被执行人和申请执行人是否同意将执行案件移送破产审查。双方当事人都不同意移送的，执行法院也就无法决定移送破产审查，而后也就不会发生“执转破”；被执行人或者任何一个申请执行人同意移送的，执行法院才可操作“执转破”。

（二）执行法院作出移送决定

执行案件承办人认为执行案件符合移送个人破产审查条件的，应对该案件提出审查意见，经合议庭评议同意后，由执行法院院长签署移送决定。基层人民法院拟将执行案件移送异地中级人民法院进行个人破产审查的，在作出移送决定前，应先报请其所在地中级人民法院执行部门审核，经审核同意后，执行法院应当作出移送决定，并送达申请执行人和被执行人。

（三）执行法院移送破产审查应当提交的材料

执行法院作出移送决定后，应当向受移送法院移送下列材料：

（1）执行案件移送个人破产审查决定书；

（2）申请执行人或被执行人同意移送的书面材料；

（3）执行法院采取财产调查措施查明的被执行人的财产状况资料，已查封、扣押、冻结财产清单及相关材料；

（4）执行法院已分配财产清单及相关材料；

（5）被执行人债务清单；

（6）其他应当移送的材料。

受移送法院不得以材料不完备等为由拒绝接收，但影响认定破产原因是否具备的材料，受移送法院可以要求执行法院补齐、补正，执行法院应于10日内补齐、补正。受移送法院需要查阅执行程序中的其他案件材料，或者依法委托执行法院办理财产处置等事项的，执行法院应予协助配合。

受移送法院拒绝接收移送的材料，或者收到移送的材料后不按规定期限作出是否受理裁定的，执行法院可函请受移送法院的上一级法院进行监督。上一级法院收到函件后应当指令受移送法院在规定时间内接收材料或作出是否受理的裁定。受移送法院收到上级法院的通知后，在规定时间内仍不接收材料或不作出是否受理裁定的，上一级法院可以直接对移送破产审查的案件行使管辖权。上一级法院裁定受理的破产案件，可以指令受移送法院审理。

（四）中止执行程序但延续财产保全措施

执行法院作出移送决定后，除不宜长期保存的物品应当及时变价处置外，应当中止对被执行人的执行程序。但为防止被执行财产在“执转破”过程中流失，在受移送法院裁定受理个人破产案件之前，应当确保对被执行财产的查封、扣押、冻结措施的连续性，查封、扣押、冻结期限在破产审查期间届满的，申请执行人可以向执行法院申请延长期限。

（五）受移送法院裁定受理

受移送法院应当自收到移送材料之日起在规定时间内作出是否受理的裁定。受移送法院作出裁定后，应当在规定时间内将裁定送达申请执行人、被执行人，并送交执行法院。受移送法院裁定受理个人破产申请的，执行法院应当解除对被执行人财产的保全措施；裁定宣告被执行人个人破产的，执行法院应当裁定终结对该被执行人的执行。

（六）裁定受理后的财产处置

执行法院收到受移送法院受理裁定后，应当在规定时间内将已经扣划到账的银行存款、实际扣押的动产、有价证券等被执行人财产移交给受理个人破产案件的法院。此前的执行程序中产生的评估费、公告费、保管费等执行费用，可以参照破产费用的规定，从个人债务人财产中随时清偿。但在执行法院收到受移送法院受理裁定时已通过拍卖程序成交且裁定已送达买受人的拍卖财产，已通过以物抵债偿还债务且抵债裁定已送达债权人的抵债财产，已完成转账、汇款、现金交付的执行款，因财产所有权已经发生变动，不属于被执行人的财产，不再移交。

（七）执行法院终结执行

受移送法院受理后，裁定宣告被执行人破产或裁定终止和解程序、重整程序的，自裁定作出之日起5日内将裁定送交执行法院，执行法院凭此裁定终结对被执行人的执行。

（八）受移送法院不予受理或驳回申请

受移送法院作出不予受理或驳回申请裁定的，应当在裁定生效后7日内将接收的材料、被执行人的财产退回执行法院，执行法院应当恢复对被执行人的执行。此后，不再重复启动执行案件移送破产审查程序。

第四章

法院受理个人破产所产生的效力

法院裁定受理个人破产申请与启动企业破产程序一样，会产生一系列的法律效力，这些法律效力的内容较多，这一章参照《企业破产法》及其司法解释和《深圳个人破产条例》的有关规定分析其中几个主要问题。

第一节　限制债务人个人高消费

在个人破产程序中，债务人个人生存权是受宪法保护的，其生存消费必须得以满足，但高消费会使其财产不当减少而损害债权人的债权利益，故个人破产法有必要设立限制债务人个人高消费制度。

一、限制债务人个人高消费

限制债务人个人高消费源于最高人民法院《关于限制被执行人高消费的若干规定》。该规定第3条规定，被执行人为自然人，或者被执行人为单位的法定代表人、主要负责人、影响债务履行的直接责任人员、实际控制人，被采取限制消费措施后，不得有高消费及非生活和工作必需的消费行为，并规定了9种禁止高消费行为，违者以妨害司法论处。

最高人民法院《关于限制被执行人高消费的若干规定》适用于民事执行程序，限制高消费对象是自然人个人。个人破产程序实际上是集中执行自然人个人债务的程序，因此，在个人破产立法时，完全可以参照最高人民法院的上述规定，限制债务人个人的高消费行为。《深圳个人破产条例》正是基于这种原因，将限制被执行人个人高消费引入个人破产程序并作出规定。

《深圳个人破产条例》第19条规定，法院裁定受理个人破产申请时应当同时作出限制债务人行为的决定。第23条规定，自法院作出限制债务人行为的决定之日起至作出解除限制债务人行为的决定之日止，除确因生活和工作需要，经法院同意外，债务人不得有下列消费行为：

（1）乘坐交通工具时，选择飞机商务舱或者头等舱、列车软卧、轮船二等以上舱位、高铁以及其他动车组列车一等以上座位；

（2）在夜总会、高尔夫球场以及三星级以上宾馆、酒店等场所消费；

（3）购买不动产、机动车辆；

（4）新建、扩建、装修房屋；

（5）供子女就读高收费私立学校；

（6）租赁高档写字楼、宾馆、公寓等场所办公；

（7）支付高额保费购买保险理财产品；

（8）其他非生活或者工作必需的消费行为。

二、债务人个人高消费不得免债

债务人通过个人破产程序得以免债是个人破产对其的宽容和保护，债务人在个人破产程序中如果违反法院出具的限制消费令（或决定）进行高消费，减损个人财产致使债权人的合法权益受到损害的，则不能免除其破产后不能清偿的债务。《深圳个人破产条例》第98条规定，债务人故意违反该条例第23条关于债务人行为限制的规定，或者因奢侈消费、赌博等行为承担重大债务而引起财产显著减少的，不得免除未清偿债务。

三、限制高消费的解除

法院解除限制债务人高消费，也就意味着债务人个人可以自由消费，但解除限制高消费是有条件的，且因适用破产程序不同，解除条件也有所不同。

（一）适用清算程序的，通常自裁定免除债务人未清偿债务的同时解除限制消费令

个人破产适用清算程序的，法院在裁定认可破产财产分配方案的同时裁定终结破产清算程序。但个人破产立法往往为个人债务人设置免债考察期，个人债务人在免债考察期内仍受消费限制，此时尚不能解除限制消费令。在考察期内，个人债务人遵守限制消费令，并履行相关规定义务的，管理人应当在破产财产分配方案中载明免除债务人未清偿的债务，然后个人债务人可以向法院申请免除其未清偿的债务，法院据此裁定免除债务人未清偿债务的同时解除限制消费令。如《深圳个人破产条例》第 95 条规定，“自人民法院宣告债务人破产之日起三年，为免除债务人未清偿债务的考察期限”。该条例第 96 条规定，“债务人在考察期内应当继续履行人民法院作出的限制行为决定规定的义务，并履行本条例规定的债务人其他义务”。其第 99 条规定，“在考察期内，债务人应当每月在破产事务管理部门的破产信息系统登记申报个人收入、支出和财产状况等信息”。其第 101 条规定，“人民法院根据债务人申请和管理人报告，裁定是否免除债务人未清偿债务，同时作出解除对债务人行为限制的决定”。个人债务人在免债考察期进行高消费的，法院不能免除其未清偿的债务而解除限制消费令。

（二）适用重整程序的，法院在裁定批准重整计划的同时解除限制消费令

在个人破产重整程序中形成的重整计划草案，其中应当包括免除债务人未清偿债务的内容。重整计划草案经债权人会议表决通过，并向法院申请批准，该重整计划草案才能成为正式的重整计划。该重整计划对债务人和全体债权人均有约束力，其中免除债务人未清偿债务的内容也随之具有约束力。债务人未清偿债务既然在重整程序中得以免除，那么法院在裁定批准重整计划终结重整程序的同时，亦应解除限制消费令，让债务人个人自由消费。《深圳个人破产条例》第 124 条也规定，“人民法院裁定批准重整计划的，应当同时作出解除限制债务人行为的决定，将决定书送达债务人，并通知破产事务管理部门”。

（三）适用和解程序的，在法院认可和解协议的同时解除限制消费令

破产和解是债务人与债权人自愿协商的结果，是双方在个人破产程序中

进行和解所达成的协议，其中免除债务人部分债务的内容系债权人自愿放弃部分债权。根据当事人意思自治原则，和解协议未损害国家利益、社会公共利益或者他人合法权益，也不违反法律、行政法规的强制性规定的，法院应当裁定认可和解协议并终结和解程序，同时应当解除限制消费令。

第二节　个人债务人和利害关系人应尽规定义务

法院裁定受理个人破产申请后，个人破产与企业破产一样会设定债务人和利害关系人的有关义务，但由于自然人特性，个人破产对债务人设定的义务内容，对利害关系人设定的对象和范围，与企业破产有很大的区别。如企业法定代表人、董事、监事和高级管理人员是企业破产的利害关系人，而配偶、子女、共同生活的近亲属等是个人破产的利害关系人，两者不可相互代替。下面分析债务人和利害关系人在个人破产程序中的几个主要义务。

一、个人债务人的应尽义务

在个人破产程序中，债务人履行限制消费是其义务之一，但因破产需要，个人债务人还有很多义务应当履行。

（一）个人债务人的基本义务

在企业破产中，债务人的基本义务由与其有关人员承担（《企业破产法》第15条），而在个人破产程序中，债务人的基本义务由债务人个人直接承担。在个人破产程序中，债务人的基本义务是个人破产法规定的债务人必须遵守且应尽的义务，但个人债务人的基本义务应当根据其自然人特性和实际需要进行设置。如《深圳个人破产条例》第21条规定，自法院裁定受理破产申请之日起至依照该条例裁定免除债务人未清偿债务之日止，债务人应当承担下列义务：

（1）按照法院、破产事务管理部门、管理人要求提交或者补充相关材料，并配合调查；

（2）列席债权人会议并接受询问；

（3）当债务人的姓名、联系方式、住址等个人信息发生变动或者需要离开居住地时，及时向破产事务管理部门、管理人报告；

（4）未经法院同意，不得出境；

（5）按时向法院、破产事务管理部门登记申报个人破产重大事项，包括破产申请、财产以及债务状况、重整计划或者和解协议、破产期间的收入和消费情况等；

（6）借款一千元以上或者申请等额信用额度时，应当向出借人或者授信人声明本人破产状况；

（7）配合法院、破产事务管理部门和管理人开展与破产程序有关的其他工作。

（二）如实申报财产的义务

债务人财产是用以清偿破产债务的财产，债务人财产的多少直接关系债权人实现多少债权的问题，故个人债务人负有如实向法院、管理人申报财产的义务。具体内容如下：

1. 如实申报现状财产

例如，《深圳个人破产条例》第33条规定：债务人应当自法院受理破产申请裁定书送达之日起15日内向法院和管理人如实申报本人及其配偶、未成年子女以及其他共同生活的近亲属名下的财产和财产权益：

（1）工资收入、劳务所得、银行存款、现金、第三方支付平台账户资金、住房公积金账户资金等现金类资产；

（2）投资或者以其他方式持有股票、基金、投资型保险以及其他金融产品和理财产品等享有的财产权益；

（3）投资境内外非上市股份有限公司、有限责任公司，注册个体工商户、个人独资企业、合伙企业等享有的财产权益；

（4）知识产权、信托受益权、集体经济组织分红等财产权益；

（5）所有或者共有的土地使用权、房屋等财产；

（6）交通运输工具、机器设备、产品、原材料等财产；

（7）个人收藏的文玩字画等贵重物品；

（8）债务人基于继承、赠与、代持等依法享有的财产权益；

（9）债务人在破产申请受理前可期待的财产和财产权益；

（10）其他具有处置价值的财产和财产权益。

债务人在境外的前款财产和财产权益，也应当如实申报。

2. 对申报的财产作出说明

为使法院和管理人全面了解债务人个人财产状态，《深圳个人破产条例》第34条还规定，债务人依照该条例第33条规定申报财产和财产权益有下列情形之一的，应当在申报时予以说明：

（1）财产或者财产权益为债务人成年子女所有，但取得时该子女尚未成年；

（2）债务人财产已出租、已设立担保物权等权利负担，或者存在共有、权属争议等情形；

（3）债务人的动产由第三人占有；

（4）债务人的不动产、特定动产或者其他财产权等登记在第三人名下。

3. 一并申报裁定受理破产申请前的变动财产

债务人个人濒临破产，有可能为了逃避债务，实施隐匿、转移财产或者对个别债权人进行清偿等损害集体债权人的行为。为此，法院和管理人有必要审查裁定受理破产申请前的财产变动是否合法的问题，故应要求个人债务人在申报现状财产的同时，一并申报裁定受理破产申请前一段时间内的财产变动情况。例如，《深圳个人破产条例》第35条规定，自法院裁定受理破产申请之日前二年内，债务人财产发生下列变动的，债务人应当一并申报：

（1）赠与、转让、出租财产；

（2）在财产上设立担保物权等权利负担；

（3）放弃债权或者延长债权清偿期限；

（4）一次性支出5万元以上大额资金；

（5）因离婚而分割共同财产；

（6）提前清偿未到期债务；

（7）其他重大财产变动情况。

（三）向管理人交付财产的义务

法院裁定受理个人破产申请后，法院和管理人决定接管债务人个人财产的，个人债务人就负有向管理人交付财产的义务。同时个人债务人还应当将与其财产状况相关的财产清单、凭证以及债权债务清册等资料交由管理人管理。但是，属于个人债务人及其家庭必需的生活物品和基本生产资料等财产，可由管理人管控，不宜移交管理人占有。如债务人个人及其家属的必需住房、农村土地承包经营权等，不能移交管理人占有，否则就会严重影响债务人个人及其家属的基本生存权。

（四）不得擅自处分个人财产的义务

法院裁定受理个人破产申请后，债务人的财产属于破产财产，应当由管理人统一用于清偿债务，故未经管理人或者法院的同意，债务人不得擅自处分其个人财产。例如，《深圳个人破产条例》第42条和第43条规定，债务人为逃避债务而隐匿、转移、不当处分财产和财产权益的行为无效，因上述行为而取得的债务人财产，管理人有权予以追回。

（五）不得个别清偿债务的义务

个人破产的目的与企业破产一样，都是集中公平清理债权债务，债务人如果对个别债权人清偿债务，就会对其他债权人造成损害，就会破坏集中公平清偿原则。因此《企业破产法》《深圳个人破产条例》都规定，在法院裁定受理破产申请后，债务人不得向个别债权人清偿债务。

（六）执行限制人身自由的义务

法院裁定受理个人破产申请后，为了保障个人破产程序的顺利进行，应当采取措施限制债务人的某些人身自由行为，以便个人债务人接受法院的传讯与参与庭审、列席债权人会议，并接受债权人、破产管理人、破产监督人的询问等。例如，《深圳个人破产条例》第21条规定，自法院裁定受理破产申请之日起至依照该条例裁定免除债务人未清偿债务之日止，债务人未经法院同意不得出境，按照法院、破产事务管理部门和管理人要求配合调查，列席债权人会议并接受询问，当债务人的姓名、联系方式、住址等个人信息发生变动或者需要离开居住地时应当及时向破产事务管理部门和管理人报告。在上述措施不足以维护个人破产程序的有效进行时，法院可以羁押债务人。

二、近亲属和其他利害关系人的配合义务

这里的利害关系人，是指与个人债务人的财产、债务等有直接或间接关系的人。为使个人破产顺利进行，保障双方当事人和有关利害关系人的合法权益，个人破产程序设置利害关系人的配合义务是很有必要的。

（一）个人债务人的债务人的配合义务

个人债务人对其债务人享有的债权也属于个人债务人的财产，在个人破产中应当一并进行处置，故个人债务人的债务人（以下简称次债务人）应当负有向管理人清偿债务的义务。如根据《深圳个人破产条例》第25条规定，法院裁定受理破产申请后，次债务人应当向管理人清偿债务，次债务人如不向管理人履行清偿债务义务，个人债务人或者管理人可以依法提起诉讼向其追索；次债务人不按规定向管理人清偿债务而向个人债务人清偿，致使管理人不能向个人债务人追回的（如被个人债务人用于高消费），则不免除次债务人的继续清偿债务的责任。

（二）财产持有人的配合义务

法院裁定受理破产申请后，债务人个人财产为他人持有或者控制的，财产持有人应当配合管理人，将其持有的债务人个人财产交付给管理人。如根据《深圳个人破产条例》第25条的规定，法院裁定受理破产申请后，债务人财产的持有人应当向管理人交付财产，持有人拒不交付的，可以非法占有论处；如果擅自将财产交付个人债务人，致使管理人不能追回，由此造成债权人损失的，该持有人应当承担赔偿责任。

（三）个人债务人近亲属和其他利害关系人的配合义务

个人破产与企业破产的一大不同点是，企业破产不存在近亲属问题需要解决，而个人破产必然涉及近亲属问题，如债务人个人财产与近亲属财产混同、个人债权债务与近亲属债权债务混同、近亲属的赡养抚养问题等，都与债务人个人有着利害关系。故《深圳个人破产条例》第22条规定：“债务人的配偶、子女、共同生活的近亲属、财产管理人以及其他利害关系人，应当配合人民法院、破产事务管理部门和管理人调查，协助管理人进行财产清查、接管和分配。”

【裁判案例6】

提示：个人债务人拒不接受管理人询问和调查被视为不诚信行为，法院裁定终结个人债务清理程序。

债务人余某某在法院尚有执行案件未履行给付义务。2019年12月10日，台州市路桥区人民法院根据债权人银行的申请，裁定受理了债务人余某某个人债务清理，并指定了余某某的管理人。2020年12月1日，管理人向路桥区人民法院提出申请，称管理人在履行职务期间，多次通知债务人余某某接受管理人询问并提交相关材料，但债务人余某某明确表示拒绝接受管理人询问和调查，故要求终结本案个人债务清理程序。

路桥区人民法院认为：个人债务清理程序的目的是使资产不足以清偿全部债务或者明显缺乏清偿能力的债务人，将其现有的财产或将来一定期限内固有的财产，在扣除债务人本身基本的生活保障之后，公平清偿给各债权人，并经过一定期限的行为考察期，使债务人可免除对剩余债务的清偿或退出强制执行程序，从而使债务人获得重生机会。通过个人债务清理程序，兼顾债权人和债务人双方的利益平衡，使债权人能从具有一定财产的债务人处获得相应的清偿，亦能使无清偿能力的债务人获得重生的机会，但前提是债务人必须具有足够的诚信度。本案余某某虽不能清偿到期债务，但其无正当理由拒绝接受管理人的询问和调查，不配合管理人和法院进行个人债务清理，应视为不具有诚信行为。管理人亦未发现债务人有可供执行的财产，且债务人具有不诚信行为，管理人要求终结个人债务清理程序，应予准许。

路桥区人民法院参照《企业破产法》第120条之规定，裁定终结债务人余某某个人债务清理程序。

［根据浙江省台州市路桥区人民法院（2019）浙1004破34号民事裁定书编写］

【裁判案例7】

提示：企业个人股东因怠于履行法定清算义务对企业承担连带清偿责任而“资不抵债”，法院对其进行个人破产清算。

2003年11月24日，蔡A和蔡B登记成立某某机械公司，注册资本650

万元，蔡A为法定代表人。2016年5月3日，温州市平阳县人民法院受理机械公司破产清算。2017年6月21日，平阳县人民法院作出民事裁定，确认洗涤服务公司对机械公司享有664,867.29元债权。但机械公司经管理人通知未提供财务账册、文字资料，致使管理人无法进行全面清算，2017年6月26日，平阳县人民法院作出（2016）浙0326民破14号之二民事裁定，宣告机械公司破产并终结破产程序。

2019年2月，洗涤服务公司以蔡A、蔡B为被告，向平阳县人民法院提起股东损害公司债权人利益责任纠纷诉讼，请求判令蔡A、蔡B向洗涤服务公司连带清偿机械公司所欠债务664,867.29元及利息损失。

平阳县人民法院认为：《企业破产法》第11条第2款规定，债务人应当自法院受理破产申请的裁定送达之日起15日内，向法院提交财产状况说明、债务清册、债权清册、有关财务会计报告以及职工工资的支付和社会保险费用的缴纳情况。最高人民法院《关于适用〈中华人民共和国公司法〉若干问题的规定（二）》第18条第2款规定，有限责任公司的股东因怠于履行义务，导致公司主要财产、账册、重要文件等灭失，无法进行清算，债权人主张其对公司债务承担连带清偿责任的，法院应依法予以支持。《企业破产法》第46条第2款规定，附利息的债权自破产申请受理时停止计息。本案中，被告蔡A、蔡B作为机械公司的股东，是公司的法定清算义务人，但二被告在该公司破产清算期间未提交公司完整的财务账册、文件资料等，怠于履行法定义务，致使该公司管理人无法进行全面清算。现原告要求二被告对机械公司所欠债务664,867.29元承担连带清偿责任，符合法律规定，法院予以支持。被告蔡B辩称自己非公司实际管理者、未持有财务账册，不应承担连带清偿责任，依据不足，法院不予认可。原告主张二被告支付机械公司破产受理后的利息，于法无据，法院不予认可。据此，平阳县人民法院依照《企业破产法》第11条第2款、第46条第2款，《民事诉讼法》第64条第1款、第144条，最高人民法院《关于适用〈中华人民共和国公司法〉若干问题的规定（二）》第18条第2款之规定，判决如下：

（1）被告蔡A、蔡B于本判决生效之日起十日内向原告洗涤服务公司连带清偿机械公司所欠债务664,867.29元；

（2）驳回原告洗涤服务公司的其他诉讼请求。

因蔡A、蔡B未履行上述判决确定的义务，洗涤服务公司向平阳县人民法院申请强制执行，平阳县人民法院于2019年6月4日立案执行，并于2019年6月13日向被执行人蔡A、蔡B发出执行通知书、报告财产令，要求被执行人履行生效法律文书确定的义务并报告财产情况，蔡A逾期未履行且未报告财产情况。平阳县人民法院查明：蔡A和其配偶胡某每月各自的收入约4000元，蔡A在其现就职的另一家企业持有1%的股权（实际出资额5800元），还有一辆已报废的摩托车及零星存款；蔡A被列为被执行人后，因长期患有高血压和肾脏疾病，且其孩子正读大学，整个家庭入不敷出，确无能力清偿上述巨额债务。

2019年8月12日，平阳县人民法院裁定受理蔡A个人债务集中清理申请。2019年9月24日，平阳县人民法院主持召开第一次债权人会议。蔡A宣读了《无不诚信行为承诺书》，同时提出在18个月内一次性按1.5%的清偿比例即3.2万余元清偿214万元的方案。4名债权人详细查阅了债务人病历和财产明细清单，在充分了解蔡A身体和经济状况后，对蔡A债务和财产数量、去向及是否有隐瞒财产的问题提出质询，管理人和蔡A一一做出答复，最终调整和完善了债务集中清理方案。该方案确定，在清偿3.2万元之日起6年内，若蔡A家庭年收入超过12万元，超过部分的50%将用于清偿全体债权人未受清偿的债务；自清偿3.2万元之日起满3年后，恢复债务人蔡A个人信用。该方案还设计了附条件债务豁免的清理方案，即发现债务人有未申报的重大财产，或有不诚信的逃废债行为，则放弃债权的承诺失效；在6年信用考察期中，蔡A必须接受持续的行为限制和监督，于每年的12月30日前向法院或管理人申报家庭年收入和债务偿还情况，并接受债权人的监督与核查，同时，法院向蔡A发出“行为限制令”，限制蔡A高消费行为。最终该清理方案得到全体债权人通过。蔡B个人债务集中清理方案也经全体债权人全票表决通过。据此，平阳县人民法院于2019年9月30日裁定终结对被执行人蔡B的执行。截至2020年1月22日，本案执行标的已执行到位11,599.96元。此后，平阳县法院裁定终结本次执行程序。

［根据浙江省温州市平阳县人民法院（2019）浙0326民初1396号民事判决书和（2019）浙0326执2361号之二执行裁定书编写］

第三节　个人债务人不得向个别债权人清偿债务

破产法上的“债务人对个别债权人的债务清偿”（以下简称个别清偿），是指债务人在有多位债权人的情况下，只对其中少数或者一个债权人清偿债务的行为。个别清偿虽是正常的民事行为，但债务人出现破产原因后进行的个别清偿，则是无效或者可撤销的行为。

一、破产法禁止个别清偿及其理由

《企业破产法》第 16 条规定：“人民法院受理破产申请后，债务人对个别债权人的债务清偿无效。”《深圳个人破产条例》第 24 条规定：“人民法院裁定受理破产申请后，债务人不得向个别债权人清偿债务。但是，个别清偿使债务人财产受益或者属于债务人正常生活、工作所必需的除外。”这些规定禁止个别清偿的理由是，债务人出现破产原因后，不论债务人是企业法人还是自然人个人，都应确保全体债权人按照法定顺序和债权比例公平受偿。在法院受理个人破产申请后，如果仍然允许债务人对个别债权人的债权进行清偿，就会造成个别债权人与其他债权人实际受偿的不平等，使得个别债权人的债权能够全部或大部分得到清偿，而其他债权人的债权则较少得到清偿，甚至得不到清偿，这就会违背破产法“公平清理债权债务”的原则。因此，企业破产法和个人破产法都有必要禁止在债务人出现破产原因后或者在法院受理破产申请后的个别清偿。

二、无效的个别清偿行为

参照《企业破产法》第 16 条和《深圳个人破产条例》第 24 条的规定，个人债务人在法院裁定受理破产申请后仍对个别债权人的债权进行清偿的行为无效。债权人也一样，在法院受理个人破产申请后，只能向管理人申报债权，然后参与分配，而不能单独请求或接受个人债务人对其进行个别清偿。

但是，个别清偿行为不一定都属无效，个别清偿行为有效还是无效，关键在于个别清偿对多数债权人有利还是有害。下面参照《深圳个人破产条例》第24条的规定，分析个别清偿行为的几个效力问题：

（1）《深圳个人破产条例》第24条虽然没有出现“无效”二字，但其中的“不得”显然是禁止性规定，故债务人个人在法院裁定受理个人破产申请后所进行的个别清偿行为，如无特例情形，应作无效认定和处置。

（2）个别清偿作无效认定的前提条件是“人民法院受理破产申请后”，即个人债务人已经进入破产程序。在法院受理个人破产申请前实施的个别清偿行为，通常属于可撤销行为，应视管理人是否行使撤销权来确定个别清偿行为有效还是无效。

（3）个别清偿行为使个人债务人的财产受益或者财产增加的，不仅没有损害多数债权人的利益，反而有利于债权人的债权受偿，故不得作无效处理。如法院受理个人破产申请后，个人债务人按照此前订立的买卖合同（管理人尚未决定解除）的约定支付货款，所买受标的物的经济价值和利用价值高于货款价值的，对多数债权人有利而无弊，故应对该个别清偿行为作有效认定。

（4）个人债务人对与他人的交易进行个别清偿的结果出于同等价值，既没有减少债务人个人财产，也没有损害多数债权人利益的，亦应作有效处理，否则会增加破产费用成本，而对全体债权人不利。

（5）虽个别清偿在破产申请受理前或者在破产申请提出前约定，但实际个别清偿行为发生于法院受理个人破产申请后的，应以实际发生个别清偿的时间为依据认定无效。

（6）个人债务人对因正常生产、生活必需所形成的债权进行个别清偿，不应予以禁止，如法院受理个人破产申请后，债务人支付因经营承包地而购买种子、化肥的款项，是其维持基本生存条件所需的个别清偿行为，故应作有效处理。

个人债务人实施无效的个别清偿行为，管理人可先向实际受益人（个别清偿中的债权人）主张无效，实际受益人同意作无效处理，并自愿配合处理相关财产问题的，管理人无须通过诉讼程序主张无效。实际受益人坚持有效的，管理人可以向法院提起诉讼，由法院依法作出裁判。

三、可撤销的个别清偿行为

《企业破产法》第32条规定："人民法院受理破产申请前六个月内，债务人有本法第二条第一款规定的情形，仍对个别债权人进行清偿的，管理人有权请求人民法院予以撤销。但是，个别清偿使债务人财产受益的除外。"《深圳个人破产条例》第41条在参照上述规定的基础上结合自然人的特性规定："破产申请提出前六个月内，债务人对个别债权人进行清偿的，或者破产申请提出前二年内，债务人向其亲属和利害关系人进行个别清偿的，管理人有权请求人民法院予以撤销，但个别清偿使债务人财产受益或者属于债务人正常生活所必需的除外。"

（一）可撤销个别清偿行为的构成条件

可撤销个别清偿行为的构成条件与企业破产中的相关规定大致相同，即个人债务人在"破产申请提出前"或者法院"受理破产申请前"已经实施了个别清偿行为，且有损于多数债权人的利益。但管理人对个别清偿行为行使撤销权需要注意以下两点：

（1）《深圳个人破产条例》第41条规定"破产申请提出前"与《企业破产法》第32条规定的"受理破产申请前"是有不同的，即"受理破产申请前"与"破产申请提出前"存在时间差。如债务人于2020年11月20日向法院申请个人破产，法院于2020年11月27日裁定受理破产申请，相差7天。故《深圳个人破产条例》第41条显然将可撤销个别清偿行为的发生时间往前挪了一些，这有利于保护多数债权人的利益。但《企业破产法》第32条规定的"受理破产申请前"更确切一些，理由是法院裁定受理个人破产申请标示着个人破产程序正式启动，以此为界限确定可撤销个别清偿行为更为妥当。笔者认为，在进行个人破产立法时，应当参照《企业破产法》第32条的规定将"受理破产申请前"一段时间作为可撤销个别清偿行为的发生时间。

（2）"六个月内"和"二年内"的适用区别。《深圳个人破产条例》第41条规定的"六个月内"与《企业破产法》第32条的规定是一致的。也就是说，债务人出现破产原因，在"法院受理破产申请前六个月内"或者"破产申请提出前六个月内”，实施个别清偿行为，管理人都有权请求法院予以撤销。但《深圳个人破产条例》第41条结合自然人的特性，增加了“破产申请提出前二年内，债务人向其亲属和利害关系人进行个别清偿的”作为可撤销的情形，显然对个别清偿行为的限制要求更严，这对防止个人债务人通过亲属和利害关系人转移财产、逃避债务具有积极的作用。

（二）可撤销个别清偿行为所涉的破产原因

债务人出现破产原因是可撤销个别清偿行为发生的基础性条件，只有债务人出现破产原因，个人破产法才考虑个别清偿行为是否有效和可否撤销的问题。债务人在没有出现破产原因的情况下实施的个别清偿行为是不可撤销的合法行为。

在可撤销个别清偿行为与破产原因的关系上，到底是以法院裁定受理破产申请时确认个人债务人具有破产原因为准，还是以个别清偿行为实际发生时具有破产原因为准？

《企业破产法》第32条规定的个别清偿是以“人民法院受理破产申请前六个月内，债务人有本法第二条第一款规定的情形”为条件。也就是说“前六个月内”个人债务人已经具有破产原因而进行的个别清偿，属于可撤销行为，即以个别清偿行为发生时具有破产原因为准。个人破产应当参照上述规定，处理可撤销个别清偿行为与破产原因的关系。

在个别清偿行为发生时，有的个人债务人不一定能确定自己具有破产原因，债权人更难以知道债务人将要破产，因此，在法院裁定受理破产申请后，遇有可撤销的个别清偿行为的，应当回过头来审查个人债务人进行个别清偿时是否具有破产原因，再决定可否撤销。但若个人债务人个别清偿时经营状态良好，或者虽有经营困难但不至于预见半年后破产的，个人债务人的个别清偿属于正常行为，故不可撤销。

（三）管理人行使个别清偿撤销权

《企业破产法》第32条和《深圳个人破产条例》第41条都将个别清偿的撤销权赋予管理人，那么，管理人如何行使这种撤销权？以下作出几点论述：

（1）管理人提起撤销权诉讼。与无效个别清偿行为一样，个人债务人实施可撤销的个别清偿行为，管理人可以先向实际受益的债权人主张撤销，实际受益人同意撤销，并自愿配合处理相关财产的，管理人无须通过诉讼程序行使撤销权。实际受益人不同意撤销的，管理人可以向法院提起撤销权诉讼，由法院依法作出判决。

（2）管理人按照《民法典》规定的时效期间行使撤销权。《民法典》第541条规定："撤销权自债权人知道或者应当知道撤销事由之日起一年内行使。自债务人的行为发生之日起五年内没有行使撤销权的，该撤销权消灭。"据此规定，管理人行使个别清偿撤销权的时效期间有两种：一种是在知道或者应当知道撤销事由之日起一年内行使撤销权，超过一年的，撤销权丧失；另一种是不知道也不应当知道的，自个别清偿行为发生之日起5年内行使撤销权，超过5年的，撤销权消灭。

在个人破产程序中，管理人经过资产核查、财务审核、债权申报、债务调查等一系列工作后，在通常情况下就已知道或者应当知道个别清偿行为的发生，因此一般都适用一年的时效期间；如果管理人不知道或不应当知道，也就不可能行使撤销权，故难以适用5年的时效期间。

在撤销权丧失或者消灭的情况下，管理人不能再向法院提起撤销权诉讼，否则，被诉方提出诉讼时效抗辩，管理人就会以败诉告终。

（3）管理人确定行使撤销权的范围。《民法典》第540条规定，"撤销权的行使范围以债权人的债权为限"。对个人债务人进行个别清偿而言，管理人行使撤销权的范围应当是个人债务人对个别债权人的实际清偿数额，个别清偿后尚未清偿的债权是不可撤销的。

（四）法院对个别清偿撤销权案件的判决

管理人在个人破产程序中以个别清偿为由向法院提起撤销权诉讼，法院将视不同诉讼请求作出判决：

（1）管理人请求判决撤销个别清偿行为的同时请求返还相关财产，法院经审理认定管理人起诉中提出的撤销事由（个别清偿）成立的，判决撤销个别清偿行为，并判决实际受益人向管理人返还财产；不能返还财产的，判决赔偿损失。在此情况下，实际受益人拒不执行生效裁判文书返还财产的，管理人可以向法院申请强制执行取回相关财产。

（2）管理人只请求撤销个别清偿行为的，根据不告不理原则，法院只判决撤销个别清偿行为，而不主动判决返还相关财产。在此情况下，虽个别清偿行为因被依法撤销而归于无效，但管理人取回相关财产因缺乏裁判依据而无法申请法院强制执行，只能另行提起诉讼追回相关财产。所以，管理人只请求撤销个别清偿行为是不妥的，实践中应当同时请求返还财产或者主张赔偿损失。

《民法典》第 542 条规定："债务人影响债权人的债权实现的行为被撤销的，自始没有法律约束力。"可撤销的个别清偿行为属于该条规定的"债务人影响债权人的债权实现的行为"，当个人债务人的个别清偿行为被法院判决撤销后，该个别清偿行为自始无效。

个别清偿行为被依法确认无效或者被依法撤销，实际受益债权人返还财产或者赔偿损失后，其原有债权并不因此消灭，故债权人仍可向管理人申请原有债权参与个人债务人的财产分配。

四、个人债务人以自己财产提供担保的个别清偿

最高人民法院《关于适用〈中华人民共和国企业破产法〉若干问题的规定（二）》（以下简称《最高院适用企业破产法规定（二）》）第 14 条规定："债务人对以自有财产设定担保物权的债权进行的个别清偿，管理人依据企业破产法第三十二条的规定请求撤销的，人民法院不予支持。但是，债务清偿时担保财产的价值低于债权额的除外。"这条规定虽是对企业破产而言的，但在个人破产立法时，完全可以参照这条规定处理物权担保情况下的个别清偿问题。主要理由是，个人债务人提供自有财产设定担保物权，因担保物权可以独立于破产程序进行处置，故在法院裁定受理个人破产申请前，债务人个人处置担保物权，包括现金支付消灭担保债权，使担保财产归于破产财产，或者转让担保财产清偿担保债务，属于合法正当的清偿行为，而不属于无效或者可撤销的个别清偿行为。但是，担保财产的价值低于债权数额的，对担保财产价值以外的债权进行的个别清偿属无效或者可撤销的行为。例如，主债权数额为 500 万元，担保债务数额只有 400 万元，担保财产处置时的价值为 450 万元，以这 450 万元价值的担保财产清偿担保债权，其中多出的 50 万

元属于个别清偿，有害于其他债权人的利益，应按照上述规定作无效或者撤销处置。

五、依据生效裁判文书进行个别清偿

《最高院适用企业破产法规定（二）》第15条规定："债务人经诉讼、仲裁、执行程序对债权人进行的个别清偿，管理人依据企业破产法第三十二条的规定请求撤销的，人民法院不予支持。但是，债务人与债权人恶意串通损害其他债权人利益的除外。"参照这条规定，在法院裁定受理个人破产申请前，个人债务人的债务已经法院或仲裁机构裁判，个人债务人就此向个别债权人清偿，或者法院予以强制执行，是履行生效裁判法律文书确定的义务的行为，除债务人与债权人恶意串通损害其他债权人利益外，不属于无效或者撤销范围。

【裁判案例8】

提示：个人独资企业投资人在法院受理其个人破产申请前6个月内对个别债权人清偿，法院判决予以撤销。

[案情简介]

某某置业公司（房地产开发企业）系周某某个人于2014年4月3日投资成立的独资有限责任公司，公司法定代表人及股东均为周某某，注册资本为1000万元。2016年9月1日，周某某借苏某某30万元，约定月息3分，借款期限3个月，借款用途为置业公司开发"书香名邸"项目建设，担保人为置业公司和周某某之妻杨某某等人。2016年12月9日，置业公司向某农村商业银行借款1800万元，并以置业公司的在建"书香名邸"项目担保。该笔贷款发放至置业公司账户后，置业公司于2016年12月26日向苏某某转账30万元用于清偿周某某与苏某某的上述债务。2017年3月22日，置业公司以资不抵债为由向永州市中级人民法院申请破产清算。

永州市中级人民法院查明：截至2016年12月31日，公司资产总额为30,651,728.24元，负债总额为68,748,800元，已属资不抵债，置业公司现不能清偿到期债务，并且明显缺乏清偿能力。永州市中级人民法院于2017年

4 月 1 日裁定受理置业公司的破产清算申请。2018 年 1 月 6 日，置业公司向永州市中级人民法院出具“关于申报本公司债务情况的说明”，确认置业公司实际负债为 1800 万元，周某某及其妻子杨某某个人负债为 6219.56 万元。2018 年 2 月 6 日，置业公司向永州市中级人民法院提交“破产重整申请书”再次确认了上述的债务构成及数额。

置业公司管理人以苏某某为被告向永州市中级人民法院提起撤销个别清偿行为诉讼称：2016 年 12 月 9 日，置业公司向某农村商业银行借款 1800 万元，借款用途为“书香名邸”19 栋和“中小企业创业园”项目工程建设。置业公司于 2016 年 12 月 26 日转给苏某某 30 万元清偿债务。置业公司于 2017 年 4 月 1 日被永州市中级人民法院受理破产，上述债务清偿在破产受理前 6 个月内，属于个别清偿，违反了《企业破产法》第 32 条的规定。请求法院撤销置业公司对被告苏某某的个别清偿，并将 30 万元清偿款项返还置业公司。

被告苏某某辩称：被告出借 30 万元给周某某，双方形成借款债权债务关系，被告受领 30 万元是案外人周某某清偿债务，而非置业公司，原告无权以《企业破产法》第 32 条之规定，撤销周某某的清偿债务行为。退一步讲，即便认定上述清偿行为系置业公司对个别债务的清偿，但由于置业公司于 2017 年 1 月 23 日不具有《企业破产法》第 2 条第 1 款规定的情形，原告也无权请求撤销。

永州市中级人民法院认为，本案争议焦点是置业公司向被告苏某某偿还 30 万元的行为是否构成个别清偿。法院评析如下：

（1）本案清偿债务的主体是置业公司。置业公司个人独资股东周某某于 2016 年 9 月 1 日向被告苏某某出具借条借款 30 万元，置业公司、杨某某等人为担保人，对应的款项由被告苏某某转账至周某某账户。2016 年 12 月 26 日，置业公司向被告苏某某转账 30 万元，该款项来源系置业公司向某农村商业银行贷款，清偿债务的主体系置业公司而非周某某个人。

（2）清偿行为发生时，置业公司已具备《企业破产法》第 2 条第 1 款规定的企业破产的原因。（2017）湘 11 民破 1 号裁定查明，截至 2016 年 12 月 31 日，公司资产总额为 30，651，728.4 元，负债总额 68，748，800 元，已属资不抵债，该数据来源于会计师事务所的审计报告。审计报告系依据置业公司财务报表作出，其中资产负债表所列明的负债合计包含了公司债务与周某某夫妻个人债务。因此，法院裁定受理置业公司的破产清算申请是以置业公司债务与周某某个人债务混同后得出的资不抵债的结论。因此，在本案中不宜将公司债务与周某某个人债务区分后考量置业公司是否具备破产原因。显然，在公司债务与个人债务混同的情形下，债务人在清偿被告苏某某债务时已具备了《企业破产法》第2条第1款规定的破产原因。

(3)《民法总则》① 第157条规定，民事法律行为无效、被撤销，或者确定不发生效力后，行为人因该行为取得的财产应予以返还。据此，被告苏某某应当向置业公司返还已获清偿的30万元。

永州市中级人民法院认定，原告管理人的诉讼请求成立，其予以支持。依照《企业破产法》第32条、《民法总则》第157条之规定，判决如下：

(1) 撤销置业公司对被告苏某某清偿30万元债务的行为；

(2) 被告苏某某在本判决生效后30日内返还置业公司30万元。

苏某某不服上述判决，向湖南省高级人民法院上诉称：债务人置业公司在清偿债务时，未出现《企业破产法》规定的不能清偿到期债务的破产情形，不构成个别清偿。置业公司申请破产时提交的审计报告系置业公司单方聘请会计师事务所所作，不能客观反映2016年12月底时公司资产债务的真实情况，不能以此认定置业公司此时已出现资不抵债的情形。2018年置业公司向永州市中级人民法院出具的债务情况说明和破产重整申请书，确认公司负债1800万元，周某某夫妻个人负债6200余万元。由于置业公司与法定代表人周某某未被认定为人格混同，应将公司债务与个人债务区分，因此也可佐证2016年12月置业公司并未出现破产情形。请求撤销一审判决，改判驳回管理人诉讼请求。

管理人答辩称：置业公司是一人有限公司，其法定代表人周某某与公司构成实质人格混同，个人债务与公司债务无法区分，故管理人将周某某个人资产与公司资产一并处置，然后用于偿还所有债务。置业公司系房地产开发企业，成立于2014年，其开发建设的“书香名邸”项目土地使用权是周某

① 《民法总则》已于2021年1月1日因《民法典》的施行而失效。

某在公司成立以前以个人名义购买取得，前期投资开发建设都是通过周某某以个人名义对外融资，资金基本上是通过周某某的个人账户进行周转，但借款又用于"书香名邸"项目建设，周某某出具的借条中也明确系是用于"书香名邸"项目建设。置业公司于2016年才开设公司账户，其后以公司名义向银行贷款1800万元，并以在建的"书香名邸"项目做担保。实际上，因之前融资的债权人起诉讨债，公司在取得银行贷款前已经不能清偿到期债务。取得1800万元贷款后不得不用于还债，最终因资不抵债进入破产程序。经管理人审核，公司债务基本形成于法院受理公司破产之前六个月内，故债务人用贷款偿还个别债权人的债务均构成个别清偿。因此，一审法院认定事实清楚，苏某某的上诉事实和理由不成立，应当驳回上诉，维持原判。

湖南省高级人民法院认为：本案二审的争议焦点为置业公司偿还苏某某30万元是否构成个别清偿。根据《企业破产法》第32条的规定："人民法院受理破产申请前六个月内，债务人有本法第二条第一款规定的情形，仍对个别债权人进行清偿的，管理人有权请求人民法院予以撤销。……"本案中，由于双方对案涉借款偿还时间在破产申请受理前6个月内没有异议，在此只对偿还该笔借款时置业公司是否具有《企业破产法》第2条第1款规定的情形，即置业公司是否具备不能清偿到期债务并且资产不足以清偿全部债务或者明显缺乏清偿能力的破产原因进行分析。依据最高人民法院《关于适用〈中华人民共和国企业破产法〉若干问题的规定（一）》第3条的规定，"债务人的资产负债表，或者审计报告、资产评估报告等显示其全部资产不足以偿付全部负债的，人民法院应当认定债务人资产不足以清偿全部债务，但有相反证据足以证明债务人资产能够偿付全部负债的除外"。置业公司偿还苏某某借款的时间是2016年12月26日，根据置业公司2016年财务报表，截至2016年12月31日，置业公司资产总额为30,651,728.4元，负债总额68,748,800元。该财务报表已经会计师事务所审计，并在《审计报告》中载明："置业公司财务报表反映了置业公司2016年12月31日的财务状况以及2016年度的经营成果。"因此，可以认定置业公司在2016年12月31日时已经资不抵债。另外，永州市中级人民法院已在2017年4月1日以置业公司资不抵债为由裁定受理破产清算申请，目前，置业公司的债权债务情况已通过债权人会议核查确认，且被宣告破产。从核查情况来看，在《审计报告》提交后到法院裁定受理破产清算申请前这三个月的时间内，置业公司没有产生新的足以影响公司资产结构的债务，公司的债权债务情况并未发生实质变化。苏某某主张该审计报告不能反映当时置业公司的实际财务状况，但并没有提交充分证据证明置业公司资产能够偿付全部负债，因此，对其主张，湖南省高级人民法院不予支持。至于置业公司2018年提交的公司债务情况说明，虽然分开说明了置业公司负债和周某某夫妻负债，但其仅是从借款渠道来进行的区分，并不代表置业公司只认可以公司名义所借的债务，或在法律上置业公司只需承担以公司名义所借的债务。依据最高人民法院《关于审理民间借贷案件适用法律若干问题的规定》① 第23条第2款“企业法定代表人或负责人以个人名义与出借人签订民间借贷合同，所借款项用于企业生产经营，出借人请求企业与个人共同承担责任的，人民法院应予支持”的规定，周某某作为置业公司的法定代表人，其为公司项目建设借款，众多债权人向公司申报债权，置业公司即应依法承担清偿责任，债权人会议亦认可为公司债务，故置业公司的负债既包括以公司名义向银行的贷款，也包括周某某以个人名义为公司经营的借款，该认定与司法解释的规定相符。就案涉借款而言，苏某某出借款虽系以周某某个人名义所借，但苏某某一方面认可应由置业公司向其还款，一方面又主张周某某个人借款不应视为公司借款，本身就存在矛盾。因此，苏某某以公司仅有债务1800万元，其余系周某某夫妻个人债务为由，否认公司已达到资不抵债情形，缺乏事实基础和法律依据，法院不予支持。

湖南省高级人民法院认定，苏某某的上诉请求不能成立，应予驳回；一审判决认定事实清楚，适用法律正确，应予维持。于是，依照《民事诉讼法》第170条第1款第1项规定，判决驳回上诉，维持原判。

[根据湖南省永州市中级人民法院（2019）湘11民初352号民事判决书和湖南省高级人民法院（2019）湘民终1671号民事判决书编写]

① 本案中适用的为2015年最高人民法院《关于审理民间借贷案件适用法律若干问题的规定》。

第四节　个人债务人申报财产

为使法院和管理人全面掌握债务人个人的财产状况，债务人在法院裁定受理个人破产申请后，应在规定时间内向法院和管理人如实申报个人的全部财产。这里先分析个人债务人的财产申报问题，至于哪些财产属于个人债务人的财产，将在第六章“个人债务人财产及其维护”中再做分析。

一、债务人申报个人财产的义务

无论是债务人个人自己申请破产，还是债权人申请债务人个人破产，债务人都负有申报个人财产的义务。例如，《深圳个人破产条例》第33条规定，债务人应当自法院受理破产申请裁定书送达之日起15日内向法院和管理人如实申报本人财产和财产权益。

为使法院和管理人能够分辨个人债务人的财产与其配偶、未成年子女以及其他共同生活的近亲属的财产，方便确定豁免财产和免除债务，个人债务人在申报自己财产的同时，应当如实申报其配偶、未成年子女以及其他共同生活的近亲属名下的财产和财产权益。

二、个人债务人对申报财产作出说明的义务

为使法院和管理人全面了解债务人个人的财产状况，个人债务人对申报的重要财产、有争议财产应当作出说明。为此，《深圳个人破产条例》在设立个人债务人申报财产制度的同时，还设定了个人债务人申报财产说明义务。该条例第34条规定，个人债务人申报财产和财产权益有下列情形之一的，应当在申报时予以说明：

（1）财产或者财产权益为债务人成年子女所有，但取得时该子女尚未成年；

（2）债务人财产已出租、已设立担保物权等权利负担，或者存在共有、权属争议等情形；

（3）债务人的动产由第三人占有；

（4）债务人的不动产、特定动产或者其他财产权等登记在第三人名下。

三、个人债务人申报法院裁定受理前财产变动的义务

在法院裁定受理个人破产申请前的一段时间内，债务人如有财产变动的，在个人破产程序启动后应当一并申报。例如，《深圳个人破产条例》第35条规定，自法院裁定受理破产申请之日前二年内，个人债务人财产发生下列变动的，债务人应当一并申报：

（1）赠与、转让、出租财产；

（2）在财产上设立担保物权等权利负担；

（3）放弃债权或者延长债权清偿期限；

（4）一次性支出5万元以上大额资金；

（5）因离婚而分割共同财产；

（6）提前清偿未到期债务；

（7）其他重大财产变动情况。

在法院裁定受理个人破产申请前一段时间内，债务人在负有大量债务的情况下，有可能通过不正当财产交易行为减少其财产，如无偿处分财产或者财产权益、对个别债权人进行清偿、以离婚为由将夫妻共同财产归配偶一方所有等，都会损害全体债权人的利益。因此，有必要要求个人债务人一并申报法院裁定受理前一段时间内的财产变动情况，然后由法院和管理人在个人破产程序中视具体情况依法处置。

四、个人债务人拒不申报、虚假申报财产的法律责任

法院裁定受理个人破产申请后，个人债务人拒不申报财产或者虚假申报财产怎么处理？

有人认为，个人破产立法的主要目的是集中清理债权债务，在保护债权人实现债权的同时，通过豁免财产和免除债务来保护个人债务人的基本生存权。个人债务人申请破产，法院裁定予以受理后，该债务人又拒不申报、虚假申报财产的，法院裁定驳回其请求，使其失去个人破产保护即可，而无须

另行追究其法律责任。

笔者认为，无论是个人债务人申请破产，还是债权人申请个人债务人破产，法院一旦作出受理裁定，便启动了个人破产程序，由此产生的一系列法律效力不可回转。因此，个人债务人拒不履行申报财产的法定义务，或者不履行如实申报财产的法定义务的行为，属于妨害个人破产程序的行为，故在个人破产立法时应当设定其妨害个人破产程序的法律责任。例如，《深圳个人破产条例》第169条规定，个人债务人虚假申报财产的，由法院依法予以训诫、拘传、罚款、拘留；构成犯罪的，依法追究刑事责任。

【裁判案例9】

提示：被执行人在个人债务清算中拒不申报财产，法院裁定恢复强制执行。

债务人鲍某某有4起债务案件已经进入执行程序，天台县人民法院于2019年12月18日对其进行个人债务清算并指定管理人。截至2020年7月30日，共3位债权人向管理人申报了4笔债权，后某银行债权人撤回债权申报，管理人确认成立债权金额为789,807.02元。

自天台县人民法院裁定受理鲍某某个人债务清理一案后，鲍某某一直未向管理人如实全面申报财产及负债情况，也拒不提交现有财产凭证、家庭成员抚养基本情况等各项资料。

截至2020年9月10日，鲍某某个人债务清理案件的清理费用共计26,770元，而管理人接管债务人鲍某某可供清偿的财产仅163.66元，不足以清偿个人债务清理费用。

2020年9月10日，债务人鲍某某意与债权人通过和解的方式进行个人债务清理并提交了还款计划，但所有债权人均不同意执行该还款计划，和解未成。

2020年9月11日，管理人向天台县人民法院提交终结债务清理程序的报告。天台县人民法院认为：在个人债务清理过程中，债务人鲍某某一直未向管理人如实全面申报财产及负债情况，也拒不提交现有财产凭证、家庭成员抚养基本情况等各项资料，其所提交的还款计划各债权人均不认可并拒绝与其进行和解，管理人向法院提出终结债务清理程序的理由充分，依法应予终结债务清理程序。天台县人民法院参照《企业破产法》第 120 条第 3 款之规定，裁定如下：终结鲍某某的个人债务清理程序，并恢复对债务人鲍某某的强制执行。

［根据浙江省天台县人民法院（2019）浙 1023 破 26 号之二民事裁定书编写］

第五节　个人债务人交付财产与管理人接管财产

法院裁定受理破产申请后，债务人向管理人申报财产后应当向管理人交付财产，与此相应，《企业破产法》第 25 条和《深圳个人破产条例》第 161 条都规定管理人负有接管财产的职责。向管理人交付财产是个人债务人的重要义务，接管个人债务人财产是管理人的重要职责。

一、个人债务人财产的交付和接管范围

管理人接管债务人财产是基于债务人履行交付财产义务而为的，那么，债务人应当移交哪些财产、管理人应当接管哪些财产？

在法院裁定受理企业破产申请后，除经法院批准由债务企业自行管理外，债务企业的所有财产都应交付管理人接管。而法院裁定受理个人破产申请则有所不同。债务人个人的所有财产虽然都为债务人财产，但是，并非所有债务人都有个人财产，并非债务人的所有个人财产都必须交付管理人接管。

个人债务人是否需要交付财产，首先要看其有无可交付财产。有些个人债务人因生产经营严重亏损，负债累累，经债权人讨债至破产时，已经家徒四壁，根本没有可交付财产，在此情况下也就不存在管理人接管财产的情况。有些个人债务人只剩下其本人和家庭的必需生活物品和基本生产资料，因这些财产属于豁免财产，个人债务人即使交付这些财产，管理人也不得接管占有，而应让债务人个人保留。因此，个人债务人所要交付的财产和管理人应当接管的财产，限于个人债务人及其家庭必需生活物品和基本生产资料以外

的财产。《深圳个人破产条例》第39条也规定，除经法院批准由债务人自行管理财产外，管理人应当接管债务人除豁免财产以外的全部财产。

二、他人持有个人债务人财产的交付和接管

个人财产可以自己占有、管理和使用，也可以交付他人占有、管理和使用。他人占有、管理和使用个人债务人的财产，便成为个人债务人财产的持有人。财产持有人是实际掌控财产的非所有权人，包括单位和个人，既可能是案外人，也可能是债权人，还可能是债务人的债务人。持有人占有、管理和使用个人债务人的财产，在正常情况下，届时应当按约向个人债务人交付返还，但因未到期的债权在法院裁定受理破产申请时视为到期，同时为便于集中债务人的个人财产进行依法处置，故持有人负有向管理人交付债务人财产的义务。例如，《企业破产法》第17条第1款规定，“人民法院受理破产申请后，债务人的债务人或者财产持有人应当向管理人清偿债务或者交付财产”。《深圳个人破产条例》第25条也规定，“人民法院裁定受理破产申请后，对债务人负有债务的人或者债务人财产的持有人应当向管理人清偿债务或者交付财产”。

三、非债务人个人财产不得交付和接管

在个人破产程序中，因只有债务人个人具有所有权的财产才是个人破产财产，故个人债务人不得交付非其所有的财产（如承租物、借用物等），管理人也不得接管非债务人个人的财产。问题在于，实践中往往会遇到债务人的个人财产与其配偶、子女以及近亲属的财产混同的问题。

《深圳个人破产条例》第8条第2款规定，债务人提出破产申请的，应当向法院提交“个人财产以及夫妻共同财产清册”。其第33条规定：“债务人应当自人民法院受理破产申请裁定书送达之日起十五日内向人民法院和管理人如实申报本人及其配偶、未成年子女以及其他共同生活的近亲属名下的财产和财产权益。”在个人债务人的配偶、子女等不是共同破产债务人的情况下，个人债务人提交材料后，管理人应当核实和甄别哪些财产是债务人个人财产，哪些财产是债务人个人的配偶、子女的财产，哪些财产是夫妻共有

财产。经审查核实，其中属于配偶、子女或者近亲属所有的财产，则不能交付和接管。

四、个人债务人财产的交付和接管方式

《企业破产法》《深圳个人破产条例》均未规定债务人财产的交付和接管的具体方式。笔者认为，在法院裁定受理个人破产申请后，个人债务人和管理人应当根据动产、不动产、财产权利三种财产的不同性质，采取相应的方式进行交付和接管。

（一）不动产交付和接管的方式

不动产是物理性质不能移动或者移动将严重损害经济价值的有体物，如土地以及房屋、林木等地上附着物。因不动产具有不可移动或者难以移动的特征，故不可能将实物移交至管理人处为管理人接管，那么，不动产又如何交付和接管？

在个人破产程序中，债务人交付不动产但不转移所有权，管理人接管不动产也非取得所有权，故不适用“转移占有”“登记交付”等所有权转移方式。笔者认为，个人债务人可以采取习惯方式交付不动产，管理人由此能够控制不动产即可。例如，个人债务人应当交付的不动产为房屋，只要将该房屋的所有权证和钥匙交给管理人就可视为管理权交付；房屋有人居住一时不能迁出或者难以迁出的，个人债务人只要将该房屋的所有权证交付管理人，即可视为管理权交付。采取上述方式不足以防止个人债务人擅自处分房产逃避债务的，管理人可以申请法院采取保全措施。

（二）动产交付和接管的方式

动产是能脱离原有位置而存在的资产。与不动产比较，动产的特征是具有可转移性，如果不交付管理人占有就很难进行控制。据此特点，动产的交付和接管应当采取以下几种方式：

（1）交付占有。这里的交付是指现实交付，即个人债务人将其动产直接转移到管理人住所或者指定地点，由管理人直接占有和保管，这种交付方式主要适用于价值高、体积小、易移动、易保管的动产，如车辆、金银、珠宝等。

（2）交付管理权。具体表现为，个人债务人不需要移动动产地点，只要将动产的管理权交付给管理人控制即可。例如，个人债务人的财产为大宗产品，为了节约搬运和保管成本，向管理人交付产品清单和仓库钥匙，即交付了控制权和管理权。

（3）委托他人占有或者管理。个人债务人的有些动产，管理人不便保管或者无条件保管，交由个人债务人自行保管又不放心，管理人可以委托他人管理，个人债务人向受托人交付的，也视为已经交付管理人。

（三）财产性权利交付和接管的方式

这里的财产性权利，是指有体物以外的某些具有财产内容的权利，包括汇票、支票、本票，债券、存款单，仓单、提单，可以转让的基金份额、股权，注册商标专用权、专利权、著作权，等等。法院裁定受理个人破产申请后，个人债务人持有上述有权处分的财产性权利的，应当向管理人交付权利凭证。管理人接管这些权利凭证后，即可控制个人债务人凭证上的财产。

五、个人债务人拒不交付财产的法律措施

个人债务人和财产持有人拒不向管理人交付财产的行为表现，除直接拒绝实物交付外，还包括隐匿、转移财产，擅自处分财产，拒不提交相关资料，提供虚假、变造资料等用来达到拒不交付目的的行为。个人债务人或者财产持有人实施这些行为，致使管理人无法履行职责，破产程序难以进行的，管理人可以依法采取以下几种法律措施：

（1）申请法院财产保全。法院采取财产保全措施，将有效防止个人债务人、财产持有人隐匿、转移和擅自处分财产。如个人债务人拒不交付权利凭证，管理人可以依法申请法院采取保全措施对凭证予以扣押。又如个人债务人拒不交付银行账户上的存款，管理人可以依法申请法院采取保全措施对存款予以冻结。

（2）申请法院强制执行。法院作出的受理个人破产申请裁定书是生效的法律文书。管理人在履行接管职责时，个人债务人拒绝交付财产及有关财产簿册的，管理人可以以上述生效法律文书为根据，直接向法院申请对个人债务人进行强制执行。法院采取强制措施取得的个人债务人的财产及有关财产

簿册等，应当交付给管理人。

（3）追究财产持有人赔偿责任。财产持有人拒不交付个人债务人财产，除采取上述措施强制交付外，造成债权人损失的，管理人应当追究其赔偿责任。

（4）追究妨害破产程序责任。例如，《深圳个人破产条例》第167条规定，个人债务人拒不配合调查，拒不回答询问，或者拒不提交相关资料的，提供虚假、变造资料的，故意隐匿、转移、毁损、不当处分财产或者财产权益的，隐匿、毁弃、伪造，或者变造财务凭证、印章、信函文书、电子文件等资料物件的，应当追究其妨害破产程序责任，由法院依法予以训诫、拘传、罚款、拘留；构成犯罪的，依法追究刑事责任。

（5）终结个人债务人申请的破产程序。个人债务人为寻求法律保护而申请破产，法院裁定受理其破产申请后，个人债务人却拒不交付财产，或者实施提供虚假、变造资料等妨害破产程序的行为，致使管理人无法履行职责的，管理人可以向法院提出终结破产程序。

第六节　管理人决定解除合同或继续履行

在正常情况下，双方当事人依法成立合同后，都应按照约定履行合同，否则属违约行为，违约方应当承担违约责任。但债务人进入破产程序后，管理人有权决定解除合同或者继续履行合同。

一、管理人解除合同或继续履行合同的选择权

《企业破产法》第18条第1款规定："人民法院受理破产申请后，管理人对破产申请受理前成立而债务人和对方当事人均未履行完毕的合同有权决定解除或者继续履行，并通知对方当事人。管理人自破产申请受理之日起二个月内未通知对方当事人，或者自收到对方当事人催告之日起三十日内未答复的，视为解除合同。"第2款规定："管理人决定继续履行合同的，对方当事人应当履行；但是，对方当事人有权要求管理人提供担保。管理人不提供

担保的，视为解除合同。”因上述规定同样适用于个人破产，故《深圳个人破产条例》第 26 条作出了同样的规定。

破产法赋予管理人决定解除合同或继续履行合同的选择权，管理人应以有利于破产程序的顺利进行和债务人财产最大化为目的，决定解除合同或继续履行合同，管理人决定并通知对方当事人继续履行合同，并不违背对方当事人订立合同时的意愿，故对方当事人应当继续履行合同。但当债务人进入破产程序时，对方当事人继续履行合同就有很大的风险，故有权要求管理人提供债务人的财产进行担保；管理人不提供担保的，视为解除合同，对方当事人可以不再继续履行合同。

实践中的主要问题是管理人决定解除合同。破产法上的解除合同是《民法典》解除合同法律规范的延伸，因此，管理人行使合同解除权，在适用破产法特殊规定的同时应当适用《民法典》有关解除合同的通用规定。

二、管理人单方决定解除合同的基本条件

参照《企业破产法》第 18 条第 1 款和《深圳个人破产条例》第 26 条第 1 款的规定，管理人有权单方决定解除合同，但管理人在个人破产程序中单方决定解除合同必须具备以下两个基本条件。

（一）可解除的合同应在法院裁定受理个人破产申请前已经依法成立

把握这个条件需要注意以下几个问题：

（1）在法院裁定受理个人破产申请前，个人债务人正在酝酿合同，但实际上尚未与对方正式成立合同的，不存在解除问题。

（2）在个人破产程序中，个人债务人经管理人或者法院许可与对方订立的合同，不适用上述解除规定。

（3）可解除的合同应为有效合同。在法院裁定受理个人破产申请前，个人债务人虽然与对方成立合同，但若该合同违反法律、行政法规等禁止性规定，不适用解除，而应作无效处理；如果存在可撤销情形，则应行使撤销权使之无效。

（二）可解除的合同应为双方均未履行完毕的合同

这里的“当事人均未履行完毕”包括以下四种情形：

（1）双方当事人均未开始履行，如买卖合同中的买受人未按约交付定金、预付款等，出卖人也未交付标的物。

（2）双方均已开始履行但均未履行完毕，如买卖合同中的出卖人已经交付部分标的物，另一部分标的物未交付，而买受人只支付部分货款，其余货款未支付。

（3）一方已经履行完毕而另一方未履行完毕，如买卖合同中的买受人已经按约支付全部货款，但出卖人只交付部分标的物，或者出卖人已经按约全部交付标的物，而买受人只支付部分货款。

（4）一方已经开始履行但另一方尚未开始履行，如买卖合同中的出卖人已经交付部分标的物，而买受人未支付货款。

上述四种情形进入个人破产程序的，管理人可以决定解除合同。如果双方当事人均已履行完毕，权利义务已经消灭，除存在个别清偿、违法抵销等情形外，管理人在破产程序中不可再解除原合同。但是，基于债务人个人以及其家属生存而订立的某些合同，即使符合上述条件也不可解除，如基于债务人个人和其家属必需居住而订立的房屋租赁合同，如农户与本农村集体经济组织订立的家庭土地承包经营合同等，管理人对此类维持生存的合同不得单方行使解除权。

三、《民法典》合同解除与破产法合同解除比较

《民法典》上的合同解除，是指合同有效成立以后，当事人一方或者双方依照法律规定或者当事人的约定，依法解除合同效力的行为。而破产法上的合同解除，是指管理人对双方当事人在法院裁定受理破产申请前成立但在破产程序中未履行完毕的合同依照破产法规定解除合同效力的行为。我们知道，《民法典》是一般法，而破产法是特别法，根据特别法优于一般法的适用原则，双方当事人在法院裁定受理破产申请前成立的合同，在破产程序中应当适用破产法规定解除；在破产法没有特别规定的情况下，才适用《民法典》的有关规定解除。

（一）关于协议解除合同问题

《民法典》第 562 条第 1 款规定：“当事人协商一致，可以解除合同。”

这是合意解除合同的规定。双方当事人未履行完毕的合同进入破产程序。破产法并不禁止协议解除，因此，管理人在不损害债权人利益的前提下，可以根据《民法典》的上述规定与对方当事人协议解除合同；协议不成的，管理人有权单方决定解除合同。当然，管理人也可以不与对方协商直接决定解除合同。

（二）关于约定解除事由问题

《民法典》第562条第2款规定："当事人可以约定一方解除合同的事由。解除合同的事由发生时，解除权人可以解除合同。"这是约定解除合同的规定，双方当事人在法院裁定受理破产申请前据此规定约定解除事由；而在破产程序中解除事由尚未发生的，依照《民法典》上述规定，当事人不可单方解除。那么，管理人可否能单方行使解除权？

实践中有两种不同意见：一种意见认为，在解除事由未出现前，管理人单方解除合同有违管理人意思自治原则，根据《民法典》上述规定，管理人是不可单方解除的。另一种意见认为，不论解除事由是否已经发生，管理人基于破产程序的需要和使债务人财产最大化目的，都有权决定解除合同，对方当事人不得以约定解除事由为由进行对抗。

我们倾向认同第二种意见，主要理由是：破产程序中的合同解除属于破产法特别规定的解除，不由双方当事人的意志决定，而应根据破产程序是否需要决定；即使约定解除事由尚未发生，因大多数进入破产程序的个人债务人都已丧失履行合同能力，除非有继续履行的可能性和必要性且对债权人有利，管理人可单方行使解除权。当然，约定解除事由已经发生，管理人不得违约决定继续履行，否则，对方当事人有权进行抗辩，并拒绝继续履行。

（三）关于解除合同的期限和通知对方当事人的问题

《民法典》第563条和第564条规定，当事人有约定解除权行使期限的，在约定期间届满前行使解除权；法律有规定期限的，在规定期间届满前行使解除权；以持续履行的债务为内容的不定期合同，当事人可以随时解除合同；法律没有规定或者当事人没有约定解除权行使期限，自当事人知道或者应当知道解除事由之日起一年内行使解除权。当事人在上述期限内不行使解除权，或者经对方催告后在合理期限内不行使解除权的，解除权消灭，当事人应当继续履行合同。

破产程序因其特殊性，基本不适用上述规定的解除期限。《企业破产法》第 18 条第 1 款和《深圳个人破产条例》第 26 条第 2 款都规定，管理人自法院裁定受理破产申请之日起二个月内未通知对方当事人，或者自收到对方当事人催告之日起 30 日内未答复的，视为解除合同。由此可见，管理人解除合同不受《民法典》上述规定的期间限制，而应在法院裁定受理破产申请之日起二个月内通知对方当事人，或者自收到对方当事人催告之日起 30 日内予以答复，以便对方当事人决定是否继续履行或者停止履行。但是，“通知”和“答复”并非管理人必须履行的义务，自破产申请受理之日起二个月内，管理人未通知对方当事人解除合同，或者自收到对方当事人催告之日起 30 日内未予答复的，亦发生解除合同的效力，即相关合同得以解除，双方不再继续履行合同。

对方当事人对管理人决定解除合同有异议的，可以向法院提起诉讼，由法院确认管理人解除合同是否合法以及有无效力。

四、管理人单方解除合同的法律后果

《民法典》第 566 条第 1 款规定：“合同解除后，尚未履行的，终止履行；已经履行的，根据履行情况和合同性质，当事人可以请求恢复原状或者采取其他补救措施，并有权请求赔偿损失。”据此，管理人决定解除合同的，对方的合法权益仍应得到保护。管理人决定解除合同将产生以下三种法律后果：

一是终止履行。被解除的合同尚未履行或者尚未完全履行的，双方均应终止履行。如买卖合同在个人破产程序中被管理人依法解除后，出卖方应当停止向买受方交付标的物，买受方应当停止向出卖方支付货款，出卖方的货款债权应当参与债务人的财产分配。

二是对方当事人行使损害赔偿请求权。在个人破产程序中，管理人依法解除合同造成对方当事人损失的，参照《企业破产法》第 53 条“管理人或者债务人依照本法规定解除合同的，对方当事人以因合同解除所产生的损害赔偿请求权申报债权”和《深圳个人破产条例》第 61 条“管理人依照本条例第二十六条规定解除合同的，对方当事人可以以因合同解除产生的损害赔偿请求权申报债权”的规定，对方当事人有权请求赔偿，但对方当事人行使损害赔偿请求权，不能直接要求个人债务人予以赔偿，只能向管理人申报赔偿债权，然后参与债务人的财产分配。

三是采取补救措施。管理人依法解除合同后，对方当事人可以根据《民法典》第566条第1款“已经履行的，根据履行情况和合同性质，当事人可以请求恢复原状或者采取其他补救措施”的规定，要求管理人恢复原状或者采取其他补救措施。如个人债务人在承租他人房屋期间致使该房屋损坏，管理人解除该房屋租赁合同后，对方当事人要求管理人予以维修的，管理人可以予以维修使房屋恢复原状。管理人不能恢复原状或者采取其他补救措施的，对方当事人只能行使损害赔偿请求权向管理人申报赔偿债权。

第七节　法院解除保全措施、中止执行和诉讼

为了实现集中公平清偿债权目的，法院裁定受理个人破产申请后，普通民事诉讼应当让路破产程序，所有个人债务人的个案都应纳入破产程序集中清理，因此，法院应当解除个案的财产保全措施，中止个案的诉讼程序和执行程序。

一、民事诉讼法上的财产保全措施及破产法上的解除

（一）民事诉讼法上的财产保全措施

理解破产程序中的解除财产保全措施，首先要从民事诉讼法上的财产保全措施说起。

民事诉讼法上的财产保全措施，是指法院为了保证将来生效的判决得以执行而根据当事人或者利害关系人的申请或者依职权对债务人的财产所采取的法律措施。从民事诉讼法的有关规定来看，法院对债务人的财产采取保全措施，目的在于保证个案判决的执行，这与破产法集中公平清偿的规定不符，故法院裁定受理个人破产申请后，应当解除为个案所采取的财产保全措施，

使查封、扣押、冻结等决定失去效力，然后将相关财产交由管理人接管，并纳入债务人的财产范围进行破产处置。

根据《民事诉讼法》及其司法解释的有关规定，财产保全分为诉讼财产保全、诉前财产保全、执前财产保全三种。

1. 诉讼财产保全

《民事诉讼法》第100条第1款规定："人民法院对于可能因当事人一方的行为或者其他原因，使判决难以执行或者造成当事人其他损害的案件，根据对方当事人的申请，可以裁定对其财产进行保全、责令其作出一定行为或者禁止其作出一定行为；当事人没有提出申请的，人民法院在必要时也可以裁定采取保全措施。"这是诉讼财产保全的规定。根据这条规定，案件进入诉讼程序至作出判决前，当事人一方认为因对方当事人的行为或者其他原因，可能使与本案有关的财产发生转让、转移、毁损等情况的，可以申请法院对对方当事人的财产采取强制措施予以保全；当事人未提出申请的，法院在必要时依职权主动采取财产保全措施。从实践情况来看，法院一般不依职权作出保全，而由当事人提出申请。当事人申请财产保全的，法院可以责令申请人提供担保，申请人不提供担保的，法院裁定驳回其申请。

2. 诉前财产保全

诉前财产保全，是指利害关系人因情况紧急，不立即申请保全将会使其合法权益受到难以弥补的损害，在案件受理前向法院提出申请，由法院对被申请人的财产或者争议标的物依法采取强制措施进行保全的一种司法行为。《民事诉讼法》第101条第1款规定，"利害关系人因情况紧急，不立即申请保全将会使其合法权益受到难以弥补的损害的，可以在提起诉讼或者申请仲裁前向被保全财产所在地、被申请人住所地或者对案件有管辖权的人民法院申请采取保全措施"。

诉前财产保全和诉讼财产保全都是财产保全，因而两者有许多共同之处，如保全范围、目的、强制措施、法律效力等基本相同。但诉前财产保全的法律规定比诉讼财产保全严格，特别是申请诉前财产保全的事由。申请诉前财产保全的事由是：因情况紧急，在提起诉讼或者申请仲裁前不立即申请保全将会使一方当事人的合法权益受到难以弥补的损害。例如，借款人向商业银行贷款到期未偿还，商业银行如果等到起诉后再向法院申请财产保全，由于借款人、担保人的行为或者其他原因，相关财产将被转移、转让、隐匿等，使债权受到难以弥补的损害。借款人为了逃避贷款债务，将自己的唯一房产出卖，且已与第三人订立了房屋买卖合同，正在办理房产过户手续，银行发现这一情况时尚未起诉，如果等到起诉后再申请保全，该房产过户手续和房屋价款交付就将完成，面对这种“紧急情况”，商业银行可以立即申请诉前财产保全。

《民事诉讼法》第 101 条第 3 款规定：“申请人在人民法院采取保全措施后三十日内不依法提起诉讼或者申请仲裁的，人民法院应当解除保全。”在法院采取诉讼财产保全措施后，申请人是否提起诉讼由其自己决定。有些债务人迫于财产被查封、扣押或冻结的压力，清偿了债务，或者与债权人达成清偿债务协议，债权人就没有必要再提起诉讼。申请人不再提起诉讼的，应当向法院申请解除保全措施；超过 30 日不依法提起诉讼或者申请仲裁的，申请人即使没有申请解除保全，法院不论当事人情况如何都应予以解除。

3. 执前财产保全

执前财产保全，是指法律文书生效后进入执行程序前，债权人因债务人、担保人等转移财产的紧急情况，可能导致生效法律文书不能执行或者难以执行的，法院依债权人申请而采取保全措施的一种司法行为。

当事人在诉讼后尚未申请财产保全，法院也未采取保全措施，案件经裁判其法律文书已经生效但未进入执行程序，在这个阶段，债务人、担保人等仍有机会可转移财产逃避执行，这时不能再适用诉讼财产保全。为了弥补这一缺陷，《最高院民诉法解释》第 163 条规定了执前财产保全，该条规定：“法律文书生效后，进入执行程序前，债权人因对方当事人转移财产等紧急情况，不申请保全将可能导致生效法律文书不能执行或者难以执行的，可以向执行法院申请采取保全措施。债权人在法律文书指定的履行期间届满后五日内不申请执行的，人民法院应当解除保全。”

诉前财产保全、诉讼财产保全和执前财产保全都是财产保全，性质相同，只是发生的时间段不同，执前财产保全适用的是“法律文书生效后，进入执行程序前”阶段。裁判文书生效后，案件是否进入执行程序，要看债权人是否申请法院执行和法院是否受理执行。债权人申请法院执行并已被法院受理的，无须债权人申请财产保全，法院就应实施查封、扣押、冻结等强制措施来控制涉案财产。在裁判文书生效后未进入执行程序前这个阶段，只有出现债务人或担保人转移财产等紧急情况，可能导致生效法律文书不能执行或者难以执行的，债权人才可以申请执行前财产保全。

以上三种财产保全的强制措施包括查封、冻结、扣押和法律规定的其他措施。法院作出财产保全裁定后，将视保全财产的具体情况实施相应的具体强制措施，如保全财产是银行存款，只能采取冻结措施；如保全财产是房产，只能采取查封措施；如保全财产是车辆，可以予以扣押。这里的保全不是处分，所以不能采取如划拨、拍卖、变卖等强制措施。法院作出财产保全裁定并送达后，任何单位和个人，包括申请人和被申请人，除经法院同意外，都不得动用、转移或者处分保全财产。

（二）破产法上的解除财产保全措施

在民事诉讼程序中，原财产保全的原因不存在的，应当解除财产保全措施，例如，被申请人（债务人）已清偿全部到期债务，第三人为债务人提供足额担保，诉前财产保全的申请人在法院采取保全措施后 30 日内不起诉的，法院应当解除财产保全措施。这里分析法院裁定受理破产申请后解除财产保全措施的问题。

《企业破产法》第 19 条和《深圳个人破产条例》第 27 条都规定，法院裁定受理破产申请后，对债务人财产采取的财产保全措施应当解除。据此，法院在诉讼程序、执行程序中对个人债务人的财产采取保全措施后，裁定受理该债务人破产申请的，就应解除对其已经采取的财产保全措施，让管理人接管相关财产进行破产处理。但法院根据上述规定解除个人债务人的财产保全措施需要注意以下几个事情：

一是解除的对象是原诉前财产保全、诉讼财产保全、执前财产保全和执行程序中所采取的查封、冻结、扣押等保全措施。法院在执行程序中已经采取的拍卖、变卖、折价等处分性强制措施不在解除之列，但所得价款尚未清偿债务人的债务的，在裁定受理个人破产申请后，应交付管理人作为破产财产处置。

二是相关单位对债务人的财产所采取的保全措施亦应及时解除。《企业破产法》《深圳个人破产条例》只规定法院应当解除财产保全措施，而未规定其他相关单位解除对债务人的财产所采取的保全措施。但相关单位，如海关、市场监管部门等对债务人的财产采取的扣押、查封等措施，若不解除也同样有碍于债务人财产在破产程序中的处置。因此，《最高院适用企业破产法规定（二）》第7条规定："对债务人财产已采取保全措施的相关单位，在知悉人民法院已裁定受理有关债务人的破产申请后，应当依照企业破产法第十九条的规定及时解除对债务人财产的保全措施。"这里需要注意，相关单位作出的保全措施应当相关单位解除，但为使相关单位知悉，法院应将裁定受理破产申请的情况通知相关单位，并告知其解除财产保全措施。

三是解除保全措施的财产应当交付管理人。财产保全措施一旦解除，在债务人财产上施加的查封、扣押、冻结等措施便失去效力，该财产应当恢复到保全措施实施以前的状态，原被保全的财产应当返还给债务人。但因破产事由而解除财产保全措施的，除经法院同意外，原被保全的财产不得返还债务人，而应交由管理人接管。

（三）恢复财产保全措施

财产保全措施因法院裁定受理破产申请而解除，若破产程序不再进行，解除财产保全措施便失去了前置条件。《最高院适用企业破产法规定（二）》第8条第1款规定，法院受理破产申请后至破产宣告前裁定驳回破产申请的，应当及时通知原已采取保全措施并已依法解除保全措施的单位按照原保全顺位恢复相关保全措施。

《深圳个人破产条例》参照上述规定，并根据个人破产的特点，在第14条中规定，法院已经受理但尚未宣告破产，发现有下列情形之一的，应当裁定驳回破产申请：

（1）债务人不符合本条例第2条规定，或者债权人申请对债务人进行破产清算不符合本条例第9条第1款规定（债权人单独或者共同对债务人持有到期债权不到50万元）的；

（2）申请人基于转移财产、恶意逃避债务、损害他人信誉等不正当目的申请破产的；

（3）申请人有虚假陈述、提供虚假证据等妨害破产程序行为的；

（4）债务人依照本条例免除未清偿债务未超过8年的。

出现上述事由之一，法院裁定驳回破产申请后，债务人的有关案件回归诉讼程序，故原已解除的财产保全措施可以恢复，原来因破产原因而中止的诉讼应当恢复，已中止的执行程序应当恢复执行。

二、法院裁定中止执行程序

执行程序是法院按照已经发生法律效力的判决、裁定或者仲裁机构的裁决等法律文书，运用国家司法权，依法迫使被执行人履行义务的操作程序。法院在裁定受理破产申请后，债务人的债务应当集中清偿，故应对个别清偿的普通执行程序裁定中止执行，对针对债务人财产正在实施的执行措施，如冻结、划拨存款，扣押、变卖财产等亦应中止执行，有关执行案件应当转入破产程序，或者由债权人向管理人申报债权。但是，《企业破产法》第75条和《深圳个人破产条例》第27条规定，除“在重整期间，对债务人的特定财产享有的担保权暂停行使”外，为实现有财产担保债权或者其他法定优先权而对特定财产的执行可以不中止。

三、法院裁定中止诉讼

《企业破产法》第20条规定，“人民法院受理破产申请后，已经开始而尚未终结的有关债务人的民事诉讼或者仲裁应当中止；在管理人接管债务人的财产后，该诉讼或者仲裁继续进行”。这是中止诉讼和中止仲裁的规定。

诉讼和仲裁是解决民事纠纷的两种主要方式。在法院受理破产申请后，由于债务人被依法剥夺了管理和处分财产的权利，该债务人不可能继续参与有关的诉讼程序或者仲裁程序，故在法院裁定受理破产申请之日起至管理人接管债务人财产前，有关诉讼程序和仲裁程序应当中止，在管理人接管债务人财产后，由接管财产的管理人代表债务人参加诉讼或者仲裁，该诉讼或者仲裁方可继续进行。

《企业破产法》及其司法解释的上述规定，虽然仅对企业破产而言，但这些程序性规定在通常情况下也适用于个人破产，因而，在裁定受理个人破产申请后，法院可以参照上述规定，在同样的条件和情形下解除保全措施、中止执行和中止诉讼。

第八节　债务人死亡的可破遗产与破产程序处置

个人破产与企业破产的一大区别在于，企业法人在破产程序中不存在"死亡"问题，只有在破产程序终结后，经办理注销登记手续，其主体资格才告消灭，所以，《企业破产法》不可能规定债务人死亡后的破产程序如何处置的问题。而自然人个人在法院裁定受理破产申请后有可能死亡，故个人破产立法则需考虑这个问题。《深圳个人破产条例》第 31 条规定："人民法院裁定受理破产申请后，债务人死亡的，其遗产继承人一致同意继续进行破产程序或者没有遗产继承人的，由管理人依照本条例相关规定对其遗产进行接管、变价和分配后，由人民法院裁定终结破产程序。"

一、债务人死亡的可破遗产

分析债务人在破产程序中的可破遗产问题，首先需要确定死者的个人财产。个人财产是公民通过劳动或其他合法途径取得的财产。个人债务人在法院裁定受理其破产申请后死亡，其财产状态与正常债务人的财产状态有所不同。

在法院裁定受理个人破产申请时，该个人债务人现有的全部财产当属其财产，在法院裁定受理个人破产申请后至债务人死亡前，该债务人取得的全部财产也为其财产，死后仍有的可收益财产亦应纳入其财产范围，如对外投资可预期的收益，又如因遭受伤害致死、交通事故致死的赔偿金，亦应纳入死者的财产范围。

债务人生前的全部财产在其死亡之日起成为遗产，但其所有遗产不一定都是可破财产。笔者认为，债务人死亡后的下列遗产不能作为破产财产处理：

（1）债务人死亡后，家属用其个人财产合理支付的丧葬费用和生前的医疗费用，不得视为个别清偿而追回作为破产财产；

（2）依法应当保留的作为赡养费、抚养费、家庭成员的基本生活物品和基本生产资料的遗产；

（3）为使胎儿、生活有特殊困难又缺乏劳动能力的人得以照顾的遗产。

二、债务人死亡的可破遗产和破产程序处置

债务人死亡的可破遗产处置和破产程序适用，应视继承人是否继承遗产进行分别处置。

（一）继承人放弃继承遗产的处置

个人债务人因“资不抵债”而破产，然后在个人破产程序中死亡的，多数继承人会放弃继承，任由管理人处置遗产。全体继承人放弃继承的，因不再存在债务主体，故遗产处置不可能适用重整程序，也不可能适用和解程序，而只能适用清算程序，由管理人接管个人债务人的遗产，然后按照规定进行清算处理。

根据《民法典》第1161条第1款“继承人以所得遗产实际价值为限清偿被继承人依法应当缴纳的税款和债务”和第1161条第2款“继承人放弃继承的，对被继承人依法应当缴纳的税款和债务可以不负清偿责任”的规定，因继承人放弃继承而进行清算的，管理人在变价可破遗产后，应将实际取得的价款，按照规定顺序清偿死者的债务。

在继承人放弃继承的情况下，遗产变价清偿债务时需要注意以下几点：

一是遗产实际价值不足以清偿债务，除继承人同意继续清偿被继承人的遗留债务外，继承人对遗留债务不承担清偿责任。因债务人已经死亡，故不再适用个人破产的免债制度，而应自然免除死者的遗留债务。

二是遗产实际价值清偿全部债务后有剩余的，管理人应当返还继承人；继承人拒绝接受的，应上交国家。

三是除死者家庭生活必需外，因债务人死亡而不再给其本人保留生存所必需的财产，在破产程序中已经保留这部分财产的，在破产程序终结前应当继续作为破产财产处置。债务人遗产经清算处理完毕后，即可终结破产程序。

（二）继承人继承遗产的处置

个人举债与企业举债有所不同。企业举债应当用于生产经营，而个人举债有用于生产经营的，也有用于生活消费的，还有可能用在继承人身上，且不少债权人是亲戚好友。在此情况下，继承人继承遗产并愿意参与被继承人破产的，笔者认为，可以根据继承人的申请，将债务主体变更为继承人。

继承人在继承遗产的同时作为债务继受主体，在个人破产程序中作为债务方参与破产清算的，除其自愿外，法院和管理人应当根据《民法典》第1161条的规定处置遗产和债务。继承人也可以与债权人协商适用和解程序进行和解，和解协议经法院认可后，由继承人履行和解协议。继承人也可提出重整申请，对遗留资产和遗留债务进行重组，如被继承人留有个人独资企业，继承人表示继承的，继承人也可要求适用重整程序拯救个人独资企业。

上文说的是债务人在破产程序中死亡的问题，那么，债务人在法院裁定受理破产申请前死亡又该怎么办？笔者认为，债权债务已经诉讼、仲裁依法确认，且债务人确实“资不抵债”的，继承人和债权人可向法院提出对死者的遗产进行清算。

【裁判案例10】

提示：继承人申请被继承人个人债务清理，法院裁定予以受理。

庞A生前举债较多，多个债权人向法院提起诉讼。2016年庞A因病死亡。庞A有三女一子，其中二女一子明确表示放弃遗产继承权，唯有庞B表示继承为法定继承人。于是，法院在生效法律文书中确定由庞B在庞A的遗产范围内承担偿还责任，后案件进入执行程序。2020年8月28日，庞B以债务人庞A不能清偿到期债务和明显缺乏清偿能力为由，以执行程序转个人遗产债务清理程序方式，向天台县人民法院申请对庞A进行个人债务清理。

天台县人民法院认为，庞A的遗产不足以支付其所负债务，已构成破产原因，故申请人庞B的申请理由成立。天台县人民法院参照《企业破产法》第2条第1款、第3条、第7条之规定，裁定受理庞B对庞A的个人债务清理申请。

［根据浙江省温州市天台县人民法院（2020）浙 1023 破申 20 号民事裁定编写］

【裁判案例 11】

提示：被执行人未履行债务死亡，法院仍裁定受理债权人对其债务进行清理的申请。

2014 年 4 月 15 日，陈某某向潘某某借款 2 万元，约定月利率 1%，陈某某在潘某某书写的借条中签名确认。2019 年 8 月 20 日，潘某某向台州市黄岩区人民法院起诉。黄岩区人民法院判决陈某某自判决生效之日起 10 日内返还原告潘某某借款 2 万元，并支付自 2014 年 4 月 15 日起至判决履行完毕之日止按月利率 1% 计算的利息。

该判决生效后，陈某某未自觉履行义务，潘某某便向黄岩区人民法院申请强制执行。黄岩区人民法院于 2019 年 11 月 4 日立案执行后，向被执行人陈某某发出执行通知书、报告财产令、限制消费令和传票，责令陈某某履行生效法律文书确定的义务，但陈某某未向法院报告财产情况，也未履行义务。

黄岩区人民法院在执行过程中，通过网络执行查控系统对陈某某的财产情况进行了查询并采取了相应的执行措施，经查实陈某某有位于 ×× 村房屋和银行少量存款，便依法查封了其房屋，因该房产的土地性质系农村集体土地，涉及土地流转条件的限制，暂时无法处置。因被执行人陈某某目前无财产可供执行，黄岩区人民法院裁定终结本次执行程序。

2019 年 10 月，陈某某死亡，户口被注销。

2020 年 6 月 16 日，申请人潘某某以债务人陈某某不能清偿到期债务，明显缺乏清偿能力为由，申请对陈某某进行债务清理。黄岩区人民法院认为，债务人陈某某生前对外负债未履行，符合个人债务清理的条件，便参照《企业破产法》第 2 条第 1 款、第 3 条、第 7 条之规定，裁定受理申请人潘某某对陈某某的个人债务清理申请。

［根据浙江省台州市黄岩区人民法院（2019）浙 1003 民初 4881 号民事判决书和（2020）浙 1003 破申 26 号民事裁定书编写］

第五章

个人破产管理人

破产管理人是在法院的指挥和监督之下负责保管、清理、估价、处理债务人财产和债权债务的专门机构或个人。个人破产管理人与企业破产管理人一样，是破产程序中不可缺少的法定角色，故《企业破产法》《深圳个人破产条例》都规定，法院在裁定受理破产申请的同时应当指定管理人。但因个人破产与企业破产有许多不同之处，故个人破产管理人的资格条件、选任方式以及职责内容等也应有所不同，个人破产管理人的选任在参照《企业破产法》及其有关司法解释规定的同时，还应与个人破产特点相适应。

第一节　个人破产管理人的选任对象和选任方式

挑选任用个人破产管理人需考虑选任对象、选任方式两个方面。

一、个人破产管理人的选任对象

《企业破产法》第 24 条第 1 款规定："管理人可以由有关部门、机构的人员组成的清算组或者依法设立的律师事务所、会计师事务所、破产清算事务所等社会中介机构担任。"第 2 款规定："人民法院根据债务人的实际情况，可以在征询有关社会中介机构的意见后，指定该机构具备相关专业知识并取得执业资格的人员担任管理人。"据此规定，企业破产管理人的选任有三种对象，即清算组、社会中介机构和依法取得相关执业资格的专业人员。在《企业破产法》上述规定的基础上，《深圳个人破产条例》第157条规定，“管理人由符合条件的个人或者机构担任”；“律师、注册会计师以及其他具有法律、会计、金融等专业资质的个人或者相关中介服务机构，经破产事务管理部门认可，可以担任管理人”。

根据上述规定，无论破产管理人是债权人推荐的人选，还是破产事务管理部门提出的人选，或者由法院通过规定程序直接指定的人选，都应符合规定条件，即由“依法设立的律师事务所、会计师事务所、破产清算事务所等社会中介机构”或者“该机构具备相关专业知识并取得执业资格的人员”担任。

《深圳个人破产条例》第158条还参照《企业破产法》第24条第3款规定作出规定，选任对象中的个人或者机构有下列情形之一的，不得担任个人破产管理人：

（1）因故意犯罪受过刑事处罚；

（2）曾被吊销相关专业执业证书；

（3）与案件有利害关系；

（4）法律、行政法规规定或者法院、破产事务管理部门认为不宜担任管理人的其他情形。

债权人如果推荐上述不符合条件的个人或者机构担任个人破产管理人，法院应不予指定，而应另行按照规定的程序指定符合条件的机构或者个人担任个人破产管理人。

二、个人破产管理人的选任方式

法院裁定受理破产申请后，无论是企业破产管理人，还是个人破产管理人，都由受案法院采取指定方式选任，那么，法院又通过什么方式指定个人破产管理人呢？这里根据《深圳个人破产条例》第16条、第17条、第18条的规定做如下分析：

（一）依债权人推荐指定

《深圳个人破产条例》第16条规定，债权人可以单独或者共同向法院推荐个人破产管理人人选。这是个人破产管理人选任的创新方式，即“先推荐后指定”方式。具体做法是，在法院公开个人破产申请之日后的规定时间内，债权人向法院推荐个人破产管理人人选的，法院经审查认为其推荐的人选符合规定条件的，在裁定受理个人破产申请时，按照债权人推荐的人选指定个人破产管理人并作出决定；多名债权人推荐不同的管理人人选的，法院可以根据个人破产案件的实际需要，从中指定一名或者多名管理人。采取“先推荐后指定”方式选任个人破产管理人，体现了尊重债权人意思自治，有利于债权人与管理人之间的协调配合，能够促使管理人“勤勉尽责，忠实履行”。

（二）依行政部门提出指定

《深圳个人破产条例》第6条规定，个人破产事务的行政管理职能由市人民政府确定的工作部门或者机构行使。其第157条规定，律师、注册会计师以及其他具有法律、会计、金融等专业资质的个人或者相关中介服务机构，经破产事务管理部门认可，可以担任管理人。其第18条规定：“债权人未推荐管理人人选或者人民法院认为债权人推荐的人选不适宜担任管理人的，人民法院应当在裁定受理破产申请时，通知破产事务管理部门五日内提出管理人人选；破产事务管理部门提出人选后，人民法院应当在五日内作出指定管理人的决定。”这里的破产事务管理部门是“府院破产联动机制”的产物，是依照当地政府规定的职责对个人破产事务实施事务管理的行政机构。

根据上述规定，在债权人未推荐管理人人选或者法院认为债权人推荐的人选不适宜担任管理人的情况下，法院可以通知破产事务管理部门在规定时间内提出管理人的人选，然后由法院作出指定管理人的决定。

（三）法院直接指定管理人

上述两种方式仅为“可以”，而非“应当”和“必须”，因此，在债权人未推荐人选和破产事务管理部门未提出人选的情况下，法院应当直接指定个人破产管理人。参照最高人民法院《关于审理企业破产案件指定管理人的规定》（以下简称《最高院企业破产指定管理人规定》）的有关规定，法院应当在管理人名册中采取以下两种方式直接指定个人破产管理人：

（1）对于事实清楚、债权债务关系简单、债务人财产相对集中的个人破产案件，可以在管理人名册中指定个人为个人破产管理人。

（2）对于案情复杂、影响较大、债权人众多的个人破产案件，法院应当采取竞争方式指定管理人。采取竞争方式的，与企业破产一样，法院应当组成专门的评审委员会，由评审委员会结合案件的特点，综合考量社会中介机构的专业水准、经验、机构规模、初步报价等因素，从参与竞争的社会中介机构中择优指定管理人。

三、更换个人破产管理人

法院作出指定管理人的决定具有法律效力，在正常情况下不得随意更换管理人。但《企业破产法》第 22 条第 2 款和《深圳个人破产条例》第 160 条都一致规定：债权人会议认为管理人不能依法、公正执行职务或者有其他不能胜任职务情形的，可以申请法院予以更换。据此，更换管理人的理由是“管理人不能依法、公正执行职务或者有其他不能胜任职务情形”。除此之外，笔者认为，更换个人破产管理人还可以参照《最高院企业破产指定管理人规定》的有关规定确定具体理由。

（一）更换个人破产管理人的具体事由

因个人破产管理人由符合规定条件的社会中介机构或者个人担任，故两者的更换事由有所不同。

1. 更换社会中介机构管理人的具体事由

参照《最高院企业破产指定管理人规定》第 33 条的规定，社会中介机构管理人有下列情形之一的，法院可以根据债权人会议的申请或者依职权径行决定更换个人破产管理人：

（1）执业许可证或者营业执照被吊销或者注销；

（2）出现解散、破产事由或者丧失承担执业责任风险的能力；

（3）与本案有利害关系；

（4）履行职务时，因故意或者重大过失导致债权人利益受到损害；

（5）有重大债务纠纷或者因涉嫌违法行为正被相关部门调查的。

2. 更换个人管理人的具体事由

参照《最高院企业破产指定管理人规定》第 34 条的规定，个人管理人有下列情形之一的，法院可以根据债权人会议的申请或者依职权径行决定更换个人破产管理人：

（1）执业资格被取消、吊销；

（2）与本案有利害关系；

（3）履行职务时，因故意或者重大过失导致债权人利益受到损害；

（4）失踪、死亡或者丧失民事行为能力；

（5）因健康原因无法履行职务；

（6）执业责任保险失效；

（7）有重大债务纠纷或者因涉嫌违法行为正被相关部门调查的。

3. 因个人破产管理人辞职而更换

已为法院指定的个人破产管理人应当“勤勉尽责，忠实履行”，但有正当理由可以申请辞职，而无正当理由不得申请辞职。但是，不论有无正当理由，管理人坚持辞职不再履行职责的，法院都应决定更换管理人。至于擅自辞职的管理人，则应承担相关的法律责任。

（二）个人破产管理人的更换程序及相关义务

参照《最高院企业破产指定管理人规定》的有关规定，法院更换个人破产管理人有依申请和依职权两种方式。依申请方式是，管理人出现更换事由，由债权人会议作出决议并向法院提交书面申请，然后由法院作出是否予以更换的决定。依职权方式是，管理人出现更换事由，无须债权人会议提出申请，由法院径行决定更换管理人。

法院决定更换管理人，应将决定书送达原管理人、新任管理人、破产申请人和债务人，并予公告。原管理人应当自收到决定书之次日起，在法院监督下向新任管理人移交全部资料、财产、营业事务及管理人印章，并及时向新任管理人书面说明工作进展情况；原管理人不能履行上述职责的，新任管理人可以直接接管相关事务。在破产程序终结前，原管理人应当随时接受新任管理人、债权人会议、法院关于其履行管理人职责情况的询问。

四、关于个人破产公职管理人

我国现行破产法没有设立公职管理人制度，企业破产也未出现过公职管理人，那么，什么人是破产公职管理人？在个人破产中可否建立公职管理人制度？

从实践情况来看，一方面，大多数个人破产案件债务数额不大，债务人财产不多，且不少个人债务人除了豁免财产外可破财产很少甚至无产可破，债权人的债权受偿率很低甚至为零，但管理人仍需投入一定工作量走完破产程序。另一方面，个人债务人出现“资不抵债”不得不寻求破产以求得到破产保护，在此情况下，如果参照最高人民法院“以可供清偿的全部债务人财产价值为标的额”的规定作为标准计付管理人报酬，显然对管理人不公平，会严重影响管理人的积极性。于是，有人提出建立个人破产公职管理人制度，由相关行政机关（机构）指派公职人员担任管理人，用以解决上述个人破产的问题。

关于公职管理人，有人认为是由相关行政机关派出的符合规定条件的属于国家公务员序列的内部工作人员担任，如政府部门的公职律师。政府及其有关部门出于对个人破产的援助义务，当然可以指派公职律师担任个人破产公职管理人，但问题是在编的公职律师很少，且其主要职责并非为个人破产提供服务，故不可能满足个人破产的需要。

笔者认为，最佳的办法是根据《律师法》第 42 条“律师、律师事务所应当按照国家规定履行法律援助义务，为受援人提供符合标准的法律服务，维护受援人的合法权益”的规定，由司法行政机关组织社会执业律师为公职管理人，为个人破产提供法律援助。

温州市在个人债务集中清理工作中率先建立的公职管理人制度值得参照。温州市人民政府办公室于 2020 年 4 月 24 日印发的《在个人债务集中清理工作中探索建立公职管理人制度的府院联席会议纪要》就个人债务集中清理建立公职管理人制度提出如下要求：

一是公职管理人由司法行政机关中具有从事法律职业资格和公职身份的人员担任，由法院与司法行政机关根据个人债务集中清理案件的需求共同编制公职管理人名册，法院从公职管理人名册中指定公职管理人担任个人债务清理管理人；

二是司法行政机关公共法律服务部门增挂公职管理人管理机构牌子，为公职管理人的管理机构，承担个人债务集中清理工作中的行政性事务管理功能，履行对公职管理人工作的监督、管理、协调等职责；

三是公职管理人不收取管理人报酬。聘用人员费用、公告费等必要费用在个人债务集中清理程序中未受清偿的部分，从企业破产援助资金支出。

法律援助，是指由政府设立的法律援助机构组织律师，为经济困难或特殊案件的人无偿提供法律服务的一项法律保障制度。法律援助的主要对象是经济困难或特殊案件的个人。个人债务人出现“资不抵债”情形而破产，可认为是有经济困难的特殊案件，故可参照《律师法》有关法律援助的规定，由司法行政机关组织律师进行司法援助。法律援助是无偿提供的法律服务，故律师担任个人破产管理人进行法律援助不应向个人债务人收取报酬，律师报酬应从援助资金中支付。

第二节　个人破产管理人的法定职责与履职义务

管理人作为个人破产程序中不可缺少的法定角色，在个人破产立法时也必须与企业破产法一样明确规定其职责、义务、权力、报酬等，使之成为“权责利”相统一的主体。

一、个人破产与企业破产的管理人职责比较

这里的职责是破产管理人受法院指定后应当完成法定工作任务的责任。《企业破产法》第25条规定了企业破产管理人9项职责，个人破产立法可以参照该条规定确定个人破产管理人的职责，但因个人破产不同于企业破产，个人破产管理人的职责不应照抄照搬企业破产管理人的职责，而应从个人破产特点和实际需要出发进行规定。

企业破产管理人的不少职责只是适应企业破产，而不适用于个人破产管理人，如《企业破产法》第25条规定的“决定债务人的内部管理事务”“决定债务人的日常开支和其他必要开支”“决定继续或者停止债务人的营业”等，不宜或者无法规定为个人破产管理人的职责。而根据个人破产的特点，

《企业破产法》第 25 条没有规定的事项则需规定为个人破产管理人的职责，如《深圳个人破产条例》第 161 条规定的“调查核实债务人及其所扶养人、雇用人员的基本情况”“提出对债务人豁免财产清单的意见，调查、接管债务人可供分配的财产”“管理、监督债务人在考察期的行为”等，均属个人破产管理人所特有且必须履行的职责，否则，个人破产程序无法全面进行。

《深圳个人破产条例》第 161 条根据个人破产的特点和实际需要规定，个人破产管理人应当履行下列职责：

（1）调查核实债务人及其所扶养人、雇用人员的基本情况；

（2）通知已知债权人申报债权并审查债权情况；

（3）接管与债务人财产状况相关的财产清单、凭证以及债权债务清册等资料；

（4）调查债务人财产状况和人民法院裁定受理破产申请之日起前二年的财产变动情况，制作债务人财产报告；

（5）提出对债务人豁免财产清单的意见，调查、接管债务人可供分配的财产；

（6）拟定破产财产分配方案并实施分配；

（7）代表债务人提起、参加涉及债务人财产的诉讼、仲裁等活动；

（8）提议、协调召开债权人会议；

（9）管理、监督、协助重整计划或者和解协议的执行；

（10）管理、监督债务人在考察期的行为；

（11）法院、破产事务管理部门依照本条例以及其他规定要求管理人履行的其他职责。

这里有个问题需要说明，即个人破产管理人不能接管豁免财产。《企业破产法》第 25 条规定，企业破产管理人应当“接管债务人的财产、印章和账簿、文书等资料”，也就是说，企业破产管理人应当接管债务企业全部的财产及其资料。而《深圳个人破产条例》第 39 条规定：“除本条例第一百零九条规定的情形外，管理人应当接管债务人除豁免财产以外的全部财产。”也就是说，基于个人债务人及其家庭的生存权，管理人不能接管个人债务人及其家庭必需的生产和生活等应属豁免的财产。

二、个人破产管理人的履职义务

破产管理人的履职义务可从两个方面理解，即基本履职义务与具体履职义务。具体履职义务，是指破产管理人负有完成破产法规定的各项具体职责的责任义务，如《企业破产法》第 25 条规定的 9 项具体职责，《深圳个人破产条例》第 161 条规定的 11 项具体职责。基本履职义务，是指概括性履职义务，即总体要求的法定履职义务，如《企业破产法》第 27 条规定的“勤勉尽责，忠实执行职务”义务，《深圳个人破产条例》第 161 条规定的“勤勉尽责，忠实履行职责”义务。《深圳个人破产条例》规定的“忠实履行职责”与《企业破产法》规定的“忠实执行职务”虽然表述有所不同，但含义基本一致，都是高度概括的履职义务。

（一）个人破产管理人的勤勉尽责

勤勉尽责要求个人破产管理人在办理个人破产案件时以高度负责的精神，勤奋努力，尽心尽责，不怠于履行法定职责，不滥用法律赋予的权利。勤勉尽责的核心内容是完全履行法定义务并已尽具体职责，如：

（1）谨慎接管个人债务人移交的全部财产以及一切账册文件，并细致核对真伪、有无欠缺；

（2）保管、清理、处分个人债务人财产已经尽心尽责；

（3）对个人破产的债权债务、豁免财产、免除债务等事项的调查审核，已尽法律手段和措施；

（4）对个人破产财产的取回、债权的追收及确认等衍生的诉讼已尽诉讼权利；

（5）变价破产财产、清理破产债务符合法律规定，且对全体债权人公开；

（6）按照法定程序和要求向法院、债权人会议报告工作、通告信息；

（7）依法建议、请求召开债权人会议；

（8）依法拟制财产分配方案并实施分配；

（9）尽职监督个人债务人的消费行为和免债考察期内的行为。

（二）个人破产管理人的忠实履行职责

这里的忠实履行职责，是指个人破产管理人在办理个人破产案件时，在职责范围内对法院以及债务人、债权人都应恪守忠诚义务，要求个人破产管理人以善良道德观开展破产工作，在处理破产事务时不得为个人利益而损害债权人或债务人的利益，如：

（1）除依法取得报酬外，不存在诸如收受贿赂、侵吞破产财产等违法行为；

（2）严守竞业禁止原则；

（3）严守破产案件所涉的商业秘密；

（4）不利用个人破产信息和商事机会；

（5）严格依法处理破产事务，善意保护各方当事人的合法权益。

三、个人破产管理人违法履职的法律责任

为促使破产管理人依法履职，《企业破产法》《深圳个人破产条例》都规定了破产管理人不履职和违法履职的法律责任。就此，《企业破产法》第130条规定得较为简单，即“管理人未依照本法规定勤勉尽责，忠实执行职务的，人民法院可以依法处以罚款；给债权人、债务人或者第三人造成损失的，依法承担赔偿责任”。而《深圳个人破产条例》第170条对个人破产管理人不履职和违法履职的法律责任的规定较为完整。下面参照《深圳个人破产条例》第170条的规定，分析个人破产管理人违法履职的法律责任。

（一）未尽履职义务的法律责任

在个人破产过程中，管理人违背“勤勉尽责，忠实履行职责”义务，如对某些重要破产事务置之不理，泄露商业秘密造成债务人损失，利用职务便利收受债权人或债务人的贿赂，对接管财产未尽保管义务造成其被盗、毁损等，应当依法承担民事赔偿责任。例如，《深圳个人破产条例》第170条第1款规定：“管理人未依照本条例规定勤勉尽责、忠实执行职务，给债务人、债权人或者其他利害关系人造成损失的，应当依法承担赔偿责任。”但当事人主张个人破产管理人承担民事赔偿责任需要具备以下四个条件：

（1）给债务人、债权人或者其他利害关系人造成损失的事实客观存在，

且有充分证据予以证实。

（2）个人破产管理人有未履行“勤勉尽责，忠实履行职责”义务的客观事实。个人破产管理人对谨慎、忠实、诚信、注意等基本义务的违反是其承担民事责任的前提和依据，如果已经履行这些义务，即使给债权人、债务人或者利害关系人造成损失，也不承担赔偿责任。

（3）未履行“勤勉尽责，忠实履行职责”义务与给债务人、债权人或者其他利害关系人造成损失之间有因果关系。

（4）个人破产管理人主观上有故意和重大过失，如果主观上无过错，则不承担赔偿责任。个人破产管理人未履行“勤勉尽责，忠实履行职责”义务的判断标准应当限定于其有故意或者重大过失的范围，即必须有充分证据证明个人破产管理人在履行职务过程中因故意或重大过失给债务人、债权人或者其他利害关系人造成损失，才可追究其民事赔偿责任。

（二）怠于履行或者不当履行职责的法律责任

怠于履行职责是对法定职责的消极对待，表现为依法应当主动履行而不主动履行或者拖延履行。不当履行职责是已经履行职责，但履行职责不符合法律规定或者与实际不符。就此，《深圳个人破产条例》第 170 条第 2 款规定：“管理人怠于履行或者不当履行职责的，由人民法院责令改正，并可以采取降低管理人报酬、依职权更换管理人等措施；破产事务管理部门可以暂停其任职资格或者将其从管理人名册中除名”。就此责任性质问题，当前有两种不同观点：

一种观点认为是司法责任。主要理由如下：（1）管理人是法院选任和指定的，双方建立的工作关系是司法关系，而不是行政关系；（2）管理人的法定职责是对法院负责的司法职责，而不是行政职责；（3）管理人的“勤勉尽责，忠实履行职责”义务是司法上的义务，而不是行政上的义务；（4）管理人未按规定“勤勉尽责，忠实履行职责”所作的行为，在本质上是妨害司法的行为，而不是破坏行政管理秩序的行为；（5）个人破产管理人不服这些责任处理决定，只能通过向上一级法院申请复议进行救济。

另一种观点认为是行政责任。主要理由是，这些责任处理决定虽由法院作出，法院也不是行政机关，但从其对管理人未按规定“勤勉尽责，忠实履行职责”作出处理决定的性质来看，该行为具有行政处理的属性，因此，管理人由此承担的法律责任是行政责任。

从《深圳个人破产条例》第170条第2款规定来看，笔者认为，个人破产管理人怠于履行或者不当履行职责，由法院作出责令改正，并采取降低管理人报酬、依职权更换管理人措施的行为，当属司法行为，由此承担的责任当属司法方面的责任；但是，由破产事务管理部门作出暂停个人破产管理人任职资格或者将个人破产管理人从管理人名册中除名的行为，当属行政行为，由此承担的责任当属行政方面的责任。

（三）妨害破产程序的法律责任

这种法律责任，是指个人破产管理人违反个人破产法和民事诉讼法的有关规定，实施妨害个人破产程序正常进行行为但尚未构成犯罪而由法院依法应予追究的责任。

《深圳个人破产条例》第170条第3款规定：“管理人与他人恶意串通，妨害破产程序的，由人民法院依法予以训诫、拘传、罚款、拘留……”这里规定的罚款仅适用于“管理人与他人恶意串通，妨害破产程序”这种情形。笔者认为，个人破产管理人妨害破产程序，法院可以参照《最高院企业破产指定管理人规定》第39条规定的“管理人申请辞去职务未获人民法院许可，但仍坚持辞职并不再履行管理人职责，或者人民法院决定更换管理人后，原管理人拒不向新任管理人移交相关事务”两种情形，决定对个人破产管理人进行罚款处罚。同时还可以参照该条规定，对社会中介机构为个人破产管理人的，罚款5万~20万元人民币；对个人为个人破产管理人的，罚款1万~5万元人民币。个人破产管理人不服罚款决定的，可以向上一级法院申请复议。

（四）构成犯罪的刑事责任

《深圳个人破产条例》第170条第3款规定，管理人与他人恶意串通，构成犯罪的，依法追究刑事责任。这里“依法”中的“法”是指我国的《刑法》。笔者认为，个人破产管理人在破产程序中构成犯罪不限于“与他人恶意串通”这一种行为。个人破产管理人在履行法定职责期间实施违背“勤勉尽责，忠实履行职责”义务的行为，且社会危害性已达到构成犯罪程度的，都应依照《刑法》的有关规定追究刑事责任。如在履行职责的过程中个人破产管理人有贪污、受贿、欺诈、渎职、玩忽职守等构成犯罪的行为时，应当适用《刑法》的相关规定，以职务侵占罪、非国家工作人员受贿罪、破产欺诈罪、提供虚假证明文件罪、出具证明文件重大失实罪等罪名予以刑事处罚。

第六章

个人债务人财产及其维权

债务人个人财产是清偿个人债务的唯一来源，故在个人破产程序中必须予以厘清，并应集中起来进行处置。这一章分析个人破产中的债务人财产及其维权的有关问题。

第一节　个人债务人财产与可破财产

个人财产的结构和分布在多数情况下是较为复杂的，有的混在夫妻、家庭财产之中，有的与他人共同共有，有的与他人有争议，有的被非法转移，而个人破产所要处置的只能是债务人个人所有的财产。因此，在讨论个人破产时必须先分析个人财产的问题。

一、个人财产的范围

个人财产，是指公民通过劳动或其他合法手段取得的财产。个人财产的结构与企业财产的结构有很多不同之处，故在个人破产立法时不能参照《企业破产法》及其司法解释有关企业财产的规定确定债务人的个人财产。

《民法典》第266条规定："私人对其合法的收入、房屋、生活用品、生产工具、原材料等不动产和动产享有所有权。"这条规定虽然列举了几类财产为个人财产但不够具体。而《深圳个人破产条例》第33条规定的债务人需要申报的个人财产较为详细，根据该条规定，下列财产和财产权益为债务人个人财产：

（1）工资收入、劳务所得、银行存款、现金、第三方支付平台账户资金、住房公积金账户资金等现金类资产；

（2）投资或者以其他方式持有股票、基金、投资型保险以及其他金融产品和理财产品等享有的财产权益；

（3）投资境内外非上市股份有限公司、有限责任公司，注册个体工商户、个人独资企业、合伙企业等享有的财产权益；

（4）知识产权、信托受益权、集体经济组织分红等财产权益；

（5）所有或者共有的土地使用权、房屋等财产；

（6）交通运输工具、机器设备、产品、原材料等财产；

（7）个人收藏的文玩字画等贵重物品；

（8）债务人基于继承、赠与、代持等依法享有的财产权益；

（9）债务人在破产申请受理前可期待的财产和财产权益；

（10）其他具有处置价值的财产和财产权益。

债务人在境外的前款财产和财产权益，也应当如实申报。

二、个人债务人的可破财产

这里所说的可破财产，是指在个人破产程序中依法可以用于清偿债务的个人财产。不少人认为债务人的财产都是可破财产，这对企业破产而言是没有什么争议的，但在个人破产中，个人债务人的所有财产不一定都是可破财产。

《深圳个人破产条例》第32条规定："人民法院裁定受理破产申请时属于债务人的财产和依照本条例裁定免除未清偿债务之前债务人所取得的财产，为债务人财产。"第36条规定："为保障债务人及其所扶养人的基本生活及权利，依照本条例为其保留的财产为豁免财产。……"据此分析，债务人个人的以下财产不属于可破财产：

一是在法院裁定受理破产申请前，债务人个人已经消费以及合法转移的财产；

二是法院裁定免除未清偿债务后债务人所取得的财产；

三是为保障债务人个人及其所扶养人的基本生活及权利而豁免的财产。

这里需要特别说明的是免除财产。《深圳个人破产条例》第 90 条第 4 款规定，法院裁定认可破产财产分配方案的，应当同时裁定终结破产清算程序。但基于个人破产的免债制度，在法院裁定终结破产清算程序后，该条例还设置了免债考察期。在免债考察期内，破产人个人出现不得免债情形的，其在考察期间内取得的财产仍为个人破产财产。考察期届满后，破产人个人具备免债条件，法院决定予以免除未清偿债务后，个人债务人所取得的财产不再是可破财产，这是免债制度的法律效应之一。

【裁判案例 12】

提示：子女依法享有的房屋产权份额不属父母个人债务清理的破产财产。

周 B（女）与周 A（男）系夫妻关系，于 1990 年 7 月 28 日生育女儿周 C。2003 年 11 月，周 A、周 B、周 C 因申请高山移民安置取得天台县××街道××幢××室安置房。2005 年 1 月，周 A 办理了房产证，房屋所有权人为周 A，不动产登记权利人为周 A 和周 B。2019 年，周 A、周 B、周 C 共同向天台县自然资源和规划局申请增加周 C 为该不动产共有权人，因周 A 于同年 6 月 2 日死亡未办理成功。

因周 A 生前有多个债务案件进入执行程序未能履行，周 A 死亡后，周 B、周 C 明确表示放弃遗产继承权，并以周 A 不能清偿到期债务和明显缺乏清偿能力为由，以执行程序转个人债务清理程序方式，向天台县人民法院申请对周 A 进行个人债务清理。天台县人民法院于 2019 年 9 月 18 日裁定予以受理，并指定了周 A 破产财产的管理人。2020 年 8 月 13 日，天台县人民法院通知周 B、周 C 补交相关款项，周 C 对房屋产权份额提出异议。

2020 年 9 月，周 C 以周 B 为被告向天台县人民法院提出诉讼称：原告一家三口曾于 2003 年 11 月申请高山移民，原告当时也作为家庭成员登载在《天台县高山移民审批表》中一并申请高山移民安置房。高山移民的分房标准是：按人口分配安置房，3 人以上享受小套标准，4 人以上享受中套标准，5 人以上享受大套标准，独生子女按 2 人计算。原告一家三口被安置在天台县××街道××幢××室。原告作为家庭成员与父母一起申请高山移民安置房，应对安置房享有共有产权。其父周A当初办理产权登记时，原告尚未成年。现原告有证据证明，原告系本案房地产的共有权人，原告理应对本案房地产享有1/3的产权份额。周A过世后，债权人纷纷将原告及其母周B起诉至法院，法院启动周A个人债务清理一案，并通知原告及其母周B补交房屋款项。请求判决确认原告对坐落于天台县××街道××幢××室安置房享有1/3的产权份额。

被告周B辩称：当初申请购买高山移民安置房时原告也是申请表中的家庭成员之一，原告理应享有1/3的产权份额。

第三人周A的破产财产管理人辩称：原告系安置房申请人之一属实，但产权登记时，原告并不属于共有产权人。申请人与实际产权人是有区别的，即使周A后来增加原告为共有产权人，也属于赠与行为，但赠与行为未完成，且赠与行为损害其他债权人利益的，也可依法撤销。请求法院驳回原告的诉讼请求。

天台县人民法院认为：根据天台县高山移民相关政策规定，高山移民是以户为单位进行的政策优惠安置。安置房屋面积与申请时的家庭人员数紧密相关。本案原告与其他家庭成员共同作为高山移民安置对象取得高山移民安置房，依法享有产权权利。2005年1月，原告尚未成年时，其父亲办理房屋产权登记虽未将其作为共有权人进行登记，但并不影响原告对涉案房屋享有的产权权利。天台县高山移民审批表显示，当时申请的家庭成员为周A、周B、周C，因家庭成员对共有物份额未作约定，现原告主张等额享有，被告周B也未提出异议，故可确认各共有权人对涉案房产享有1/3产权份额。2019年6月，周A去世后，原告虽然明确表示放弃遗产继承权，但没有证据表明原告有放弃产权份额的意思表示或行为，故原告仍对涉案房屋享有1/3产权份额。天台县人民法院认为，虽然不动产登记簿是物权归属和内容的根据，不动产权属证书是物权的证明，但本案原告提供的证据足以证明其系涉案房屋的共有产权人。第三人主张产权登记时，原告不属于共有产权人，此后系周A将房产赠与原告。天台县人民法院认为，在原告尚未成年时，作为监护人的父母除为维护被监护人利益外，不得处分被监护人的财产，故第三人的上述主张缺乏事实根据和法律依据，对此法院不予采纳。

天台县人民法院依照《民法总则》[①] 第35条、《物权法》[②] 第4条之规定，判决如下：确认原告周C对坐落于天台县××街道××幢××室的不动产享有1/3产权份额。

周A破产财产管理人不服判决，向台州市中级人民法院提起上诉称：符合购买安置房条件与取得安置房产权是两个不同的概念，符合购买安置房条件的不一定能够取得安置房产权。高山移民安置房不是通过分配方式取得，而是通过购买方式取得。购房户与高山移民指挥部签订安置房买卖合同，并支付相应的购房款，之后才能够取得安置房的产权。被上诉人周C作为家庭成员，仅对可以购买安置房的面积有影响，但由于周C在购买安置房时是未成年，根本不具备购买房屋的能力，也没有支付任何费用。在周A的财产不足以清偿债务并对周A的个人债务进行清理的情况下，如果承认被上诉人周C对诉争的安置房享有份额，就意味着减少周A的房产份额，这必然损害到其他债权人的利益。请求撤销天台县人民法院一审判决，依法改判驳回被上诉人的一审诉讼请求。

台州市中级人民法院认为：案涉房屋系被上诉人周C一家人根据天台县人民政府实施"高山移民、走出大山"工程文件规定提出申请，经审批后所取得。根据该文件规定，安置房是按家庭人口数分配、房价按建筑成本核算。天台县高山移民审批表显示，当时提出申请的家庭成员有周A、周B、周C，因该家庭成员对共有物份额未作约定，一审法院确认共有权人对涉案房产各享有1/3产权份额，并无不当。对于购房出资问题，三个家庭成员能力有强弱、收入有高低，在购房时各方当事人对彼此间贡献大小均无异议，当时也没有约定把投入的多少作为日后析分房产份额的依据。况且，三个家庭成员对房屋的居住、使用时间也不一定完全等量。上诉人以被上诉人不具备购买房屋的能力，也没有支付任何费用为由排除其产权份额，没有事实和法律依据，法院不予支持。

---

① 《民法总则》已于2021年1月因《民法典》的施行而失效。

② 《物权法》已于2021年1月因《民法典》的施行而失效。

台州市中级人民法院依照《民事诉讼法》第170条第1款第（1）项规定，判决驳回上诉，维持原判。

［根据浙江省天台县人民法院（2020）浙1023民初2892号民事判决书和台州市中级人民法院（2020）浙10民终2890号民事判决书编写］

作者说明：本案诉讼的意义和作用在于，法院判定周C对家庭房屋享有1/3产权份额后，周C所享份额的房屋产权就不属周A个人的破产财产。

第二节　债务人个人财产与夫妻共同财产

在婚姻关系存续期间，夫妻共同财产比比皆是，那么，在夫妻一方破产时，如何处置夫妻共同财产？同时，在夫妻一方作为债务人濒临破产时，有些往往借离婚名义将个人财产或者夫妻共同财产转移到其配偶一方名下，净身出户，逃避债务。在这些情况下，债务人个人财产的认定便成为个人破产的难题之一。

为了解决这问题，《深圳个人破产条例》设置了个人债务人如实申报其配偶财产的义务，以便法院和管理人审查哪些财产是个人债务人的财产，哪些财产是个人债务人配偶的财产，哪些财产是夫妻共同财产。但仅凭此还是远远不够的，法院和管理人还需要依照《民法典》有关夫妻财产关系的规定，分清夫妻财产关系。

一、夫妻共同财产的范围

夫妻共同财产是夫妻双方在婚姻关系存续期间所得的归夫妻共同所有的财产。夫妻双方对共同财产有平等的处理权。根据《民法典》第1062条的规定，夫妻在婚姻关系存续期间所得的下列财产，为夫妻的共同财产，归夫妻共同所有：

（1）工资、奖金、劳务报酬；

（2）生产、经营、投资的收益；

（3）知识产权的收益；

（4）继承或者受赠的财产，但是《民法典》第 1063 条第 3 项规定的除外；

（5）其他应当归共同所有的财产。

《最高院民法典婚姻家庭编解释（一）》第 25 条规定，在婚姻关系存续期间，下列财产属于《民法典》第 1062 条规定的“其他应当归共同所有的财产”：（1）一方以个人财产投资取得的收益；（2）男女双方实际取得或者应当取得的住房补贴、住房公积金；（3）男女双方实际取得或者应当取得的基本养老金、破产安置补偿费。

此外，根据《最高院民法典婚姻家庭编解释（一）》第 35 条的规定，当事人的离婚协议或者法院生效判决、裁定、调解书已经对夫妻财产分割问题作出处理的，债权人仍有权就夫妻共同债务向男女双方主张权利；一方就夫妻共同债务承担清偿责任后，有权要求另一方按照离婚协议或者法院的法律文书承担相应债务。

二、夫妻共同财产的分割

除夫妻双方一并破产外，夫妻一方破产若有夫妻共同财产的，应当依照《民法典》第 303 条、第 304 条并参照《最高院适用企业破产法规定（二）》的有关规定进行分割。

《民法典》第 303 条规定：“共有人约定不得分割共有的不动产或者动产，以维持共有关系的，应当按照约定，但是共有人有重大理由需要分割的，可以请求分割；没有约定或者约定不明确的，按份共有人可以随时请求分割，共同共有人在共有的基础丧失或者有重大理由需要分割时可以请求分割。因分割造成其他共有人损害的，应当给予赔偿。”《民法典》第 304 条第 1 款规定：“共有人可以协商确定分割方式。达不成协议，共有的不动产或者动产可以分割且不会因分割减损价值的，应当对实物予以分割；难以分割或者因分割会减损价值的，应当对折价或者拍卖、变卖取得的价款予以分割。”《最高院适用企业破产法规定（二）》第 4 条第 1 款规定：“债务人对按份享有所有权的共有财产的相关份额，或者共同享有所有权的共有财产的相应财产权利，以及依法分割共有财产所得部分，人民法院均应认定为债务人财产。”

第2款规定："人民法院宣告债务人破产清算，属于共有财产分割的法定事由。人民法院裁定债务人重整或者和解的，共有财产的分割应当依据民法典第三百零三条的规定进行；基于重整或者和解的需要必须分割共有财产，管理人请求分割的，人民法院应予准许。"第3款规定："因分割共有财产导致其他共有人损害产生的债务，其他共有人请求作为共益债务清偿的，人民法院应予支持。"

在个人破产程序中，依照或者参照上述规定分割夫妻共同财产的，需要明确以下几点：

一是个人破产属于分割夫妻共同财产的"重大理由"。根据当事人意思自治原则，共有人约定不得分割共同共有财产的，在婚姻关系存续期间一般不得分割，但有重大理由需要分割应当进行分割。夫妻一方破产显然属于分割夫妻共同财产的"重大理由"，故夫妻共同财产在个人破产程序中应当根据破产的实际需要依照上述规定进行分割。

二是夫妻协商分割不得损害债权人的利益。夫妻共同财产经双方自愿协商一致是可以分割的，但在个人破产程序中协商分割不得损害债权人的利益；在不影响债权人利益的情况下，夫妻双方协商分割共同财产，管理人应当予以认可。

三是夫妻双方不愿协商或者协商不成的采取法定方式分割。根据《民法典》第304条第1款的规定，法定分割方式有两种：一是实物分割，即夫妻共同财产分割不会减损价值的，应当分割实物，如夫妻共同财产有两处价值基本相同的住房，应当分割为一方一处住房；二是夫妻共同财产难以分割或者因分割会减损价值的，如夫妻共同财产为单套住房不能分割，则应采取折价或者拍卖、变卖方式进行处分，然后对取得的价款进行分割。

四是视清算、重整、和解程序及实际需要决定是否分割。个人债务人被宣告破产的，夫妻共同财产一般不可维持共有关系而只能分割，但在重整程序、和解程序中，经与夫妻协商，在债权人利益不受损害的情况下，形成维持夫妻共同财产共有关系的财产处置方案，经债权人会议表决通过后，不再分割夫妻共同财产；如果不能形成这种财产处置方案，或者债权人会议经表决未通过的，就须分割夫妻共有财产。

五是夫妻双方一并破产的，无须分割共同财产，只要将夫妻共同财产一并处置，然后依法清偿夫妻共同债务或者各自债务即可。

六是因分割夫妻共有财产导致配偶利益损害而产生的债务，配偶有权请求作为共益债务清偿。

在一般情况下，分割夫妻共同财产应当遵循男女平等原则，夫妻双方平等地分割共同财产。

三、《民法典》规定的夫妻个人财产

夫妻个人财产，是指在婚姻关系存续期间依法律规定或者夫妻约定，属于夫妻个人所有的财产。夫妻个人财产有两类，即法定财产和约定财产。

（一）夫妻个人的法定财产

《民法典》第 1063 条规定，下列财产为夫妻一方的个人财产：

（1）一方的婚前财产；

（2）一方因受到人身损害获得的赔偿或者补偿；

（3）遗嘱或者赠与合同中确定只归一方的财产；

（4）一方专用的生活用品；

（5）其他应当归一方的财产。

（二）夫妻个人的约定财产

《民法典》第 1065 条第 1 款规定："男女双方可以约定婚姻关系存续期间所得的财产以及婚前财产归各自所有、共同所有或者部分各自所有、部分共同所有。约定应当采用书面形式。没有约定或者约定不明确的，适用本法第一千零六十二条、第一千零六十三条的规定。"第 2 款规定："夫妻对婚姻关系存续期间所得的财产以及婚前财产的约定，对双方具有法律约束力。"由此可见，约定财产的效力高于法定财产的效力，即有书面约定的执行书面约定，不再适用法定，只有在没有约定或者约定不明确的情况下才适用法定，这是当事人意思自治的体现。

但是，夫妻约定个人财产不得损害债权人的利益，如夫妻一方作为债务人濒临破产，为了逃避债务，故意通过约定方式将其个人财产或者夫妻共同财产转移到配偶一方，致使破产财产减少而损害债权人利益的行为，属于无

效或者可撤销的行为。如《深圳个人破产条例》第 42 条规定，个人债务人为逃避债务而隐匿、转移、不当处分财产和财产权益的行为无效，管理人有权追回。

四、夫妻共同债务的认定

根据《民法典》第 1064 条第 1 款的规定，夫妻共同债务，是指夫妻双方共同签名或者夫妻一方事后追认等共同意思表示以及夫妻一方在婚姻关系存续期间以个人名义为家庭日常生活需要所负的债务。从现实情况看，在婚姻关系存续期间，夫妻债务大多数是共同债务。那么，在个人破产程序中如何认定夫妻债务属于共同债务？

（一）认定夫妻共同债务的基本原则

根据《民法典》第 1064 条第 1 款的规定，认定夫妻共同债务应当遵循以下三个原则：

（1）共同意思表示。即基于夫妻双方的共同意思表示所产生的债务为夫妻共同债务。这里“共同意思表示”有两种行为表现：一是夫妻共同举债，如夫妻共同向出借人借款，并作为共同借款人向出借人出具借条，就为夫妻共同债务；二是夫妻一方举债，配偶一方事后追认，如夫一人向出借人借款并向出借人出具借条，事后妻向出借人明确表示共同偿还，也为夫妻共同债务。夫妻共同意思表示所负的债务，不论是否用于家庭日常生活需要都构成夫妻共同债务。

（2）家庭日常生活需要。在婚姻关系存续期间，夫妻双方事先或事后虽未共同合意举债，但一方以个人名义的举债只要用于家庭日常生活需要的，就属于夫妻共同债务。如因家庭盖房、抚养子女等缺资，一方以个人名义向出借人所借借款，应当由夫妻双方共同偿还。

根据《民法典》第 1064 条第 2 款的规定，夫妻一方在婚姻关系存续期间以个人名义超出家庭日常生活需要所负的债务，除债权人能够证明该债务用于夫妻共同生活、共同生产经营或者基于夫妻双方共同意思表示外，不属于夫妻共同债务，而属于举债方的个人债务。如一方瞒着配偶，奢侈摆酒宴请客所欠酒店的钱与家庭生活无关，不应为夫妻共同债务，而应由举债方个人清偿。

（3）共同生产经营。随着市场经济的不断发展，夫妻双方或一方创办企业和投资股市、地产等生产经营活动越来越多，如夫妻一起从事个体工商户经营、创办独资企业等，都属于共同生产经营，夫妻共同生产经营所负的债务当属共同债务。夫妻一方从事生产经营活动的收益用于家庭日常生活需要，同时又负债的，该债务也属夫妻共同债务或者家庭共同债务。《民法典》第56条第1款规定："个体工商户的债务，个人经营的，以个人财产承担；家庭经营的，以家庭财产承担；无法区分的，以家庭财产承担。"《个人独资企业法》第18条规定："个人独资企业投资人在申请企业设立登记时明确以其家庭共有财产作为个人出资的，应当依法以家庭共有财产对企业债务承担无限责任。"但是，在没有夫妻共同合意的情况下，一方投资生产经营，且所负债务与家庭日常生活需要无关的，则属投资方个人债务。

（二）认定夫妻共同债务需要注意的几个问题

根据《最高院民法典婚姻家庭编解释（一）》第34条、第35条和第36条的规定，在个人破产程序中认定夫妻共同债务需要注意以下几个问题：

（1）夫妻一方与第三人串通，虚构债务或者在从事赌博、吸毒等违法犯罪活动中所负债务，第三人认为该债务为夫妻共同债务的主张不能成立。

（2）夫妻离婚协议或者法院生效判决、裁定、调解书已经对夫妻财产分割问题作出处理的，债权人在个人破产程序中就其离婚前所负的夫妻共同债务仍有权向男女双方主张权利，一方就夫妻共同债务承担清偿责任后，有权要求另一方按照离婚协议或者法院的法律文书承担相应债务。

（3）夫妻一方作为债务人死亡的，生存一方在个人破产程序中应当对婚姻关系存续期间的夫妻共同债务承担清偿责任。

第三节　个人债务人的豁免财产

这里的豁免财产又称自由财产，是指为保障债务人个人及其家庭成员所必需的基本生活而给予保留免除破产处置的财产。个人豁免财产为法定的不可破财产。

一、个人破产必须设置豁免财产制度

我国公民生存权是宪法赋予每个公民的基本权利，公民生存权应当优于债权先行得到保护。《民事诉讼法》根据宪法保护公民生存权的精神，在第243条中规定，被执行人未按执行通知履行法律文书确定的义务，法院有权扣留、提取被执行人应当履行义务部分的收入，但应当保留被执行人及其所扶养家属的生活必需费用；在第244条中规定，被执行人未按执行通知履行法律文书确定的义务，法院有权查封、扣押、冻结、拍卖、变卖被执行人应当履行义务部分的财产，但应当保留被执行人及其所扶养家属的生活必需品。这两条规定中的“保留被执行人及其所扶养家属的生活必需费用”和“保留被执行人及其所扶养家属的生活必需品”是个人豁免财产的规定。个人破产在立法时应当参照《民事诉讼法》的上述规定设置豁免财产制度，对债务人个人及其所扶养家属的生存权作出有力的保障。

二、豁免财产的范围

豁免财产的范围应以债务人个人及其所扶养家属的基本生活为基准予以保留，在通常情况下应当不低于当地最低生活保障的标准。我国地广人众，各地经济发展不一，人均可支配收入不同，家庭基本生活标准差异较大，因此，难以用统一的基本生活标准来确定豁免财产的范围，具体范围应由各地根据实际情况确定。

从个案来看，个人债务人出现“资不抵债”情形，肯定需要为其保留一定的财产使之能够生存，至于是否为其家庭成员保留基本生活的财产，则应视其家庭成员是否需要个人债务人赡养、抚养等情况而定。

参照《深圳个人破产条例》第36条的规定，债务人豁免财产的范围如下：

（1）债务人及其所扶养人（包括个人债务人依法承担扶养义务的未成年人和丧失劳动能力且无其他生活来源的成年近亲属）生活、学习、医疗的必需品和合理费用；

（2）因债务人职业发展需要必须保留的物品和合理费用；

（3）对债务人有特殊纪念意义的物品；

（4）没有现金价值的人身保险；

（5）勋章或者其他表彰荣誉的物品；

（6）专属于债务人的人身损害赔偿金、社会保险金以及最低生活保障金；

（7）根据法律规定或者基于公序良俗不应当用于清偿债务的其他财产。

但上述规定的财产，价值较大、不用于清偿债务明显违反公平原则的，不认定为豁免财产。

《深圳个人破产条例》第36条第3款还规定，除本条第1款第5项“勋章或者其他表彰荣誉的物品”和第6项“专属于债务人的人身损害赔偿金、社会保险金以及最低生活保障金”外，豁免财产累计总价值不得超过20万元。

深圳经济特区是我国经济最为发达的地区之一，故《深圳个人破产条例》规定给个人债务人保留总价值20万元的基本生活财产与当地经济、生活水平基本相当，但在经济欠发达地区，若也给个人债务人保留总价值20万元的基本生活财产就会过高，故各地应当从各自的实际情况出发，决定豁免财产的种类范围和价值范围。

三、豁免财产的操作流程

豁免财产虽是法定保留的不可破财产，但豁免财产需经过一定的操作流程才能确定。下文参照《深圳个人破产条例》有关规定，分析豁免财产的操作流程问题：

一是个人债务人提出破产申请时，就应向法院提交其依法承担扶养义务的未成年人和丧失劳动能力且无其他生活来源的成年近亲属的基本情况等有关材料，以便法院和管理人审查和核实。

二是个人债务人应当在法院受理个人破产裁定书送达后的规定期限内（《深圳个人破产条例》第37条规定为自法院受理裁定书送达之日起15日内）向管理人提交豁免财产清单，并列明财产对应的价值或者金额。

三是管理人接到个人债务人提交的豁免财产清单后，应在规定期限内

（《深圳个人破产条例》第38条规定为在债务人提交财产申报和豁免财产清单之日起30日内）对豁免财产清单进行审核，并在制作的个人债务人财产报告中对豁免财产清单提出意见。

四是管理人将其核定的豁免财产清单随同有关方案提交债权人会议表决，并就豁免财产范围作出说明。

五是债权人会议表决通过的豁免财产清单，由管理人报请法院批准。

六是给个人债务人保留财产必然减少债权人受偿财产，由于这种利益冲突，债权人会议未表决通过豁免财产清单的，因豁免财产具有法定性，由不得债权人来决定，故管理人有权申请法院作出裁定。法院经审查认为，管理人提交的豁免财产清单符合规定的，应当裁定予以确认。

法院批准豁免财产清单或者裁定确认豁免财产清单后，该豁免财产清单发生法律效力，豁免财产清单上的财产应为个人债务人保留，先前已为管理人接管的，管理人应当及时返还个人债务人。

第四节　个人债务人的债权追收

这里的债权追收，是指管理人追回个人债务人合法享有的债权的行为。不论是企业破产还是个人破产，管理人都负有追收债务人债权的职责。《企业破产法》第17条第1款规定："人民法院受理破产申请后，债务人的债务人或者财产持有人应当向管理人清偿债务或者交付财产。"《深圳个人破产条例》第25条第1款也规定："人民法院裁定受理破产申请后，对债务人负有债务的人或者债务人财产的持有人应当向管理人清偿债务或者交付财产。"次债务人如果按照上述规定主动向管理人清偿债务完毕的，也就不再存在管理人追收债权的问题；但有不少次债务人在个人债务人破产的情况下，想借机逃避债务或者拖延清偿债务，在此情况下，管理人就应向次债务人追收债权。

一、追收个人债务人债权的意义

在个人债务人破产的情况下，管理人尽职尽责追收其债权具有以下几个意义：

一是充实了个人债务人的财产。个人债务人享有的债权是其破产财产的组成部分，破产财产越多，对债权人受偿债权越有利。管理人加强对个人债务人的债权追收工作，将会充实相应的可分配财产，这对保护债权人的利益具有现实意义。

二是保障个人破产程序的顺利进行。管理人追收债权效果越好，个人破产程序进展就越加顺利；个人债务人的债权不能或者难以追收，个人破产程序的进展就会遇到障碍。为了提高个人破产效率，管理人应当竭尽所能追收个人债务人的债权。

三是有利于解决个人债务人恶意不收债权问题。有些个人债务人知道自己深陷债务不能挽救，在破产前对其亲戚朋友等享有的债权故意不催收，有的甚至采取不法手段"消灭"债权，企图私下为自己留下财产。只要管理人强化追收的手段和力度，就能使这些个人债务人难以达到不法目的，次债务人难以恶意逃避债务。

二、管理人追收个人债务人债权的基本条件

参照《深圳个人破产条例》第 25 条的规定，管理人对个人债务人的债权行使追收权，应当具备两个基本条件：一是个人债务人在法院裁定受理破产申请前与其债务人之间存在真实有效的债权债务关系；二是有足够证据证明个人债务人与其债务人之间具有实际交易且次债务人未向个人债务人清偿债务。同时管理人追收个人债务人的债权需要注意以下三点：

（1）个人债务人对其债务人享有的债权已经法院或者仲裁机构裁判的，除发现裁判文书确有错误外，管理人依法追收即可，无须另行寻求证据证明是否满足上述两个基本条件。

（2）次债务人没有清偿债务能力不是免债的法定事由，故管理人不得擅自予以免债，而应通过诉讼程序行使追收权；法院作出裁判后执行不能的，

个人债务人的这部分债权不可能作为破产财产进行分配。

（3）对次债务人未到期债权也应追收。在正常情况下，债权人只有在债权到期时才可以行使请求权。也就是说，债权到期是债权人行使请求权的前提条件。但《企业破产法》《深圳个人破产条例》都规定未到期的债权，在破产申请受理时视为到期。据此，无论是个人债务人作为债权人，还是他人作为个人债务人的债权人，在法院裁定受理个人破产申请时，未到期债权都被视为到期，所以，管理人追收个人债务人的债权，不需要再考虑是否以债权到期为前提条件的问题。

三、管理人追收个人债务人债权的操作要求

管理人追收个人债务人的债权，通常按照以下步骤进行：

（1）从个人债务人提供的财产申报以及债权凭证（如借据、借条）、买卖合同等资料中理出个人债务人享有的债权，并逐笔进行登记造册；

（2）收集每笔债权的相关证据材料，分析每笔债权的效力状态及其具体数额，并与个人债务人、次债务人校对清楚；

（3）确定具体债权数额和合理期限，向次债务人送达清偿债务通知书，限期次债务人清偿债务；

（4）次债务人对管理人要求其清偿债务持有异议而不清偿债务的，管理人应当代表个人债务人向法院提起追收债权诉讼，由法院作出裁判；

（5）次债务人拒不履行法院作出的生效裁判文书确定的清偿债务义务的，管理人应当代表个人债务人向法院申请强制执行，然后将执行所得的款项作为个人债务人的财产进行处置。

四、追收个人债务人债权的诉讼时效

《民法典》第188条第1款规定："向人民法院请求保护民事权利的诉讼时效期间为三年。法律另有规定的，依照其规定。"第2款规定："诉讼时效期间自权利人知道或者应当知道权利受到损害以及义务人之日起计算。法律另有规定的，依照其规定。但是，自权利受到损害之日起超过二十年的，人民法院不予保护，有特殊情况的，人民法院可以根据权利人的申请决定延

长。”这里的“三年”为一般诉讼时效期间。《最高院适用企业破产法规定（二）》第19条第1款规定：“债务人对外享有债权的诉讼时效，自人民法院受理破产申请之日起中断。”第2款规定：“债务人无正当理由未对其到期债权及时行使权利，导致其对外债权在破产申请受理前一年内超过诉讼时效期间的，人民法院受理破产申请之日起重新计算上述债权的诉讼时效期间。”

根据上述规定，管理人追收个人债务人债权的诉讼时效期间与普通债权一样，也适用“三年”期间，但参照上述司法解释的规定，在以下三个方面与普通债权不一样：

一是法院裁定受理个人破产申请属于追收债权的诉讼时效中断的事由，也就是说，法院一旦裁定受理个人破产申请，个人债务人享有的债权诉讼时效自该裁定受理之日起中断。

二是在法院裁定受理个人破产申请前一年内超过诉讼时效期间的，可以重新计算诉讼时效期间。个人债务人无正当理由未对到期债权行使请求权，具有放弃债权性质，这是有害债权人利益的不作为行为，因此，个人债务人在法院受理破产申请前一年内未向其债务人主张债权的，管理人仍应追收。

三是民事法律虽然规定债权人超过诉讼时效期间提起追债诉讼有可能导致丧失胜诉权，但在个人破产程序中不一定就此完全丧失胜诉权。有些次债务人在收到管理人清偿债务通知书后，通常会考虑赖账不成或者赖账所造成的不良声誉影响，有可能继续履行债务。因此，在超过诉讼时效期间后，管理人不可排除这些有利因素就轻易放弃个人债务人对次债务人的债权，而应采取如下合法方式继续追收：

（1）管理人代表个人债务人提起的追收债权诉讼，次债务人不提出诉讼时效抗辩的，个人债务人的债权仍受法律保护；

（2）管理人仍应向次债务人送达书面清偿债务通知书，次债务人同意清偿的，就可造成诉讼时效中断，管理人便有机会再提起诉讼而获得胜诉；

（3）管理人可以与次债务人协商，采取让利的方式促成和解，然后追回部分债权。

五、次债务人向个人债务人清偿债务的问题

法院裁定受理个人破产申请后，个人债务人的财产由管理人接管或者控制，故次债务人在接到管理人书面清偿债务通知书后，不得向其债权人（个人债务人）清偿债务，而应向管理人清偿债务，这是次债务人应当履行的法定义务。次债务人故意违反这一法定义务向个人债务人清偿债务的，《企业破产法》第 17 条第 2 款和《深圳个人破产条例》第 25 条第 2 款都规定，如果使债权人受到损失的，则不免除次债务人继续向管理人清偿债务的义务。

但依此追究次债务人责任有一个前提条件，即“使债权人受到损失”。次债务人虽然违反义务向个人债务人清偿债务，但个人债务人接受债务清偿后将受偿债权如数交付管理人的，即不存在债权人损失问题，故应视为次债务人已经向管理人清偿债务；但若个人债务人未将受偿权转交管理人，擅自挪用使管理人无法追回，就会造成债权人损失，在此情况下，次债务人仍应继续向管理人清偿债务。

第五节　个人债务人处分财产行为的撤销与财产追回

为维护债权人的利益，个人破产与企业破产一样，在法院裁定受理破产申请前一定期间内，债务人损害债权人利益而实施财产处分行为，管理人可以行使撤销权和财产追回权。

一、个人破产管理人撤销权与追回权的基本内容

这里的撤销权，是指管理人对债务人在法院裁定受理个人破产申请前的一定期间内实施的损害债权人利益的财产处分行为请求法院予以撤销并否认其效力的权力。这里的财产追回权，是指管理人依职责收回债务人在法院裁定受理个人破产申请前的一定期间内以损害债权人利益为目的而转移的财产的权力。管理人行使财产追回权通常以个人债务人实施可撤销行为和无效行为为前提条件，也就是说，管理人只有在个人债务人实施的某些财产处分行

为被依法撤销或者确认无效后，才可从实际受益人处追回个人债务人的财产。

债务人在进入破产程序前对外享有金钱债权的，管理人应当依法予以追收；债务人非法转移的财产，管理人应当依法予以追回。追回与追收的意义和作用基本相同，但两者的标的物、处分财产方法以及行权方式有所不同。追收的标的物是金钱债权，而追回的标的物是实物财产。

下文将根据《民法典》第538条至第542条的规定，并参照《深圳个人破产条例》第40条至第42条的规定，分析个人破产管理人行使撤销权和追回权的有关问题。

二、可撤销行为的构成条件

个人债务人因正常交易合法处分财产，不影响债权人利益的，管理人不可行使追回权，管理人追回个人债务人的财产主要是针对个人债务人为逃避债务而非法转移财产而言的。

（一）有害债权人利益

这里的有害债权人利益，主要是指个人债务人所为的处分财产行为减少了破产财产，导致债权人的受偿比例减少，直接或间接损害了债权人的利益。个人债务人在资不抵债的情况下实施某些合法的减少财产行为，如将设定抵押的财产交由抵押权人等价抵债，也是减少财产的行为，但这一行为是清偿抵押债务的合法行为，并不损害其他债权人的利益，故不属可撤销的财产处分行为。

（二）发生在规定的期间内

《企业破产法》规定的可撤销行为的发生期间有两种：一种是第31条规定的“人民法院受理破产申请前一年内”；另一种是第32条规定的“人民法院受理破产申请前六个月内”。

《深圳个人破产条例》的规定有所不同。该条例第40条规定，债务人在个人破产申请提出前2年内实施的某些财产处分行为为可撤销行为。第41条规定有两个期限：一是债务人在个人破产申请提出前六个月内实施个别清偿的行为为可撤销行为；二是债务人在个人破产申请提出前二年内向其亲属和利害关系人进行个别清偿的行为为可撤销行为。债务人实施某些财产处分行为发生在上述规定期间之前，即使有害债权人利益，也因当时难以预见破产以及时过境迁而不得撤销。

（三）存在实际获益人

管理人行使撤销权的主要目的是使债务人实施的某些财产处分行为归于无效，从而使债务人的财产恢复原状，这就必须有实际受益人。这里的实际受益人是因个人债务人实施财产处分行为而实际获得财产实物或者财产权益的个人或者单位。实际受益人是管理人行使撤销权和财产追回权时不可缺少的对方当事人，如管理人提起破产撤销权、财产追回权诉讼，必须有实际受益人为被告，否则无法形成诉讼。

三、可撤销处分财产的行为

可撤销处分财产行为是管理人行使撤销权的前提条件，但因可撤销处分财产行为在实践中表现形式较为复杂，故这里做专门分析。

《民法典》第538条规定："债务人以放弃其债权、放弃债权担保、无偿转让财产等方式无偿处分财产权益，或者恶意延长其到期债权的履行期限，影响债权人的债权实现的，债权人可以请求人民法院撤销债务人的行为。"《深圳个人破产条例》结合个人破产的特点，在第40条中也对可撤销处分财产的行为作出了规定。具体而言，在个人破产申请提出前二年内，涉及债务人财产的下列处分行为，管理人有权请求法院予以撤销：

（一）无偿处分财产或者财产权益

自然人个人对其享有所有权的财产享有处分权，既可以有偿处分，也可以无偿赠送，只要是其自愿而为，他人不得非法干涉。但自然人个人无偿转让财产或者财产权益，损害他人利益包括其债权人利益的，则属恶意行为。个人债务人在濒临破产的情况下，为了逃避债务，无偿转让财产或者财产权益，这种恶意行为肯定有害于债权人利益，故管理人应当行使撤销权使之无效。

（二）以明显不合理的条件进行交易

《民法典》第539条规定："债务人以明显不合理的低价转让财产、以明显不合理的高价受让他人财产或者为他人的债务提供担保，影响债权人的债权实现，债务人的相对人知道或者应当知道该情形的，债权人可以请求人民法院撤销债务人的行为。”《企业破产法》第31条规定，在法院受理破产申请前一年内，债务人“以明显不合理的价格进行交易的”，管理人有权请求法院予以撤销。《深圳个人破产条例》第40条也规定，在破产申请提出前二年内，个人债务人“以明显不合理的条件进行交易”的，管理人有权请求法院予以撤销。

这里的“明显不合理的价格”“明显不合理的条件”交易，主要是以“明显不合理的低价”出让财产与以“明显不合理的高价”受让财产。个人债务人故意逃避债务，有可能表现为以“明显不合理的低价”出让财产，也有可能表现为以“明显不合理的高价”受让财产，这两种交易行为，均有可能对债权人利益造成损害，受让人如果知道或者应当知道的（恶意），管理人就可请求法院予以撤销。

根据《最高院适用企业破产法规定（二）》第11条的规定，以明显不合理价格进行的交易行为被依法撤销后，买卖双方应当依法返还从对方获取的财产或者价款；对于债务人应返还受让人已支付价款所产生的债务，受让人可以请求作为共益债务清偿。

（三）为无财产担保的债务追加设立财产担保

《企业破产法》第31条和《深圳个人破产条例》第40条都规定，在法院裁定受理破产申请前的一段时间内，债务人不能对自己没有财产担保的债务提供财产担保。在可撤销的时间上，《企业破产法》第31条规定为“人民法院受理破产申请前一年内”，而《深圳个人破产条例》第40条规定为“破产申请提出前二年内”。在此规定时间前，个人债务人为自己无财产担保的债务追加设立财产担保的行为，不可撤销。

在个人破产程序中，管理人在处理“为无财产担保的债务追加设立财产担保”的问题时，需要注意以下几点：

（1）这里的“设立财产担保”是指抵押担保和质押担保，不包括保证担保和留置担保。保证担保是第三人为债务人的债务提供担保，债务人个人不可能为自己的债务提供保证担保。留置担保虽属物权担保，但留置担保是法定担保，在破产程序中不可撤销。因此，这里可撤销的只是抵押担保和质押担保的行为。

（2）这两种可撤销的物权担保，仅限于个人债务人以自己的财产为自己的债务设定抵押担保或者质押担保，不包括他人为个人债务人提供财产担保。

（3）“为无财产担保的债务追加设立财产担保”，是指无担保债务发生在先，而为之提供财产担保的行为在后，两者显然不同时进行。如果债务发生时就提供财产担保，即两者同时进行的，也不适用上述规定进行撤销。

管理人在审查时发现债务人在上述规定期间内有“为无财产担保的债务追加设立财产担保”行为的，应当请求法院予以撤销，使之失去优先受偿的效力。

（四）以自有房产为他人设立居住权

居住权，是指居住人为满足生活居住的需要，按照合同约定对他人的住宅享有占有、使用的权利。根据《民法典》第366条至第370条的规定，居住人只有与住宅的所有权人订立书面居住权合同，方可取得居住权，但居住权属于用益物权，即居住权人不享有所有权。居住人按约取得的住宅，只能用于生活居住，不得转让和继承，未经所有权人同意不得挪作他用。我国法律没有禁止有偿设立居住权，但一般表现为无偿居住，即居住权人无须向所有人支付对价。但若无偿居住，根据《民法典》第368条的规定，除当事人另有约定外，居住人应当向登记机构申请居住权登记，居住权自登记时设立；未登记的，不发生设定居住权的效力。居住权期限届满或者居住权人死亡的，居住权消灭，应当及时办理居住权注销登记。

个人债务人作为房屋的所有权人，该房屋往往是其大宗的可破财产。在濒临破产的情况下，个人债务人在其房屋上为他人设立无偿居住权，该行为性质与无偿处分财产类似，在破产程序中若不予以撤销，该房屋就难以作为可破财产处置，故《深圳个人破产条例》第40条规定，个人债务人在“破产申请提出前二年内”“以自有房产为他人设立居住权”的应当予以撤销。管理人以此为由行使撤销权的，在实践中需要注意以下两个问题：

一是需要考虑是否属于豁免财产。房屋所有权人为他人设置无偿居住权，绝大多数是善意行为，具有扶助、友善、帮助的性质。其中，也有不少所有权人为了依法履行赡养、抚养义务，或者照顾丧失劳动能力的近亲属，而给其设置了居住权。在这种情况下，管理人应当考虑是否撤销以及如何撤销“以自有房产为他人设立居住权”行为的问题。

二是居住合同与租赁合同。当事人虽然采取书面形式订立“居住权合同”，但如果双方约定有偿居住并约定居住期限，且未办理居住权登记手续的，其中“有偿”实际上是租金的，合同应当认定为房屋租赁。在此情况下，个人债务人进入破产程序后，管理人应当适用有关规定行使合同解除权，而不能适用上述规定行使撤销权。

（五）提前清偿未到期的债务

在正常的民事活动中，债务人可以提前清偿未到期债务，但在个人债务人濒临破产的情况下提前清偿未到期的债务，属于个别清偿，有损全体债权人的利益，故应予以撤销。管理人以此为由行使撤销权的，需要注意以下几个问题：

（1）在法院裁定受理个人破产申请前债务已经到期的。《企业破产法》第 31 条规定的“法院受理破产申请前一年内”和《深圳个人破产条例》第 40 条规定的“破产申请提出前二年内”，都有个时间段问题，在规定时间段内，个人债务人的债务已到期，个人债务人予以清偿的，不属“对未到期的债务提前清偿”的情形。就此，《最高院适用企业破产法规定（二）》第 12 条规定：“破产申请受理前一年内债务人提前清偿的未到期债务，在破产申请受理前已经到期，管理人请求撤销该清偿行为的，人民法院不予支持……”个人破产遇此情形，除“前一年内”与“前二年内”的区别外，可以参照上述司法解释的规定处理法院裁定受理个人破产申请前债务已经到期的清偿问题。

（2）个人债务人已经出现破产原因的。《最高院适用企业破产法规定（二）》第 12 条还规定“但是，该清偿行为发生在破产申请受理前六个月内且债务人有企业破产法第二条第一款规定情形的除外。”也就是说，提前清偿未到期债务的行为发生在法院裁定受理破产申请前 6 个月内，债务人已经不能清偿到期债务，且资产不足以清偿全部债务或者明显缺乏清偿能力的，管理人仍应行使破产撤销权。

（六）豁免债务或者恶意延长到期债权的履行期限

这里的豁免债务不是个人债务人经破产后不能清偿债务的免除，而是指个人债务人全部免除或者部分减免其债务人的债务，即放弃全部或者部分债权。这里的“恶意延长到期债权的履行期限”，是指个人债务人对其债务人的债权本已到期，但为了逃避自己的债务，而故意延长到期债权的履行期限。个人债务人在濒临破产的情况下实施这两种行为，并且带到个人破产程序中有损全体债权人利益的，管理人也可行使撤销权。

（七）为亲属和利害关系人以外的第三人提供担保

这种担保与“为无财产担保的债务追加设立财产担保”不同，是个人债务人为他人的债务提供自己的财产担保或者提供保证担保。这种担保若进入个人破产程序，其结果会牵涉个人债务人因承担担保责任而使可破财产减少，进而对全体债权人的利益造成损害，故其也属可撤销行为。

四、管理人行使撤销权的操作程序

《企业破产法》《深圳个人破产条例》均未规定管理人行使撤销权的操作程序，就此，管理人在个人破产程序中行使撤销权，应当按照《民法典》的有关程序规定进行操作。

个人债务人实施上述可撤销行为，管理人可以先向实际受益人主张撤销，实际受益人同意撤销并自愿配合处理相关财产的，管理人无须通过诉讼程序行使撤销权。实际受益人不同意撤销的，管理人应向法院提起破产撤销权诉讼，由法院依法作出裁判。

（一）管理人行使撤销权的诉讼时效

《民法典》第541条规定：“撤销权自债权人知道或者应当知道撤销事由之日起一年内行使。自债务人的行为发生之日起五年内没有行使撤销权的，该撤销权消灭。”管理人行使个人破产撤销权的诉讼时效应当适用这条规定。据此，管理人行使撤销权的诉讼时效期间有两种情况：一是自管理人知道或者应当知道撤销事由之日起一年；二是管理人不知道或者不应知道撤销事由的，自债务人的行为发生之日起五年。管理人在上述期间内没有行使撤销权的，撤销权消灭。

管理人接管或者控制个人债务人财产后，经过资产核查、财务审核、债权申报、债务调查等一系列工作，仍不知道或不应知道可撤销行为的很少见，即使存在“不应知道”的事由，在一般情况下也可以视为“应当知道”，故难以适用五年的诉讼时效期间，而应适用一年的诉讼时效期间。

（二）管理人提起破产撤销权诉讼和法院判决

管理人提起破产撤销权诉讼，法院将视管理人提出的不同诉讼请求作出判决：

（1）受益人已经实际收益的，管理人应当在请求判决撤销个人债务人的财产处分行为的同时请求判决实际受益人返还财产。法院经审理认定管理人起诉中提出的撤销事由成立的，应当判决撤销涉案的财产处分行为，并判决实际受益人向管理人返还财产；不能返还财产的，判决赔偿损失。在这种判决的情况下，实际受益人拒不履行生效裁判返还财产的，管理人可以向法院申请强制执行取回相关财产。

（2）受益人未实际收益的，因不存在返还财产，管理人只需请求撤销个人债务人的财产处分行为即可。法院判决撤销上述行为后，受益人不可能再得到实际收益。如个人债务人“为无财产担保的债务追加设立财产担保”的行为，一旦被法院判决撤销，担保权人就失去优先受偿权。

五、无效处分财产行为及财产追回

（一）无效处分财产行为

参照《企业破产法》第 33 条和《深圳个人破产条例》第 42 条的规定，涉及债务人财产的下列行为无效：

1. 关于“为逃避债务而隐匿、转移、不当处分财产和财产权益”

在这种违法行为中，隐匿和转移是手段，逃避债务是目的。个人债务人在进入破产程序前，财产掌控在自己手中，隐匿、转移财产是很容易做到的事情，在实践中也屡见不鲜，如将房产所有权、投资企业的股权转移登记到其配偶、子女、近亲属名下，将生产设备搬离生产场所隐藏起来，在法院启动破产程序后拒绝向管理人移交财产清单、实物或者提供虚假财产清单，企图隐瞒财产，等等。

2. 关于“虚构债务或者承认不真实的债务”

虚构债务，是通过虚假手段使实际上不存在的债务成为账目债务。承认不真实的债务，是所谓的债权人提出原本不存在的债权而所谓的债务人予以认可的债务。承认不真实的债务实际上也虚构债务，只是表现形式不同而已。在实践中，个人债务人虚构债务或者承认不真实债务的主要手段是，与他人串通订立虚假的购销合同、借款合同等，然后将资金转移出去，背后又从所谓的债权人处取回，结果损害真正债权人的利益。

（二）管理人提起确认无效诉讼

个人债务人实施上述行为，管理人应以财产占有人或非法受益人为被告向法院提起诉讼，请求法院确认上述行为无效并判决实际占有人返还财产。

《企业破产法》《深圳个人破产条例》对上述两种无效行为没有规定发生时间，这就是说，无论行为发生在破产前还是发生在破产程序中，管理人都有权提起确认无效诉讼，不存在因诉讼时效的经过或者无效原因的消灭而为有效的情形，只要管理人提起诉讼，法院就应确认上述行为自始无效。

《最高院适用企业破产法规定（二）》第17条规定：“管理人依据企业破产法第三十三条的规定提起诉讼，主张被隐匿、转移财产的实际占有人返还债务人财产，或者主张债务人虚构债务或者承认不真实债务的行为无效并返还债务人财产的，人民法院应予支持。”参照此规定，管理人对个人债务人实施的上述行为提起诉讼，在请求法院宣告行为无效时，认为实际占有人应当返还财产的，应当同时请求法院判令实际占有人向自己返还财产。法院在判决行为无效的同时判决返还财产，实际占有人拒不返还的，管理人应当申请法院强制执行。这个过程就是行使追回权的过程。但个人债务人只是“虚构债务或者承认不真实债务”，实际并未发生财产转移的，便不存在返还财产和追回财产的问题。

第六节　债权人对特定财产担保权的别除

这里的别除，是指债权人（担保权人，下同）在个人破产程序中对个人债务人提供的特定担保财产排除其他债权人侵害而单独享有优先受偿的权利。在法院裁定受理个人破产前，债务人提供自己的特定财产担保，后该个人债务人进入破产程序，该担保物权未涤除或者主债权未得以清偿的，债权人对其享有的担保物权享有别除权。破产法为债权人的担保物权设置别除权，是对担保物权的加强，用以对抗其他债权人包括管理人对债权人担保债权的侵害。

一、别除权的特点

个人债务人为自己的债务提供自己的财产与债权人设定担保后，该债权人对担保财产享有优先受偿的权利。该个人债务人进入破产程序后，个人破产程序不仅肯定债权人就此享有的优先受偿权，而且赋予债权人别除权，加强对其优先受偿权的保护。《深圳个人破产条例》第 28 条第 1 款规定："对债务人的特定财产享有担保权的权利人，可以随时向管理人主张就该特定财产变价处置，行使优先受偿权。"

债权人在个人破产程序中行使别除权的意义在于，在自己优先受偿的范围内排除其他债权人参与特定担保财产的分配，从而实现担保债权。债权人的别除权与破产程序中的其他权利比较，其主要特征是债权人"可以随时向管理人主张就该特定财产变价处置"，单独在担保债权范围内优先受偿。在个人破产程序中，债权人别除权有以下三个特点：

（一）基于特定财产担保产生别除权

这个特点包含以下三个内容：

（1）这里的特定财产担保，是指个人债务人提供的抵押担保、质押担保和留置担保，而不包括保证担保和定金担保。在法院裁定受理个人破产申请前，个人债务人与债权人如果没有设立特定财产担保，或者只是成立保证担保和定金担保，就谈不上后来的别除权了。

（2）债权人别除权的标的物只能是"特定财产"，即基于物权担保所设定的已经特定化的抵押物、质押物和留置物。这里必须说明一下，特定财产不应包括浮动抵押财产。《民法典》第 396 条规定："企业、个体工商户、农业生产经营者可以将现有的以及将有的生产设备、原材料、半成品、产品抵押，债务人不履行到期债务或者发生当事人约定的实现抵押权的情形，债权人有权就抵押财产确定时的动产优先受偿。”由此可见，浮动抵押的标的物是流动资产而不是“特定财产”，故担保权人对浮动抵押财产即使享有优先受偿权，也不能行使别除权。

（3）在法院裁定受理个人破产申请前，只有债权人与个人债务人通过订立财产担保合同并经登记或交付或占有使担保权已经依法设立的，债权人在破产程序中才可行使别除权。

（二）基于特定财产担保权行使别除权

债权人行使别除权须有根据，这个根据就是已经依法成立的主债权和依法设立的特定财产担保权。例如，个人债务人向银行贷款，银行与其订立了借款合同，同时，该个人债务人为了取得贷款向银行提供自己的房屋作抵押担保，并办理了抵押登记；在银行向其发放贷款后，该个人债务人未予偿还就进入破产程序，银行对该个人债务人主张债权并可行使别除权，在借款人未清偿债务的情况下，银行可以随时要求管理人处置特定担保财产，以价款优先受偿。个人债务人与银行订立借款合同，如果只有第三人提供保证担保，在法院裁定受理个人破产申请前一年内或者二年内，借款人为上述贷款补充提供房屋抵押的，属于“对没有财产担保的债务提供财产担保的”可撤销行为，对此，应由管理人行使撤销权，而债权人无根据行使别除权。

（三）不依赖破产程序即可独立行使别除权

已经依法设定担保的特定财产，虽仍为个人债务人的财产，但已经不属于破产财产。别除权的标的物虽为债务人的财产，且为管理人接管，但为了实现优先受偿权，需要将别除权标的物与破产财产区分开来，使别除权人能够不受破产程序的影响而顺利行使权利。参照最高人民法院《关于审理企业破产案件若干问题的规定》第 71 条的规定，除担保权人放弃优先受偿权，或者优先偿付被担保债权剩余的部分外，抵押物、留置物、出质物不作为破产财产。正是由于特定担保财产是债务人财产，且又不属于破产财产，所以才有条件构成债权人的别除权。

二、行使别除权的范围

债权人行使个人破产别除权的范围有两种情况：一是担保物种类范围，即上文已经说明的特定的抵押物、留置物、出质物；二是法定或者约定的具体优先受偿范围。

当事人约定优先受偿范围是物权担保合同依法约定的责任范围。《民法典》第 389 条规定："担保物权的担保范围包括主债权及其利息、违约金、损害赔偿金、保管担保财产和实现担保物权的费用。当事人另有约定的，按照其约定。"财产担保的优先受偿范围即担保物权的担保范围，有法定与约定两种情况：一是当事人在担保合同中有明确约定的，依其约定确定优先受偿范围；二是没有约定或者约定不明确，依照上述规定确定优先受偿范围。例如，债权人与个人债务人约定的担保责任范围仅为主债权及其利息，而未约定违约金、损害赔偿金、保管担保财产和实现担保物权的费用的，债权人行使别除权的范围仅限于主债权及其利息，而不得对未约定的违约金、损害赔偿金、保管担保财产和实现担保物权的费用行使别除权。财产担保合同如果未约定担保责任范围，或约定担保责任范围不明确的，债权人可以按照上述《民法典》规定的范围行使别除权。债权人对法律规定不属于破产债权范围的具体债权不能行使别除权，如《企业破产法》规定的"附利息的债权自破产申请受理时起停止计息"，又如最高人民法院《关于适用〈中华人民共和国企业破产法〉若干问题的规定（三）》（以下简称《最高院适用企业破产法规定（三）》）第 3 条规定："破产申请受理后，债务人欠缴款项产生的滞纳金，包括债务人未履行生效法律文书应当加倍支付的迟延利息和劳动保险金的滞纳金，债权人作为破产债权申报的，人民法院不予确认。"这些规定中的非破产债权，即使已经担保合同约定为担保责任范围，但在破产程序中不仅不得优先受偿，而且还不能作为普通债权受偿，债权人对此不可行使别除权。

三、重整期间暂停行使别除权

《企业破产法》第 75 条第 1 款规定："在重整期间，对债务人的特定财产享有的担保权暂停行使。但是，担保物有损坏或者价值明显减少的可能，足以危害担保权人权利的，担保权人可以向人民法院请求恢复行使担保权。”《深圳个人破产条例》参照上述规定，在第 110 条第 1 款作出基本相同的规定：“在重整期间，对债务人特定财产享有担保权，且该财产为重整所必需的，该担保权暂停行使。但是，担保物有损坏或者价值明显减少的可能，足以损害担保权人权利的，担保权人可以向人民法院请求恢复行使担保权，也可以要求债务人另外提供担保”。两者比较，《深圳个人破产条例》在上述规定中只是强调当该财产为重整所必需时，方可暂停债权人行使担保权，当个人破产的重整计划无须暂停债权人行使担保权时，债权人仍可随时向管理人主张变价处置特定担保财产，使之得以优先受偿。

四、债权人行使别除权的程序

根据“可以随时向管理人主张就该特定财产变价处置”之规定，债权人行使别除权应当向管理人提出，至于是否同意将特定担保财产单独变价处置，应由管理人依法决定。

（一）债权人向管理人申报主债权和担保债权

债权人虽可不依赖破产程序行使别除权，但因别除标的物即特定担保财产仍为个人债务人的财产，并由管理人管控，故债权人应先向管理人申报主债权和担保债权，并说明主债权数额和财产担保情况，且应提交有关主债权依法成立和财产担保依法设立的证明材料。

（二）管理人审查主债权和担保债权

管理人接到债权人申报材料后，应对申报的主债权和担保债权同时进行审查。经审查，认为主债权合法存在、财产担保依法设立的，应当予以确认，并支持债权人行使担保权；经审查，认为主债权不存在或者财产担保未依法设立的，则不许债权人行使担保权。

（三）债权人提起债权确认诉讼

管理人对债权人申报的主债权或担保债权不予确认，或者债权人对管理人认定的主债权或担保债权有异议的，债权人可以向法院提起债权确认之诉，由法院作出裁判。法院判决确认主债权和担保债权的，债权人方可行使担保权。

五、债权人行使别除权需要注意的几个问题

（一）对未到期的主债权和担保债权可否提前行使别除权

《企业破产法》《深圳个人破产条例》都规定，自法院裁定受理破产申请之日起，未到期的债权视为到期债权。据此，债权人在申报未到期主债权时也可以同时向管理人申报担保债权，且可以主张别除权。债权人如果认为主债权未到期，担保责任尚未开始承担，于是在申报主债权时未申报担保债权，也不提及别除权的，则对其不利。

（二）担保财产不足清偿担保债权的剩余债权的处置

别除权的标的物具有特定性，别除权只能对特定的担保财产行使，且以担保债权和担保财产价值为限。因此，在个人债务人提供自己的财产担保的情况下，债权人行使别除权对抵押物或质押物或留置物的价款优先受偿后，如有余额债权的，该部分债权不再享有优先受偿权，但应作为普通债权参加破产分配；担保财产的价款清偿担保债务有多余的，多余部分应为个人债务人的财产另作分配。

（三）放弃优先受偿权的别除权

债权人明确表示对特定担保财产放弃担保权或者优先受偿权，根据法律规定担保权已经消灭或者丧失优先受偿权的，债务人不再承担担保责任，或者免除担保责任，在此情况下，债权人不得再行使担保权，更不得再主张别除权。

第七节　个人债务人财产担保权的涤除

财产担保权的涤除与别除虽然只有一字之别，但意义大不相同。涤除是消灭财产担保权，而别除是更有效地保护财产担保权。财产担保权的涤除可分为一般涤除与破产涤除。一般涤除是指《民法典》物权担保中的财产担保权的清除，破产涤除是指破产法规定的财产担保权的清除，破产涤除是在一般涤除的基础上根据破产特点而规定的。

一、破产涤除与一般涤除的区别

（一）一般涤除

《民法典》第406条及其有关规定中的涤除属于财产担保权的一般涤除。一般涤除主要有以下三种：

第一种是在第三人为债务人提供财产担保的情况下，在主债务履行期限届满前，担保人因另行使用担保财产或者其他原因而消灭担保权。

第二种是在主债务履行期限届满前，担保人代替债务人清偿相关债务从而消灭财产担保权，不至于担保财产所有权因债务到期后债权人行使担保权而丧失。

第三种是债务人在主债务履行期限届满前，因转让抵押财产，将转让所得的价款向债权人提前清偿债务或者提存，从而提前消灭对方的财产担保权，使担保财产的转让得以顺利进行。

（二）破产涤除与一般涤除的区别

破产涤除与一般涤除比较，有以下几点不同之处：

一是破产涤除只能在法院裁定受理破产申请后实施，此前涤除财产担保权的，只能适用《民法典》的上述规定，而不能适用破产法的有关规定。

二是在破产程序中由于债务人的财产由管理人接管或者控制，债务人不能亲自实施涤除行为，故由管理人代表其行使涤除权，而一般涤除由财产担保人自己行使。

三是在一般涤除中，无论是债务人作为担保人还是第三人作为担保人都可以涤除财产担保，而在破产程序中，管理人只能涤除债务人的财产担保，而不能代表非破产的第三人对为债务人提供的财产担保行使涤除权，至于第三人是否涤除财产担保，则由其自行决定。

四是涤除方式有所不同。根据《民法典》第406条第2款的规定，一般涤除方式是将转让担保财产所得的价款向担保权人提前清偿债务或者提存。根据《企业破产法》第37条第1款和《深圳个人破产条例》第44条第1款的规定，破产涤除方式是清偿债务或者提供担保。因法院裁定受理破产申请后，未到期债权视为到期，管理人应当直接清除担保权，故除担保纠纷未解决外，一般不适用提存方式。

二、涤除财产担保权的适用范围

《企业破产法》第 37 条第 1 款规定："人民法院受理破产申请后，管理人可以通过清偿债务或者提供为债权人接受的担保，取回质物、留置物。"《深圳个人破产条例》第 44 条第 1 款规定："人民法院裁定受理破产申请后，管理人可以通过清偿债务或者约定提供担保，取回质物、留置物。"前者是企业债务人涤除财产担保权的规定，后者是个人债务人涤除财产担保权的规定。

我们知道，财产担保即物权担保，有抵押、质押和留置三种方式，但《企业破产法》《深圳个人破产条例》规定可涤除的财产担保限于质押和留置两种担保方式，而没有规定涤除抵押担保权，那么，抵押担保权在企业破产和个人破产的程序中可否涤除？

《民法典》第 406 条第 1 款规定，"抵押期间，抵押人可以转让抵押财产"。其第 2 款规定，"抵押权人能够证明抵押财产转让可能损害抵押权的，可以请求抵押人将转让所得的价款向抵押权人提前清偿债务或者提存"。《民法典》这条规定与原《物权法》第 191 条第 1 款"抵押人经抵押权人同意"方可转让抵押财产是不同的。也就是说，未经抵押权人同意，抵押人也可以转让抵押财产，但为了保护抵押权，抵押权人可以请求抵押人将转让所得的价款向其提前清偿债务或者提存。这条规定实际上也是涤除抵押担保权的规定。

《企业破产法》《深圳个人破产条例》之所以没有规定涤除抵押担保权的问题，是因为抵押财产在破产程序中可以独立处置，抵押债权不一定依赖破产程序来实现，破产程序也不得损害抵押权人依法享有的抵押债权。所以，《企业破产法》《深圳个人破产条例》无须另行规定抵押权的涤除问题。但是，这并不是说在破产程序中不可采取涤除方式消灭抵押担保权。管理人因破产工作的需要，可以根据《民法典》的上述规定和破产法的规定决定依法转让抵押财产，然后将所得价款优先向抵押权人清偿债务，或者与抵押权人约定另行提供担保，从而涤除抵押担保权。所以，笔者认为，在破产程序中，财产担保权的涤除范围应当包括抵押担保。

三、管理人行使涤除权

在质押担保和留置担保中，债权人虽然占有和控制担保物，担保人对担保物的处分权受到限制，但这并不改变担保人对担保物享有所有权。所以，在破产程序中，管理人和债权人会议认为，取回担保财产作为破产财产处置对实现债权是有利的，因此可以采取清偿担保债务或者替代担保的方法，解除担保，取回质物、留置物。

个人破产管理人采取上述方式涤除财产担保权需要注意以下几点：

（1）另行提供担保只能协商而不能强制，因而必须取得债权人的同意；债权人不接受，债务人或担保人又未清偿债务的，管理人无法采取另行提供担保的方式消灭财产担保权。

（2）根据《企业破产法》第37条第2款的规定，债务清偿或者替代担保，在质物或者留置物的价值低于被担保的债权额时，以该质物或者留置物当时的市场价值为限。理由是，管理人为了收回质物或者留置物所付出的代价不应当高于质物或者留置物的价值，如果给予质权人或者留置权人额外的利益，则会损害其他债权人的利益；当质物、留置物的价值低于被担保的债权额时，以质物或者留置物当时的市场价值为限，对双方当事人的利益都不会造成损害。

（3）管理人采取清偿债务或者替代担保等方式取回质物、留置物，或者与质权人、留置权人协议以质物、留置物折价清偿债务，因与债权人利益有着直接关系，有的甚至会对债权人利益产生重大影响，所以，《企业破产法》规定，管理人事先应当报告债权人委员会；未设立债权人委员会的，向法院报告。债权人委员会和法院不同意的，管理人不得行使涤除权。

四、破产涤除的法律效应

管理人涤除财产担保权的目的是取回债务人的担保财产，用于破产债权债务的清偿。在个人破产程序中，财产担保权一旦涤除就告消灭，原担保权人应当向管理人返还担保财产，管理人应当取回担保财产。财产担保权已经涤除或者担保债权已经全部实现的，原担保权人应当办理解除担保登记手续，以便管理人处置该债务人的财产。

第八节　财产权利人的财产取回

这里的财产取回，是指财产权利人在法院裁定受理个人破产申请后向管理人取回其为个人债务人占有的财产，而非担保财产。个人债务人占有他人财产，因其对占有的财产并不享有所有权，故该被占有财产不属于其个人财产，更不是其破产财产，当财产权利人行使取回权时，管理人或者个人债务人应当向财产权利人返还财产。

一、财产权利人行使取回权的基本条件

《企业破产法》《深圳个人破产条例》都有财产权利人取回财产的相关规定。《企业破产法》第 38 条规定："人民法院受理破产申请后，债务人占有的不属于债务人的财产，该财产的权利人可以通过管理人取回。但是，本法另有规定的除外。"《深圳个人破产条例》第 45 条参照《企业破产法》的上述条文也规定："除本条例第一百一十一条规定的情形外，人民法院裁定受理破产申请后，债务人占有的财产属于他人的，该财产的权利人可以向管理人取回。"

财产权利人财产取回，源于民法上的财产返还，与别除权有类似之处，都应在处理有关债权债务后恢复完整的财产所有权，但参照《企业破产法》及其司法解释和《深圳个人破产条例》的有关规定，笔者认为，财产权利人在个人破产程序中行使取回权应当同时具备以下三个基本条件：

（一）对债务人占有的财产必须享有所有权

财产所有权是权利人取回财产的基础权利，对个人债务人占有的财产不享有所有权的人在个人破产程序中无权向管理人要求取回个人债务人占有的财产。如果个人债务人对占有的财产不享有所有权，该财产也就不属其破产财产，故应由财产权利人取回或者向财产权利人返还。

参照《最高院适用企业破产法规定（二）》第2条的规定，个人债务人占有的下列财产，不应认定为个人债务人财产，财产权利人在破产程序中有权取回，管理人和个人债务人亦应返还：

（1）债务人基于仓储、保管、承揽、代销、借用、寄存、租赁等合同或者其他法律关系占有、使用的他人财产；

（2）债务人在所有权保留买卖中尚未取得所有权的财产；

（3）所有权专属于国家且不得转让的财产；

（4）其他依照法律、行政法规不属于债务人的财产。

例如，张三将农副产品的加工设备出租给李四，李四经张三同意转租给王五，王五破产并不影响张三对该设备享有的所有权，因此该设备不是王五的财产。李四虽然是第一手承租人，但不是该设备的所有人，故无权主张取回该设备，只有张三才是有权取回该设备的权利人。王五或者管理人如果将该设备交付给李四取走，则此行为对张三无效，李四应当将该设备返还给张三。

（二）债务人占有的财产必须现实存在

财产权利人行使取回权的前提条件是，个人债务人占有的财产在破产程序中应当现实存在，如果已经毁损、灭失或者被违法转让，个人债务人不能返还的，财产权利人只能行使追及权取回财产，或者行使损害赔偿请求权挽回损失。

（三）债务人占有的财产必须能与破产财产区分

财产权利人行使取回权的标的物具有特定性和独立性，不能与债务人的破产财产相混同或添附。若个人债务人将占有的财产与破产财产已经混同或添附，两者不能区分开来，个人债务人和管理人则无法返还占有财产，财产取回权也就失去了返还原物的基础。例如，个人债务人将他人委托保管的水泥用于建房，该个人债务人进入破产程序后，财产权利人不可能取回原物水泥，故只能行使损害赔偿请求权。

二、个人破产重整中的财产取回问题

《企业破产法》《深圳个人破产条例》虽然都规定财产权利人可以行使取

回权，且财产权利人无须通过破产程序就可以直接取回财产，但两者在个人破产重整程序中却另有规定。如《最高院适用企业破产法规定（二）》第40条规定："债务人重整期间，权利人要求取回债务人合法占有的权利人的财产，不符合双方事先约定条件的，人民法院不予支持。但是，因管理人或者自行管理的债务人违反约定，可能导致取回物被转让、毁损、灭失或者价值明显减少的除外。"《深圳个人破产条例》第111条也规定："债务人合法占有他人财产，该财产的权利人在重整期间要求取回的，应当符合事先约定的条件。"例如，个人债务人因加工农副产品租用财产权利人的设备，双方约定租用期限为3年，每年租金为2万元。在租用期限未满时，个人债务人因破产进行重整，此时财产权利人要求提前取回出租的设备。就此，管理人认为，若个人债务人在破产重整期间仍需使用该设备，可以以财产权利人提前行使取回权不符合约定期限为由拒绝返还，但应继续按约支付租金；若个人债务人在破产重整期间不再使用该设备的，可以提前返还，从而满足财产权利人取回设备的要求，但应按约结算租金。约定租用期限已经届满的，个人债务人应当按约返还设备。

这里的"符合事先约定的条件"只适用于重整程序，而不适用于个人破产清算。在个人破产清算程序中，无论是否"符合事先约定的条件"，财产权利人都有权取回财产，个人债务人和管理人都无权对抗。在个人破产和解程序中，财产权利人要求取回财产的，个人债务人、债权人以及管理人都无权拒绝，而应返还。

三、财产权利人行使取回权的程序要求

（一）向债务人或者管理人提出取回财产要求

财产权利人对自己的财产享有处分权，故是否取回被个人债务人占有的财产由其自行决定。如果决定取回占有财产，在债务人财产仍由个人债务人自行管理的情况下，财产权利人应当直接要求个人债务人返还，债务人财产已被管理人接管的，财产权利人应当要求管理人返还。

（二）在破产财产分配前行使取回权

参照《最高院适用企业破产法规定（二）》第26条的规定，财产权利人

对个人债务人占有的财产行使取回权，应当在破产财产变价方案或者和解协议、重整计划草案提交债权人会议表决前向管理人提出。但上述期间仅为行使取回权的合理期限，故上述期限过后，并不导致财产权利人丧失财产所有权，财产权利人仍可行使取回权，但应当承担延迟行使取回权增加的相关费用。

财产权利人在上述合理期限内未行使取回权，致使个人债务人占有的财产被纳入破产财产变价方案或者和解协议、重整计划草案，然后被作为破产财产分配完毕的，可视为权利人放弃取回权，此后，财产权利人不得再行使取回权。但为保护权利人的财产所有权，以免今后发生纠纷，管理人发现个人债务人对占有的财产不享有所有权，且该财产有明确财产权利人的，应当通知财产权利人取回，财产权利人明确表示不行使取回权或者财产权利人不明的，才可将个人债务人占有的财产作为破产财产一并处置。

（三）财产权利人履行相应给付义务后才可取回财产

财产权利人要求取回定作物、保管物等财产，如果存在相应给付义务的，应向管理人交付加工、保管等费用，方可取回其财产。参照《最高院适用企业破产法规定（二）》第28条的规定，财产权利人行使取回权时未依法向管理人支付相关的加工费、保管费、托运费、委托费、代销费等费用，管理人可以拒绝权利人取回相关财产。

四、财产权利人行使取回权的几种特别情况处置

（一）对不易保管财物和严重贬损财物的处置

不易保管财物通常是指鲜活易腐的物品，严重贬损财物是指不及时变现价值将严重减少价款的财物。个人债务人占有权利人的财产属于不易保管财物或不及时变现价值将严重贬损的财物，为了防止损失或扩大损失，管理人应当要求财产权利人及时取回财产，或者与财产权利人协商处置。管理人一时无法查明财产权利人，或者财产权属不清楚的，可以参照《最高院适用企业破产法规定（二）》第29条的规定，及时变价并提存价款，权利人出现并就该变价款行使取回权的，管理人应当返还价款。

（二）受让人善意取得财产的处置

《民法典》第311条规定，个人债务人作为无处分权人将其占有的本属权利人所有的不动产或者动产转让给受让人的，财产所有权人虽有权追回，但符合下列情形的，受让人取得该不动产或者动产的所有权：

（1）受让人受让该不动产或者动产时是善意；

（2）以合理的价格转让；

（3）转让的不动产或者动产依照法律规定应当登记的已经登记，不需要登记的已经交付给受让人。

受让人依照上述规定取得不动产或者动产的所有权的，原财产权利人不得要求管理人返还原物，也不得行使追及权要求受让人返还财产。但可参照《最高院适用企业破产法规定（二）》第30条进行处置。该条规定，债务人将占有的他人财产违法转让给第三人，依据《民法典》第311条规定，第三人已善意取得财产所有权，原权利人无法取回该财产的，应分以下两种情况进行处理：

（1）转让行为发生在破产申请受理前的，原权利人因财产损失形成的债权，作为普通破产债权清偿；

（2）转让行为发生在破产申请受理后的，因管理人或者相关人员执行职务导致原权利人损害产生的债务，作为共益债务清偿。

（三）代位权的处置

这里的代位权，是指财产权利人对个人债务人因占有的财产权利人的财产毁损、灭失而获得的保险金、赔偿金、代偿物得以主张的请求权利。《最高院适用企业破产法规定（二）》第32条第1款规定："债务人占有的他人财产毁损、灭失，因此获得的保险金、赔偿金、代偿物尚未交付给债务人，或者代偿物虽已交付给债务人但能与债务人财产予以区分的，权利人主张取回就此获得的保险金、赔偿金、代偿物的，人民法院应予支持。"参照该规定，财产权利人在个人破产程序中行使代位权有两个基本条件：一是个人债务人占有的财产已经产生保险金、赔偿金等代偿物；二是代偿物能够区分于破产财产，如果两者不能区分，财产权利人则不可行使代位权，但可另行请求债权。

关于代位权的清偿问题，《最高院适用企业破产法规定（二）》第32条第2款规定，保险金、赔偿金已经交付给债务人，或者代偿物已经交付给债务人且不能与债务人财产予以区分的，人民法院应当按照以下规定处理：

（1）财产毁损、灭失发生在法院裁定受理破产申请前的，权利人因财产损失形成的债权，作为普通破产债权清偿；

（2）财产毁损、灭失发生在法院裁定受理破产申请后的，因管理人或者相关人员执行职务导致权利人损害产生的债务，作为共益债务清偿。

五、出卖人基于买卖关系行使取回权

下文将根据买卖合同约定以交付标的物为转移所有权还是约定保留标的物所有权的两种不同情况，分析出卖人基于买卖关系行使取回权的问题。为了方便阐述，将以交付标的物为转移所有权的买卖称为不保留所有权买卖，将保留标的物所有权的买卖称为所有权保留买卖。

（一）出卖人基于不保留所有权买卖关系行使取回权

《企业破产法》第39条规定："人民法院受理破产申请时，出卖人已将买卖标的物向作为买受人的债务人发运，债务人尚未收到且未付清全部价款的，出卖人可以取回在运途中的标的物。但是，管理人可以支付全部价款，请求出卖人交付标的物。"《深圳个人破产条例》第46条规定："人民法院裁定受理破产申请时，出卖人已将买卖标的物向作为买受人的债务人发运，债务人尚未收到且未付清全部价款的，出卖人可以取回在运途中的标的物；管理人也可以支付全部价款，请求出卖人交付标的物。"两者的表述虽有不同，但基本意思相同。也就是说，出卖人依照买卖合同约定不保留所有权且已将标的物发运，买受人尚未受领也未付清全部价款就被法院裁定受理破产的，出卖人可以对出卖标的物行使取回权。

在买受债务人尚未收到标的物且未付清全部价款的情况下，出卖人在不保留所有权买卖中取回出卖物实际上也是财产权利人取回财产，但财产权利人的这种财产取回权应在个人债务人未占有财产的状态下行使，故出卖人行使这种财产取回权需要满足以下几个条件：

1. 出卖人已将出卖物发运

出卖人尚未发运出卖物，出卖物仍由出卖人占有，出卖人不可能适用上述规定行使取回权。出卖物已为买受人受领占有且取得所有权的，该财产为买受人破产财产，出卖人应将由此产生的债权作为破产债权进行申报，而不可行使取回权。

2. 出卖物尚在途中

这里的“途中”，是指在出卖人已经发运出卖物而买受人尚未受领之间的一种时间状态。“发运”“在运途中”，说明这种买卖合同是隔地合同。隔地买卖合同存在运输事实，从发运地到目的地需要时间，出卖人只能在“在运途中”这个时间状态内向承运人取回出卖物。

3. 买卖标的物为动产

财产权利人行使取回权的标的物包括动产和不动产，但出卖人依据上述规定行使取回权的标的物仅为动产，不包括不动产。不动产转让不存在“发运”“在运途中”这些情形。

4. 尚未付清全部价款

买受人未付清全部价款就被法院裁定受理破产申请，不论价款是否已到清偿期限，出卖人均可取回运途中的出卖物。但买受人已经支付全部价款的，出卖人在买受人进入个人破产程序后要向管理人交付出卖物，除非管理人决定解除买卖合同。

在法院裁定受理买受人破产申请的情形下，出卖人取回出卖物不属违约行为，因此不承担违约责任，但应当向管理人返还买受人已经支付的价款。

（二）出卖人基于保留所有权买卖行使取回权

《民法典》第224条规定：“动产物权的设立和转让，自交付时发生效力，但是法律另有规定的除外。”据此，在通常情况下，依买卖合同取得财产的，财产所有权从财产交付时起转移，即出卖人将财产交付给买受人，买受人已经受领的，便取得该财产的所有权，未支付的货款则应为债权。但保留所有权买卖有所不同，在买受人个人破产程序中，即使买受人已经占有标的物，出卖人在规定条件下仍可行使取回权取回财产。

1. 民法上出卖人的所有权保留

《民法典》第641条第1款规定："当事人可以在买卖合同中约定买受人未履行支付价款或者其他义务的，标的物的所有权属于出卖人。"这是出卖人保留标的物所有权的规定。这里的所有权保留，是指根据买卖合同约定，出卖人交付标的物为买受人占有，但在买受人履行支付价款或者其他义务后，该标的物所有权才移转为买受人的一种法律制度。所有权保留买卖是一种特别约定，买卖合同中如无此约定，则为不保留所有权买卖。

所有权保留买卖具有两个性质：一是物权担保性质，即出卖人通过保留方式延缓所有权移转来保障货款债权的实现；二是附条件性质，即财产所有权转移是有条件的，这个条件是在买受人履行支付价款或者其他义务后所有权才移转给买受人。于是，在出卖人交付标的物为买受人占有而买受人未履行支付价款或者其他义务的情况下，就会出现出卖人仍然享有出卖物所有权但不占有出卖物和买受人占有出卖物却并不享有所有权的状态。

2. 民法上出卖人可取回保留所有权的标的物的情形

《民法典》第642条第1款规定，当事人约定出卖人保留合同标的物的所有权，在标的物所有权转移前，买受人有下列情形之一，造成出卖人损害的，除当事人另有约定外，出卖人有权取回标的物：

（1）未按照约定支付价款，经催告后在合理期限内仍未支付；

（2）未按照约定完成特定条件；

（3）将标的物出卖、出质或者作出其他不当处分。

（三）出卖人在买受人破产程序中取回保留所有权标的物的问题

在买受人个人破产程序中，不保留所有权买卖中的出卖人行使取回权，可参照适用《企业破产法》第39条和《深圳个人破产条例》第46条。而关于出卖人基于所有权保留买卖关系行使取回权的问题，《企业破产法》《深圳个人破产条例》都没有具体规定，应适用《民法典》第641条、第642条的规定，并可参照适用《最高院适用企业破产法规定（二）》有关规定进行处理。《最高院适用企业破产法规定（二）》第2条规定，"债务人在所有权保留买卖中尚未取得所有权的财产"不应认定为债务人财产。既然买受人作为债务人未取得出卖人保留所有权的财产，出卖人当然有权取回该财产。

但是，出卖人在个人破产程序中取回其保留所有权的标的物，有时是较为复杂的问题，要根据买受人是否交付价款、管理人是否解除合同、标的物有无价值减少等实际情况进行处理。这里参照《最高院适用企业破产法规定（二）》第37条和第38条的规定，根据管理人是否决定继续履行所有权保留买卖合同，分析其中的几个法律问题：

1. 管理人决定继续履行所有权保留买卖合同的

（1）买卖合同中约定的买受人支付价款或者履行其他义务的期限，在法院裁定受理个人破产申请时视为到期，管理人应当及时向出卖人支付价款或者履行其他义务，取得标的物的所有权。

（2）买受人已支付标的物总价款75%以上，或者第三人善意取得买卖标的物所有权的，买受人和管理人可以不返还标的物，由此导致出卖人未能取回标的物，出卖人有权主张买受人继续支付价款履行其他义务，并承担相应赔偿责任，由此产生的买受人的债务，出卖人可以主张作为共益债务清偿。

（3）支付价款期限到期或者视为到期后，管理人无正当理由未及时支付价款，出卖人依法主张取回标的物的，买受人和管理人应当返还标的物。如果已将标的物出卖、出质，或者作出其他不当处分不能返还的，由此给出卖人造成损害，买受人应当承担赔偿责任。

2. 管理人决定解除所有权保留买卖合同的

（1）出卖人有权取回并要求取回买卖标的物时，管理人应当返还标的物。出卖人取回买卖标的物时，管理人要求出卖人返还买受人已支付的价款，出卖人应当返还。

（2）买受人返还的标的物的价值明显减少，给出卖人造成损失的，出卖人可从买受人已支付价款中优先予以抵扣，剩余部分返还给买受人；对买受人已支付价款不足以弥补出卖人标的物价值减损损失时形成的债权，出卖人有权主张将其作为共益债务清偿。

六、财产取回权诉讼中的被告问题

在个人破产程序中，财产权利人行使取回权符合规定的，管理人应当依其请求返还财产。但管理人对权利人行使财产取回权有异议，或者认为权利人行使财产取回权不成立而不予返还，或者财产权利人认为少返还、返还财产不是原物等，与管理人发生争议的，可以向法院提起财产取回权诉讼。权利人在个人破产程序中作为原告提起财产取回权诉讼，是以个人债务人（包括买受人）为被告，是以破产管理人为被告，还是以受让人为被告？以下进行分别讨论：

（一）以个人债务人为被告的情形

参照《最高院适用企业破产法规定（二）》第 27 条第 1 款的规定：“权利人依据企业破产法第三十八条的规定向管理人主张取回相关财产，管理人不予认可，权利人以债务人为被告向人民法院提起诉讼请求行使取回权的，人民法院应予受理。”即财产权利人向管理人主张取回相关财产而管理人不予认可的，应以债务人为被告向法院提起诉讼，管理人应当代表债务人参加诉讼；权利人如果以管理人为被告提起诉讼，属于被告主体错误，法院应当驳回原告财产权利人的起诉。

（二）以管理人为被告的情形

财产权利人以管理人为被告提起诉讼，请求管理人返还财产的，参照适用《最高院适用企业破产法规定（二）》第 38 条，“买受人破产，其管理人决定解除所有权保留买卖合同，出卖人依据企业破产法第三十八条的规定主张取回买卖标的物的，人民法院应予支持”和“出卖人取回买卖标的物，买受人管理人主张出卖人返还已支付价款的，人民法院应予支持”。因解除所有权保留买卖合同是管理人作出的决定，故管理人是适格的被告；法院判决管理人返还财产的，管理人负有返还财产的义务。

（三）以受让人为被告的情形

债务人将其占有的财产出让，受让人尚未支付对价的，财产权利人可以直接将受让人作为被告，通过诉讼程序行使请求权，请求法院判令受让人支付对价或者返还财产。

第九节　个人债务人的破产债务抵销

债务抵销是当事人在互负债务的情况下相互冲抵并消灭各自相应债务的行为。在法院裁定受理个人破产申请前，个人债务人不一定是单纯的债务人，也有可能是对方的债权人。在双方互享债权互负债务的情况下，在个人债务人进入破产程序前，双方未进行抵销的，在个人破产程序中仍可进行抵销，此时的债务抵销因受破产法调整和规范，故称为破产债务抵销。

一、个人破产债务抵销的法律依据

为了理清当事人之间债权债务的问题，《民法典》第568条第1款规定："当事人互负债务，该债务的标的物种类、品质相同的，任何一方可以将自己的债务与对方的到期债务抵销；但是，根据债务性质、按照当事人约定或者依照法律规定不得抵销的除外"。《民法典》第569条还规定："当事人互负债务，标的物种类、品质不相同的，经协商一致，也可以抵销。"根据当事人意思自治原则，不论债务的标的物种类、品质是否相同，在互有债权债务的情况下，双方当事人都可以协议抵销。债务的标的物种类、品质相同的，一方当事人不同意抵销的，另一方当事人可以单方行使抵销权。

基于民法的债务抵销规定，《企业破产法》第40条规定"债权人在破产申请受理前对债务人负有债务的，可以向管理人主张抵销"，即企业破产债务抵销。《深圳个人破产条例》第47条也规定"债权人在破产申请受理前对债务人负有债务的，可以向管理人主张抵销"，即个人破产债务抵销。

二、个人破产债务抵销权的行使人

在通常情况下，当事人互负债务，行使抵销权的是双方当事人。因债务人的财产由管理人接管或者控制，财产由管理人代为处分，故在个人破产程序中，债权人只能向管理人主张抵销，故《最高院适用企业破产法规定（二）》第41条规定："债权人依据企业破产法第四十条的规定行使抵销权，应当向管理人提出抵销主张。管理人不得主动抵销债务人与债权人的互负债务，但抵销使债务人财产受益的除外”。参照此规定，在一般情况下，只有债权人方可行使个人破产债务抵销权，而管理人只能在“使债务人财产受益”的情况下才可以主动行使抵销权。如债权人不行使个人破产债务抵销权，管理人向法院提起个人破产债务抵销诉讼，就必须提供“使债务人财产受益”的证据，否则不能胜诉。

三、债权人单方行使债务抵销权的基本条件

在个人破产程序中，债权人单方行使债务抵销权，不能直接向法院提起诉讼，而应先向管理人提出抵销主张。参照《企业破产法》及其司法解释以及《深圳个人破产条例》的有关规定，债权人单方行使个人破产债务抵销权应当具备以下两个基本条件：

一是双方债权债务均已经得到确认。这是债权人单方行使抵销权应当具备的前提条件之一。债权人与个人债务人之间的债权债务未经依法确认或者处于争议状态，债权人不可行使抵销权。这里的确认主要有两种情况：其一，双方债权债务已经管理人认定且无异议；其二，已经人民法院、仲裁机构裁判。债权债务未经依法确认，在正常民事行为中双方都同意抵销的，根据当事人意思自治原则应为有效，但在个人破产程序中不一样，即使双方都同意抵销，管理人亦应先行审查，经审查确认双方债权债务存在且合法，才可以同意抵销，以防双方虚构债务再采取抵销手段损害其他债权人的利益。

二是可抵销债务是在法院裁定受理个人破产申请前形成的。参照《企业破产法》第 40 条“债权人在破产申请受理前对债务人负有债务的，可以向管理人主张抵销”的规定，债权人主张抵销的债务应当是法院裁定受理个人破产申请前的债务，此后形成的债务一般不适用抵销。

四、未到期债务的抵销

《民法典》第 568 条第 1 款规定，当事人互负债务，该债务的标的物种类：品质相同的，任何一方可以将自己的债务与对方的到期债务抵销。那么，在个人破产程序中，债权人对债务人的未到期债务可否行使抵销权？

《企业破产法》《深圳个人破产条例》都规定，在法院裁定受理破产申请时，未到期债务视为到期，故《最高院适用企业破产法规定（二）》第43条规定，债权人主张抵销，管理人以下列理由提出异议的，法院不予支持：

（1）破产申请受理时，债务人对债权人负有的债务尚未到期；

（2）破产申请受理时，债权人对债务人负有的债务尚未到期；

（3）双方互负债务标的物种类，品质不同。

参照上述规定，债权人对双方均未到期，或者一方到期而另一方未到期的债务，在个人破产程序中均可行使债务抵销权。

五、互负债务标的物种类、品质不同的抵销

根据《民法典》第569条的规定，当事人互负债务，标的物种类、品质不相同的，只能适用协商抵销。而不可单方抵销。那么，在个人破产程序中可否适用法定抵销？

破产程序是一种概括性的执行程序，所有债权债务都应进行清偿，因此，不论双方债权债务的标的物种类和品质是否相同都可以进行抵销。《最高院适用企业破产法规定（二）》第43条规定，债权人主张抵销，管理人以"双方互负债务标的物种类、品质不同"为由提出异议的，法院不予支持。也就是说，双方互负债务标的物种类、品质不同的，无须双方协商一致，债权人亦可单方行使抵销权，但应将不同标的物的种类、品质折算为金钱才可抵销。

六、不可相互抵销的债务

为保护全体债权人的利益，确保个人破产程序顺利进行，有些债权债务是不可相互抵销的。

（一）参照《深圳个人破产条例》规定的不可抵销债务

《深圳个人破产条例》参照《企业破产法》第40条在其第47条中规定，有下列情形之一的，债权债务不得抵销：

1. "对债务人负有债务的人在破产申请受理后取得他人对债务人的债权的。"

这里的"对债务人负有债务的人"，在个人破产程序中是指个人债务人

的债务人，如第三人向个人债务人借款未偿还，该第三人便是个人债务人的债务人（以下简称次债务人），即个人债务人是其债权人。在个人破产程序中，次债务人应当向管理人清偿债务，然后，管理人将该财产纳入个人债务人的财产，供所有债权人分配。在法院裁定受理个人破产申请后，债权人取得他人对债务人的债权，如通过转让方式取得他人对个人债务人的债权，并以此债权与个人债务人进行抵销，相当于个别清偿，将会减少个人债务人的财产，这有害于其他多数债权人的利益，所以不得主张抵销。

2. “债权人已知债务人有不能清偿到期债务或者申请破产的事实，仍然对债务人负担债务的，但是，债权人因为法律规定或者有破产申请二年前所发生的原因而负担债务的除外。”

比如，在法院裁定受理个人破产申请前，出卖方作为借款人向买受方借款未偿还，出卖方明知买受方尚欠其到期货款不能清偿，或者已经知道买受方提出破产申请，仍继续按照买卖合同的约定向买受方交付标的物对买受方产生货款债权，该货款债权只能作为普通债权参与破产分配。如果在个人破产程序中利用货款债权抵销借款债务，则是恶意抵销行为，有害于其他债权人的利益，故不得主张抵销。

但是，债权人因为法律规定或者有破产申请 2 年前（《企业破产法》第 40 条第 2 项规定为“破产申请一年前”）所发生的原因而负担债务的，破产法不认为是恶意行为，故不属禁止抵销的范围，债权人可以主张抵销。

3. “对债务人负有债务的人已知债务人有不能清偿到期债务或者申请破产的事实，仍然对债务人取得债权的，但是，对债务人负有债务的人因为法律规定或者有破产申请二年前所发生的原因而取得债权的除外。”

这种情形与前种情形不同，前种情形是债权人对债务人增加债务负担，而这种情形是次债务人对主债务人取得债权。例如，第三人欠主债务人借款未偿还而成为主债务人的债务人，该第三人在得知主债务人有不能清偿到期债务或者破产申请的事实后，未经管理人同意仍将原材料交付给主债务人形成对主债务人的债权，然后在个人破产程序中主张债务抵销。这与前种情形一样，也是一种个别清偿的恶意行为，故也不得主张抵销。但是，次债务人因为法律规定或者有破产申请 2 年前（《企业破产法》第 40 条第 2 项规定为

"破产申请一年前")所发生的原因而取得债权的，债权人可以主张抵销债务。

（二）债务抵销需要注意的两个问题

1. 个别清偿的债务抵销

《最高院适用企业破产法规定（二）》第44条规定："破产申请受理前六个月内，债务人有企业破产法第二条第一款规定的情形，债务人与个别债权人以抵销方式对个别债权人清偿，其抵销的债权债务属于企业破产法第四十条第（二）、（三）项规定的情形之一，管理人在破产申请受理之日起三个月内向人民法院提起诉讼，主张该抵销无效的，人民法院应予支持。"参照该规定，在法院裁定受理个人破产申请前6个月内，个人债务人已经具有破产原因，仍与个别债权人进行债务抵销的，属于个别清偿情形，故双方的债务抵销无效。但是，管理人超过自法院裁定受理个人破产申请之日起3个月内未对此向法院提起诉讼的，债权人可以主张债务抵销。

2. 特定财产优先受偿的债权抵销

《最高院适用企业破产法规定（二）》第45条规定："企业破产法第四十条所列不得抵销情形的债权人，主张以其对债务人特定财产享有优先受偿权的债权，与债务人对其不享有优先受偿权的债权抵销，债务人管理人以抵销存在企业破产法第四十条规定的情形提出异议的，人民法院不予支持。但是，用以抵销的债权大于债权人享有优先受偿权财产价值的除外。"参照该规定，债权人对个人债务人的特定财产享有优先受偿权的债权（如抵押、质押、留置的担保债权），与个人债务人对其不享有优先受偿权的债权可以进行抵销，但用以抵销的债权大于债权人享有优先受偿权财产价值的，大于部分不得抵销。

七、债权人行使抵销权的通知与诉讼

《企业破产法》《深圳个人破产条例》只规定债权人可以向管理人主张债务抵销，但都没有规定债务抵销的程序问题。为此，《最高院适用企业破产法规定（二）》第42条规定："管理人收到债权人提出的主张债务抵销的通知后，经审查无异议的，抵销自管理人收到通知之日起生效。管理人对抵销主张有异议的，应当在约定的异议期限内或者自收到主张债务抵销的通知之日起三个月内向人民法院提起诉讼。无正当理由逾期提起的，人民法院不予支持。人民法院判决驳回管理人提起的抵销无效诉讼请求的，该抵销自管理人收到主张债务抵销的通知之日起生效”。

在个人破产程序中，债务抵销权是债权人的权利，故是否行使债务抵销权由债权人自行决定。债权人决定行使债务抵销权的，可以参照上述规定进行操作，具体程序如下：

（1）债权人向管理人提交债务抵销通知书，明确表达债务抵销的主张和债务抵销的内容。管理人收到债权人的债务抵销通知后，经审查无异议的，债务抵销自管理人收到通知之日起生效。

（2）管理人对债权人的债务抵销主张有异议的，不能自行决定债权人所行使的债务抵销权无效，而应在约定的异议期限内或者自收到债权人主张债务抵销通知之日起3个月内向法院提起债务抵销无效诉讼，由法院裁判是否予以抵销；管理人无正当理由逾期提起诉讼的，法院将驳回其诉讼请求。

（3）法院判决驳回管理人提起的抵销无效诉讼请求的，不得另行判决债务抵销生效时间，该抵销仍自管理人收到债权人主张债务抵销通知之日起生效。债权人行使债务抵销权被法院裁判无效的，不发生债务抵销的法律效力。

债权人债务抵销的通知和法院判决债务抵销的裁判文书生效后，个人债务人与债权人之间的相应债权与债务同时归于消灭。这种结果说明一个问题，即债权人在抵销范围内的债权，实际上获得了全额清偿，因此，在个人破产程序中，债权人对符合条件的互负债务应当积极行使抵销权，否则只能作为普通债权清偿。

第七章

个人破产债权申报、审核与确认

广义上的债权包括金钱债权和非金钱债权。我国破产法上，非金钱债权可以通过取回、追回、涤除等方式进行处置，金钱债权则通过申报程序参与债务人财产分配受偿的方式实现。债权是相对债务而言的，与债务共同构成债的内容。因此，债权人在个人破产程序中申报债权也就是对准个人债务人对其负有的债务，管理人审核债权也就是审核个人债务人的债务。这一章专题分析个人破产程序中金钱债权的申报、审核与确认的问题。

第一节　个人破产债权与可申报范围

个人破产债权，是指在法院裁定受理个人破产申请前成立的债权人对个人债务人发生的经依法审查、确认并在个人破产财产中获得公平清偿的金钱请求权。无论是企业破产还是个人破产，债权申报、审核与确认都是破产程序的重要内容，也是债务人破产的必经程序。

一、个人破产债权的基本特征

个人破产债权的申报、审核与确认，首先要从个人破产债权本身说起。个人破产债权与企业破产债权一样具有以下四个基本特征：

第一，个人破产债权是在法院裁定受理个人破产申请前已经依法成立的债权。从时间上看，债权人在法院裁定受理个人破产申请前后对个人债务人形成的债权都是其债权，即都是债务人的债务。但是，在法院裁定受理个人破产申请后形成的债权即个人债务人的债务，根据《企业破产法》第 42 条和《深圳个人破产条例》第 67 条的规定是共益债务。例如，继续履行合同所产生的债权、无因管理所产生的债权、为债务人重整提供融资所产生的债权等，不能作为破产债务处置，而应认定为共益债务，应当在破产财产分配前清偿。因此，在通常情况下，个人破产债权应当是法院裁定个人受理破产申请前已经依法形成的债权。

第二，个人破产债权是仅以金钱为给付内容的请求权。前面已经说明，个人破产债权应当是金钱债权，包括得以折算为金钱的非金钱债权；不得折算为金钱的非金钱债权，如给付标的为劳务以及不作为的请求权，或者不直接具有财产内容的人身性质的权利，都不能认定为破产债权。例如，个人债务人在法院裁定受理破产申请前，对他人实施商标侵权行为，注册商标专用权人不能证明个人债务人侵权行为造成其损失，个人债务人依法不承担金钱赔偿责任，市场监管部门也仅责令其停止侵权行为的，该个人债务人进入破产程序后，就此不存在破产债权的问题，但若法院判决其承担赔偿责任，因损失赔偿具有金钱给付内容，属于破产债权。

第三，个人破产债权是受法律保护并可强制执行的债权。不受法律保护或丧失法律保护的债权没有强制执行效力。例如，已经超过诉讼时效的债权和已经超过申请执行期限的债权虽也为债权，但属于不受法律保护的自然债权，不得为破产债权。通过不法手段向个人债务人取得的非法债权，如个人债务人在破产前虚构借款事实向他人出具借据所载明的借款债务，当然不得为破产债权。

第四，个人破产债权是依法已经申报登记并得以确认的债权。债权人虽然对个人债务人依法享有债权，但未在规定时间内依法向管理人申报（包括补充申报）的，将被视为放弃债权，不能参加个人债务人的财产分配。有些债权虽已申报，但经管理人审查或者法院裁判不予确认的，也不得为破产债权。

二、个人破产的可申报债权范围

在个人破产程序中，债权人可申请债权的范围，从总体上看是债权人对个人债务人合法持有的债权。债权人可申请的具体债权范围应当包括以下内容：

（1）法院裁定宣告个人破产前发生的无财产担保的债权、债权人放弃财产担保优先受偿的债权、债权数额超过担保物价值部分的债权；

（2）债权人附条件、附期限的债权和诉讼、仲裁未决的债权；

（3）自法院裁定受理个人破产申请之日未到期而视为到期的债权以及附利息的债权；

（4）管理人在个人破产程序中解除合同所产生的损害赔偿债权；

（5）个人债务人的受托人不知道法院已经裁定受理个人破产申请，继续处理委托事务对个人债务人所产生的债权；

（6）债务人作为票据出票人，在法院裁定受理个人破产申请后，该票据的付款人继续付款或者承兑所产生的债权；

（7）保证人代替个人债务人清偿债务后依法可以向债务人追偿的债权；

（8）他人在法院裁定受理个人破产申请前因个人债务人侵权、违约所产生的损失赔偿债权；

（9）法院认可的其他债权。

这里需要说明的是，个人债务人已依法设定担保物权的特定财产应当属于债务人的个人财产，但因特定财产的担保债权可不依赖于破产程序优先受偿，故特定财产的担保债权不属于个人破产债权。但债权人放弃财产担保优先受偿的债权和超过担保物价值部分的债权，则作为破产债权参与破产财产分配；债务人特定财产在担保物权消灭或者实现担保物权后的剩余部分，在个人破产程序中可用以清偿破产费用、共益债务和其他破产债权。

三、无须申报的个人破产债权

根据个人破产的特点，《深圳个人破产条例》第60条第1款规定，债务人依法应当承担的赡养费、抚养费、扶养费无须申报。这“三费债权”在破产清算程序中属于第一顺序清偿的债务；在重整程序、和解程序中，“三费债权”所涉的个人债务人财产属于豁免财产，管理人应当依法予以保留，无须作为债权申报。

参照《企业破产法》有关职工劳动债权的规定，《深圳个人破产条例》第60条第2款还规定，债务人所欠雇用人员的工资和医疗、伤残补助、抚恤费用，包括应当缴入雇用人员个人账户的基本养老保险、基本医疗保险等社会保险费用，以及依法应当支付给雇用人员的补偿金等无须申报。雇用人员的这些劳动债权，仅次于上述“三费债权”排列在第二顺序清偿。

上述债权虽然无须申报，但管理人应当根据债务人提供的材料和信息进行调查核实，然后予以公示。债权人对公示内容有异议的，可以要求管理人更正；管理人不予更正的，债权人可以向法院提起债权确认诉讼，最后由法院作出裁判。

四、关于惩罚性公法债权可否申报的问题

公法债权是国家基于公法规定对债务人享有的债权，如债务人依法应当缴纳的税款、社会保险费等。公法债权属于破产债权，国家有关机关在个人破产程序中应当向管理人申报。

在公法债权中还有一种惩罚性公法债权。惩罚性公法债权，是指行政机关、司法机关对实施违反法律、法规行为以及犯罪行为的公民、法人或者其他组织决定处以的罚款、罚金等产生的国家债权。那么，在个人破产程序中，国家债权人（如行政机关、司法机关）可否申报惩罚性公法债权？

《最高院适用企业破产法规定（三）》第3条规定：“破产申请受理后，债务人欠缴款项产生的滞纳金，包括债务人未履行生效法律文书应当加倍支付的迟延利息和劳动保险金的滞纳金，债权人作为破产债权申报的，人民法院不予确认。”参照此规定，法院裁定受理个人破产申请后，由债务人欠缴款项形成的惩罚性公法债权不属破产债权，国家债权人不可申报。那么，法院裁定受理个人破产申请前债务人欠缴的惩罚性公法债权是不是破产债权？

依据最高人民法院《关于审理企业破产案件若干问题的规定》（2002年）第61条的规定，“行政、司法机关对破产企业的罚款、罚金以及其他有

关费用”不属于破产债权。有些管理人据此认为，惩罚性公法债权既然不属于破产债权，国家债权人也就不可申报公法债权。据此，有些管理人对行政机关、司法机关申报的惩罚性公法债权不予受理，并拒绝其参与破产财产分配。

《全国法院破产审判工作会议纪要》第 28 条规定：“破产债权的清偿与顺序。对于法律没有明确规定清偿顺序的债权，人民法院可以按照人身损害赔偿债权优先于财产性债权、私法债权优先于公法债权、补偿性债权优先于惩罚性债权的原则合理确定清偿顺序。破产财产依照企业破产法第一百一十三条规定的顺序清偿后仍有剩余的，可依次用于清偿破产受理前产生的民事惩罚性赔偿金、行政罚款、刑事罚金等惩罚性债权。”参照此规定，法院裁定受理个人破产申请前，由债务人欠缴款项形成的惩罚性公法债权亦应为破产债权，故国家债权人应当向管理人申报，管理人亦应接受申报，但惩罚性公法债权只能作为劣后债权进行清偿，即个人破产财产依照规定的顺序清偿后仍有剩余的，才清偿惩罚性公法债权。

第二节　个人破产债权的申报程序

《企业破产法》《深圳个人破产条例》都有关于债权人申报债权的程序规定，但《深圳个人破产条例》规定的债权人申报债权程序更为具体一些。本节参照《深圳个人破产条例》的有关规定，分析债权人在个人破产程序中申报债权的程序问题。

一、债权申报是债权人的法定权利

这里的债权申报，是指在法院裁定受理个人破产申请后，债权人依照程序向管理人报告、证明其享有的债权，并主张参与个人破产程序，得以受偿的法律行为。

根据当事人意思自治原则，债权人在个人破产程序中对其债权仍有处分权，故是否申报债权仍由其自行决定，如有些债权人是个人债务人的至亲好友，对个人债务人的破产深感同情和理解，放弃债权而不申报。债权人放弃债权申报权不损害他人利益的，任何单位和个人都不得反对或者加以阻挠，一旦放弃债权申报权（在破产财产最后分配时或者重整计划执行完毕前未申报债权），就不再是破产债权人。但是，申报债权是债权人的法定权利，债权人决定申报债权，无须取得个人债务人、管理人等的同意。债权人向管理人申报债权，经管理人确认后，债权人便有资格参与个人破产程序行使权利。

二、个人破产债权申报的通知和公告

《企业破产法》第14条规定，法院应当自裁定受理破产申请之日起二十五日内通知已知债权人并予以公告。《深圳个人破产条例》参照上述规定，在第10条中规定，“人民法院应当自收到破产申请之日起五日内通知已知债权人、债务人和破产事务管理部门，并公开破产申请”。两者通知、公告的期间差别很大，前者为“二十五日内”，后者为“五日内”。《深圳个人破产条例》之所以规定“五日内”，主要是考虑缩短个人破产时间，提高个人破产效率。

个人破产的受理通知和公告，应当载明申报债权的期限、地点、注意事项以及管理人的名称或者姓名及其处理事务的地址。这种通知和公告一旦送达或公示，即代表债权人知情个人债务人进入破产程序，并提醒债权人做好申报债权的准备。

三、个人破产债权的申报期限

债权申报期限是法院确定给债权人向管理人申报债权的时间界限。破产法设立债权申报期限，目的是促使债权人及时行使债权申报权，使破产程序不致因无期限地等待债权人申报而延误时间。

《企业破产法》第45条规定：“人民法院受理破产申请后，应当确定债权人申报债权的期限。债权申报期限自人民法院发布受理破产申请公告之日起计算，最短不得少于三十日，最长不得超过三个月。”《深圳个人破产条例》第49条规定：“人民法院裁定受理破产申请时，应当确定债权人申报债权的期限。债权申报期限自发布受理破产申请公告之日起计算，最短不得少于三十日，最长不得超过六十日。”两者债权申报期限的区别在于“最长不得超过三个月”与“最长不得超过六十日”。《深圳个人破产条例》规定“最长不得超过六十日”，目的也是缩短个人破产时间，提高个人破产效率。

参照《深圳个人破产条例》“最长不得超过六十日”的规定，个人破产的债权申报期限应由法院根据个案的规模大小、债权债务关系是否复杂等具体情况，在60日内确定一个具体的时间段作为债权人申报债权的期限，如30日、40日等。

此外，《深圳个人破产条例》第50条给了债权人申报债权的宽容期，即“债权人因不可归责于自身的事由未申报债权的，应当在该事由消除之日起十日内申报债权”。这里的“十日内”就是宽容期。适用宽容期的条件是债权人未申报债权具有不可归责于债权人的事由；如果具有可归责于债权人的事由，则不适用宽容期，债权人只能进行补充申报。

四、个人破产债权的补充申报

因债权是否申报由债权人自行决定，债权人在规定期限即将届满时未申报债权的，法院和管理人无须催促其申报，但《企业破产法》《深圳个人破产条例》都给了债权人补充申报的机会。《深圳个人破产条例》第55条第2款规定，“在债权申报期限内未申报债权的，可以在破产财产最后分配时或者重整计划执行完毕前补充申报；但是，此前已分配或者执行完毕的部分，不再对其补充分配”。据此，债权人在规定期限内未申报债权的，虽然在破产财产最后分配时或者重整计划执行完毕前可以补充申报，但与规定期限内申报债权比较，将会带来以下三个不利的后果：

一是此前法院已经分配或者执行完毕的破产财产，债权人无权要求补充分配，这部分损失不可挽救；

二是管理人审查和确认补充申报债权所产生的费用由债权人承担；

三是在个人破产财产最后分配完毕或者重整计划执行完毕且法院裁定免除个人债务人未清偿债务后，债权人再补充申报债权的，管理人不予受理，债务人不再承担清偿责任。

五、债权人申报债权需要提交的材料

《企业破产法》第49条和《深圳个人破产条例》第51条都规定，债权人申报债权时，应当书面说明债权的金额和有无财产担保，并提交相关证据。参照上述规定，债权人在申报债权时必须向管理人提交其对个人债务人享有债权的材料，且相关材料足以证明主张债权的具体数额；如果不能提交此类材料，管理人无法确认其债权。从个人破产实际需要来看，债权人申报债权时应当向管理人提交以下材料：

（一）债权申报表

债权人向管理人申报债权的，应当按照法院或管理人统一印制的《债权申报表》填写申报债权的具体金额、有无担保、有无诉讼以及法院裁判或仲裁裁决的情况，并对债权形成的基本情况作出详细说明；债权设有担保的，应当说明债权人、债务人、担保人等的具体情况；债权发生变更的，应当说明债权债务的清偿、转移等具体情况。债权人是单位的，其法定代表人或负责人应当在《债权申报表》上签字并加盖单位公章。债权人是个人的，须由其本人或其代理人签名。

（二）债权人申报债权应当提供的材料

债权人申报债权实际上是主张债权，根据“谁主张，谁举证”的诉讼规则，债权人申报债权必须提供材料，特别是证据材料。根据个人破产程序的基本要求，债权人应当提供如下材料：

（1）单位债权人须提交有效的企业法人营业执照或事业和社团法人登记证书等原件及加盖单位公章和骑缝章的复印件；法定代表人或负责人身份证明；如发生单位名称变更或法定代表人变更的，提交变更的法律文件和证明文件；如单位债权人委托代理申报的，须提交单位债权人的法定代表人或负责人的授权委托书、代理人的身份证等个人有效证件原件及复印件。

（2）个人债权人须提交身份证等个人有效证件原件及复印件，如委托他人申报，需提交授权委托书和代理人的身份证等个人有效证件原件及复印件。

（三）发生债权事实及其数额的证明材料

（1）涉及合同的，提交合同书等债权原始材料及票据、转账单、对账单等原始履行凭证；

（2）涉及担保的，提交担保合同及相关的登记证件（如他项权利证）等担保原始材料；

（3）涉及借贷的，提交借款合同包括借据、借条等债权凭证以及借款交付的证据、债权人主张债权的催收通知等相关证明资料；

（4）涉及诉讼、仲裁、调解、保全、执行的，提交有关法律文书等材料；

（5）其他发生债权事实的证据以及法院和管理人要求提供的相应证据材料。

六、债权人申报债权需要注意的几个问题

一是在法院裁定受理个人破产申请后，因债权人对个人债务人的未到期债权被视为到期，故债权人可以在法院规定期限内申报未到期的债权；若等到债权到期，超过法院规定的申报期限再申报的，管理人则会将其作为补充申报处理，这对债权人不利。

二是以法院裁定受理个人破产申请之日为界，此前的债权利息可以计入债权一并申报；此后的债权利息虽然依法应当停止计付，但不排除其劣后清偿，故债权人也可以申报。

三是附条件、附期限的债权和诉讼、仲裁未决的债权，债权人可以申报，管理人亦应予以登记，但这些债权是否参与分配，则视附条件是否成就或诉讼、仲裁的结果再做决定。

四是连带债权人可以由其中一人代表全体连带债权人申报债权，也可以共同申报债权；连带债务人中数人经裁定个人破产的，其债权人有权就全部债权分别在各个个人破产程序中申报债权。

五是个人债务人的保证人或者其他连带债务人已经代替个人债务人清偿债务的，可以对个人债务人的求偿权申报债权；尚未代替个人债务人清偿债务的，除债权人已经向管理人申报全部债权外，可以对债务人的将来求偿权申报债权。

第三节　个人破产债权的登记、审核和确认

个人破产债权的登记与审核是管理人接受债权申报后的重要职责，同时也是个人破产的必经程序，也就是说，个人破产债权只有经管理人登记、审核后才可以报请法院进行司法确认。

一、个人破产债权的登记

个人破产债权的登记与审核，事关债权人的债权是否存在以及数额多少等实质性问题。管理人在接到债权人提交的申报债权资料后，首先要对申报资料进行形式审查，即审查债权人所提交的资料是否齐全，主要资料是否系原件，债权凭证是不是原始证据，债权数额是否明确，等等。管理人发现债权人提交的申报资料不足或有缺陷，应当要求债权人在申报期限内补齐或更正；债权人不能补充资料的，管理人亦应予以登记，至于是否予以确认，应在后续的审核中再作定论。

债权人申报债权的资料是以后管理人审核债权、债权人会议核查债权，和法院裁定确认债权的重要依据。因此，管理人在妥善保管申报资料的同时，应当制作《债权人申报债权登记表》进行登记。《债权人申报债权登记表》应当载明如下内容：

（1）债权人的姓名或者名称，债权人为个人的载明姓名，债权人为单位的载明名称和法人代表或负责人；

（2）申报债权的内容，包括债权发生时间、到期时间，本金和利息的具体数额等；

（3）债权人提供的证据情况；

（4）债权有无担保情况，债权设有担保的，应当载明担保方式；

（5）债权有无争议情况等。

二、个人破产债权的审核

个人破产债权的审核，是指管理人对债权人申报的债权是否符合申报条件、程序以及对债权性质、数额等内容所进行的审查核对。债权人对个人债务人到底有无债权、债权性质如何以及债权数额多少，并不以申报为准，必须先经管理人查证和分析，并经债权人会议核查，最后由法院裁定确认。

审核个人破产债权是管理人一项非常重要的职责，但《企业破产法》《深圳个人破产条例》都没有规定统一的债权审核标准。个人破产债权往往涉及多个种类、多种性质的债权，且债权的成因各不相同，对此，民事法律对债权债务的认定已有规范，管理人只要依其有关规定进行审核即可，破产法没有必要另行规定审查标准。

个人破产债权的审核与债权申报资料的审查不同，债权申报资料的审查侧重于资料的形式是否具备，而个人破产债权的审核直接涉及债权是否存在、债权数额多少以及证据情况如何等实体问题，故应作实质性审核，搞清各个债权的真实情况。管理人对有疑问或有异议的债权应当进行调查，经过调查证明申报债权真实的，应当记入债权表。

三、管理人编制《债权表》

《企业破产法》第57条和《深圳个人破产条例》第64条都规定，管理人对债权人申报的债权进行审核后，应当编制债权表。关于编制债权表的方法和步骤，各管理人的做法不尽相同，但可分以下三个步骤进行：

首先，管理人根据不同债权的审查标准，依法对已申报的债权进行初审，并制作《债权审查确认表》。《债权审查确认表》应当记载债权人名称、申报债权数额、申报证据、有无财产担保、债权发生概述、债务人确认意见、管理人审查意见、审查差异说明、不予认定的事实和理由以及其他需要说明的事项。在债权初步审核的过程中，应当全面记录债权信息，并归纳总结出该债权存在的问题及初步审查意见，以便为下一步审核做好准备。

其次，根据《债权审查确认表》的初步审查结果，管理人对每笔债权制作《债权确认单》。《债权确认单》应当载明申报债权金额、管理人审查金额、审查意见，并且管理人要将《债权确认单》书面通知债权人。

最后，管理人根据《债权审查确认表》的记载以及债权人对《债权确认单》的确认或反馈意见进行复查，编制并最终形成《债权表》。《债权表》应当记载债权人名称、申报债权金额、审查债权金额、有无财产担保、备注说明等事项。《债权表》应尽可能简明、翔实地反映管理人债权审查结果。

四、债权人会议对《债权表》的核查

《深圳个人破产条例》第 65 条规定："管理人应当自债权申报期限届满之日起十五日内，将债权表提交债务人和第一次债权人会议核查。"这里的"核查"，是指债权人会议对管理人提交的《债权表》进行核对与审查。债权人会议核查《债权表》是法院确认《债权表》的前置程序。为接受债权人会议的有效监督，管理人在提交《债权表》的同时，通常都将债权证据和其他相关材料在第一次债权人会议上出示，供所有债权人查阅。在第一次债权人会议中，债权人向管理人进行询问的，管理人应当如实予以解答。第一次债权人会议对《债权表》进行核查后，无须进行表决或者形成统一意见，但第一次债权人会议和管理人应对每个债权人提出的意见在会议记录中予以记载，以备复核和确认之用。

五、法院对《债权表》的确认

个人破产债权的确认实际上有三道操作程序，即管理人确认、债权人会议确认和最后的法院确认。《企业破产法》第 58 条第 2 款和《深圳个人破产条例》第 65 条第 2 款都规定，债务人、债权人对债权表记载的债权均无异议的，由法院裁定确认。这一规定说明两个问题：一是管理人申请法院确认个人破产债权，以当事人对《债权表》记载的债权无异议为先决条件；二是个人破产债权虽由管理人复核，但管理人没有最终债权确认权，故应报请法院裁定确认。法院确认是司法确认，具有确定性以及执行效力。但是，即使个人债务人和债权人对《债权表》记载的债权无异议，法院仍应对管理人提供的《债权表》记载的每笔债权进行审查，若发现《债权表》中某些债权存在真实性、合法性上问题，可能导致债权认定错误，即使债务人或债权人未提出异议，法院也应要求管理人予以纠正。

六、个人破产债权异议的处理途径

《深圳个人破产条例》第 65 条第 3 款规定："债务人、债权人对债权表记载的债权有异议的，应当自收到债权表之日起十五日内向管理人提交异议书并说明理由和依据。经管理人复核，异议人仍然不服的，应当自收到管理人复核意见之日起十五日内向裁定受理破产申请的人民法院起诉。"参照此规定，处理个人破产债权异议的途径是先由管理人复核，后向法院起诉。

债务人或者债权人作为异议人，对《债权表》记载的债权持有异议的，首先应当向管理人提交异议书，并说明理由、提供依据。管理人接到异议书后应当进行复核。管理人经复核认为异议成立的，应当对《债权表》记载的债权予以纠正；管理人经复核认为异议不成立的，应当向异议人送达复核通知书，异议人仍然不服的，可以向法院提起债权确认之诉。

异议人提起债权确认之诉需要注意以下几点：

一是这里的"异议"在内容上应当包括管理人对申报的债权全部不予确认，或者部分不予确认。

二是异议人行使诉权，应当自收到管理人复核通知书之日起，在规定的期限内（《深圳个人破产条例》第 65 条第 3 款规定为 15 日内）持复核通知书和有关证据材料向法院提起诉讼。

三是管理人对债权人申报的债权进行审核仅为履行职责行为，而非债权人对方的个人债务人，故债权人提起确认债权诉讼，管理人不是被告，而只可以对方个人债务人为被告；个人债务人提起确认债权诉讼的，被告只能是对方债权人。

第四节　个人破产中未到期债权的申报与处置

这里的未到期债权，是指债权人在法院裁定受理个人破产申请之日止对个人债务人尚未到履行期的债权，即个人债务人在法院裁定受理其破产申请之日止对债权人尚未到履行期的债务。《企业破产》第46条和《深圳个人破产条例》第59条都规定，自法院裁定受理破产申请之日起，未到期债权视为到期债权。在个人破产程序中，管理人应当参照上述规定审核与确认个人破产的未到期债权。

一、未到期债权债务视为到期

未到履行期的债权不是现实的债权，而是期待利益的债权，因此，在通常情况下，债权人只有在债权到期后才具有请求权，债务人也只有在债务到期后才负有还债义务。例如，借款人向银行贷款，贷款期限未满又无提前收回贷款的法定事由的，银行不得要求借款人提前偿还贷款，借款人也有权拒绝提前偿还。但是，法律基于某些特定情况的考虑和对合法债权的保护，往往直接规定债权人在债权未到期的情况下可以提前行使请求权，也允许合同直接约定提前行使债权的条件。例如，银行借款合同约定，借款人不按期支付利息，银行有权提前收回贷款，届时，若借款人果然不按期支付利息，银行就有权主张提前收回未到期的贷款。

未到期债权视为到期债权是破产法基于债务人破产这一特殊情况而规定的，具有强制性的特征，无论个人债务人是否同意，债权人都有权向管理人申报未到期债权，管理人也应接受申报，并与到期债权一并处置。

在个人破产程序中，如果不许债权人申报未到期债权，一是管理人无法在债权申报期限届满时完整地统计个人债务人的全部债务；二是未到期债权人无法成为破产债权人，这将剥夺其在个人破产程序中的相关权利；三是不将未到期债权视为到期债权且不予清偿，有可能损害债权人的合法债权；四是在法院裁定受理个人破产申请时债权虽未到期，但并不排除在个人破产程序中到期，此前管理人已经对其他债权人清偿债权，债权人的期待债权就有可能落空。

管理人按照上述规定，将未到期债权债务视为到期，使未到期债权能与到期债权一样得以申报，并与到期债权一起参与清偿，也就不会出现上述损害未到期债权人利益和权利的问题。

二、未到期利息的处置

在正常的民事活动中，附利息的债权到期后，债务人不仅应当清偿本金，还应当支付利息，利息的计算期限自债务发生之日起至债务履行之日止。债务人进入个人破产程序后，附利息债权未到期的，通常都有此前未支付的利息。例如，借款人向出借人借款100万元，约定借款期限2年，年利率10%，利息在借款到期时随本金一次性清偿，借款人借款刚满1年就破产的，在此情况下，出借人未到期且未取得的利息也属于债权人的未到期债权。

《企业破产法》第46条和《深圳个人破产条例》第59条都规定，自法院裁定受理破产申请之日起，附利息的债权停止计息。据此，无论债权人与个人债务人之间的债权债务是否到期，在法院裁定受理个人破产申请后发生的利息都应停止计息。但是，在法院裁定受理个人破产申请前，因主债务未到期而使利息未支付的，仍属个人债务人的债务。如上例的利息可分两个部分，一是前1年尚未到期的利息，二是借款人进入破产程序后产生的利息。根据上述规定，以法院裁定受理破产申请之日为界限，前1年尚未到期的利息应当视为到期利息，属于个人破产债权，债权人有权申报并参与个人破产财产分配，而后1年产生的利息则应暂停给付，待普通债权清偿完毕后，个人债务人的财产有剩余的，可作劣后清偿。

三、未支付违约金的处置

违约金，是指按照当事人的合同约定或者法律规定，违约方应向守约方支付的金钱。当事人约定违约金的目的是促使双方按约履行合同，在一方不完全履行或不适当履行债务时，即使守约方没有遭受任何财产损失，违约方也应按法律规定或合同约定给付违约金。

在破产实践中，有些管理人认为违约金不属于破产债权，故在债权人申报的债权中核减违约金。因《企业破产法》及其司法解释和《深圳个人破产条例》均未明确规定违约金在破产程序中如何处理的问题，故管理人核减违约金是没有法律依据的。那么，违约金在个人破产程序中又应如何处理？

从司法实践来看，法院的倾向性意见是，对在法院裁定受理个人破产申请前产生的违约金予以保护，而对在法院裁定受理个人破产申请后产生的违约金不予保护。例如，《北京市高级人民法院企业破产案件审理规程》第157条规定，破产申请受理前已产生违约金的，该违约金计算至破产申请受理之日。《山东省高级人民法院企业破产案件审理规范指引（试行）》第94条规定，破产申请受理之日前已产生的违约金，债权人可以申报；破产申请受理之日后新产生的违约金不属于破产债权，债权人无须申报。在个人破产程序中，违约金债权可以参照这里规定进行处置。

笔者认为，在法院裁定受理个人破产申请后新产生的违约金，虽然不属于破产债权，应当与利息一样停止计付，但违约金毕竟是债权人的一种债权，个人破产财产在依照规定顺序清偿后仍有剩余的，违约金与利息等从债权应作劣后债权予以清偿。

第五节　个人破产中未确定债权的申报与处置

未确定债权与未到期债权是两个不同的概念。未到期债权是债权人享有但未达到合同约定的受偿时间的债权，故未到期债权仅为债权实现的时间问题。而未确定债权是指债权是否产生、存在以及债权数额多少等内容尚未确定的债权。本节分析未确定债权在个人破产程序中的申报和处置问题。

一、个人破产程序中的未确定债权

个人破产程序中的未确定债权包括附条件债权、附期限债权，也包括因当事人有争议而在诉讼程序或者仲裁程序中未决的债权。根据《企业破产法》《深圳个人破产条例》的有关规定，债权人对个人债务人享有的债权只有在确定的情况下才能参与破产财产分配，债权人申报的债权如果是未确定债权，在个人破产程序中不仅需要先予以保护，而且需要进行确认。

《企业破产法》第47条规定："附条件、附期限的债权和诉讼、仲裁未决的债权，债权人可以申报。"《深圳个人破产条例》第58条规定："债权人可以申报附条件、附期限的债权和诉讼、仲裁未决的债权。"据此，债权人在个人破产程序中可以申报未确定债权，管理人亦应接受申报并予以审核。但是，因这些未确定债权不具确定性，故债权人不能立即行使请求权和有关程序权利。未确定债权只有在破产程序中依法得到确认后，债权人才有完整的债权人资格，才能参与破产程序行使权利。

二、附条件债权及其申报与处置

附条件债权，是指所附条件成就时才发生效力，不成就时不发生效力的债权。附条件债权产生于民事法律行为的附条件（如附条件合同），故只有先搞清附条件的民事法律问题，才能正确审查和确认附条件债权。

《民法典》第158条规定："民事法律行为可以附条件，但是根据其性质不得附条件的除外。附生效条件的民事法律行为，自条件成就时生效。附解除条件的民事法律行为，自条件成就时失效。"由此可见，附条件包括生效条件与解除条件，随之也就有附条件债权的问题。附条件债权不是凭空债权，而是经当事人协商一致已经成立的预约债权，只是能否成为现实债权并产生请求权取决于债权所附条件成就与否。

（一）附生效条件及其债权

1. 关于附生效条件

附生效债权是否生效取决于附生效条件是否成就。这里的附生效条件，是指双方当事人约定的未来可能发生的用来限制合同效力的某种合法事实。附生效条件具有以下几个法律特征：

（1）约定性。附生效条件不是法定条件，法定条件具有普遍的约束力，不由当事人约定取舍，因而不能作为合同的附条件。附生效条件是法定条件以外的由当事人特别约定的条件，只对本合同具有约束力。

（2）不确定性。合同所附的生效条件是指将来可能发生也可能不发生的事实，具有不确定性。过去或者现存的事实和将来必定发生或者不能发生的事实不是附生效条件。

（3）附属性。合同所附生效条件不是合同的主要内容，而是附随合同内容的条款，是用来限制合同法律效力的意思表示。

（4）合法性。合同所附的生效条件必须是合法的事实，违法的事实不能作为合同的附生效条件。

2. 关于“不正当地阻止条件成就”

《民法典》第159条规定：“附条件的民事法律行为，当事人为自己的利益不正当地阻止条件成就的，视为条件已经成就；不正当地促成条件成就的，视为条件不成就。”这里的“不正当地阻止”，是指一方当事人在合同订立后，为自己的利益，对本能成就的所附条件，人为地采取不正当手段加以阻止使之不能成就的行为，目的是以此为由不履行义务。

合同约定附生效条件，在条件未成就前，当事人可期待条件的成就使合同生效，所以对双方都具有法律约束力。一方当事人不正当阻止条件的成就，是违背诚实信用原则的恶意行为，将会使对方的期待利益受到损害，故应视为条件已经成就，并按照条件成就来履行义务。例如，借款人在破产前与出借人签订借款合同，其中约定“借款人从其债务人处收回资金后再偿还借款”，届时借款人故意不收受其债务人向其支付的资金，并以未从其债务人处收回资金为由拒绝偿还借款，这就是不正当阻止所附条件的成就，根据上述规定，应视为条件已成就，未确定债权成为确定债权，出借人可以行使请求权。

但构成“不正当地阻止条件成就”需要满足两个基本条件才能视为条件已成就：（1）当事人为自己的利益。这里的“利益”通常是指不正当地阻止条件成就一方与合同有关的利益，而不包括与合同无关的利益以及他人的利益。（2）采取了不正当的手段。不正当手段通常是指不符合法律规范或道德要求的手段，若当事人的行为阻止了条件成就，但符合法律规范或道德要求的，就不能认为其手段不正当。

3. 关于“不正当地促成条件成就”

这里的“不正当地促成”，是指一方当事人在合同订立后，为自己的利益，对本来不能成就的所附条件，人为地采取不正当手段加以成就。“不正当地促成”与“不正当地阻止”一样，都是违背诚实信用原则的故意违约行为。例如，借款人在个人破产前向出借人借款，双方在借款合同中特别约定“借款方如能提供采购原料合同，贷款方才支付款项”，该合同订立后，借款人为了取得借款，与他人签订虚假的采购原料合同，这就是不正当地促成条件成就。根据上述规定，不正当地促成条件成就的，视为条件不成就，那么，上例中的出借人不负提供借款义务，已经提供借款的，可以骗取借款为由行使撤销权。

（二）附解除条件及其债权

附解除条件债权，是指条件成就时消灭，条件不成就时继续存在的债权。附解除条件债权以所附解除条件是否成就来决定其消灭还是存续。

附解除条件又称附失效条件，是指当事人约定的消灭合同效力的条件。也就是说，已经依法成立的合同，当约定的解除条件成就时，该合同的效力归于消灭，若解除条件不出现或者不成就，该合同仍保持其效力。例如，借款人在个人破产前与出借人签订的借款合同约定：借款人向出借人借款 100 万元，月息 1 分，使用期限 2 年；如果出借人盖新房，借款人必须提前还清本息。其中，“出借人盖新房”就是解除条件。当出借人在 2 年内真的动工盖新房时，该借款合同中的“使用期限 2 年”这一条款失效，此时借款人破产，出借人享有的债权是到期债权，而非未到期债权。

管理人在收到附解除条件债权后，应当根据债权人提供的证据材料，先分析和判断附解除条件是否成就。管理人对附解除条件未成就的债权，也应予以登记，但暂时不予确认；对附解除条件已成就，债务人也无异议的，应当作为确定债权予以登记；债务人对附解除条件是否成就有争议的，可以提出异议或通过诉讼方式解决。

三、附期限债权及其申报与处置

附期限债权，是指当事人约定的发生或者消灭需经过一定时间的债权。附期限债权与附条件债权一样，首先都是当事人已经约定的债权，无论以后是否成为现实债权，债权人都可以向管理人申报，管理人也应予以接受并登记。

《民法典》第 160 条规定：“民事法律行为可以附期限，但是根据其性质不得附期限的除外。附生效期限的民事法律行为，自期限届至时生效。附终止期限的民事法律行为，自期限届满时失效。”据此规定，附期限分为附生效期限和附终止期限两种，附终止期限也称附失效期限。

附生效期限是双方当事人约定的使已经成立的合同发生法律效力的时间，旨在延缓合同效力的发生。附终止期限是双方当事人约定的使已经成立的合同效力归于消灭的时间，目的主要是使已经成立的合同失去法律效力。从广义上看，附期限实质上也是附条件，因而附期限的特征与附条件大致相同，即具有约定性、附属性、合法性等。但附期限的主要特征是时间性，时间的到来是能够预见的必然的。如果当事人约定的所附期限具有不确定性，该附期限就不具效力。由于时间具有必然性，所以附期限不可能出现“不正当地阻止”和“不正当地促成”的情形。

在债权人申报债权时，管理人发现其所附终止期限已经届满，约定债权已经失效的，应当劝导申报人撤回申报，申报人坚持申报的，可以先予登记，但不予确认；经审查认为，所附期限届满，债权成立并生效，债务人也无异议的，应当作为确认债权予以登记。

四、诉讼、仲裁未决债权及其申报与处置

诉讼、仲裁未决的债权，是指当事人之间有关该债权的争议已经进入诉讼或仲裁程序，但法院或者仲裁机构尚未作出判决或裁决，债权的真实性和数额还处于不确认的状态。未决债权实际上也是未确定债权。债权人有未决债权的，也可以向管理人申报，同时向管理人提交有关证据材料，以证明不确定债权已经成立、未决债权已经提起诉讼或仲裁的客观事实。经法院判决或仲裁裁决，且其法律文书已经生效的原不确定债权、未决债权成为确定债权，管理人应当将原登记的不确定债权、未决债权改变为确定债权，债权人依法享有参与个人破产程序的全部权利。

五、债权尚未确定的债权人表决权

在一般情况下，债权人申报的债权经管理人审查和法院确认成为确定债权后，债权人在破产程序中才能行使表决权，债权尚未确定的债权人一般不得行使表决权。但《企业破产法》第 59 条第 2 款和《深圳个人破产条例》第 70 条第 1 款都规定，法院为债权尚未确定的债权人行使表决权临时确定债权额的，该债权人可以行使表决权。这里规定的表决权是临时表

决权。

为使债权尚未确定的债权人能够行使临时表决权，管理人应当根据申请人申报的尚未确定债权及其提交的证据材料进行形式审查，经审查认为未确定债权在后续破产程序中有可能确定，有必要给债权人临时表决权的，应当拟定一个较为合理的临时确定债权额，在债权人会议前提请法院作出决定。法院作出临时确定债权额决定后，债权尚未确定的债权人即可行使临时表决权。

六、处置未确定债权需要注意的几个问题

一是临时确定债权额只解决债权人的临时表决权问题，临时确定债权额毕竟不是最终确认债权额，故临时确定债权额与最终确认债权额之间出现差异的，应当在制定分配方案时进行调整。

二是管理人在处置破产财产和处理债权债务时，对未确定债权应当预留并提存相应的分配额，并将预留偿债资金存入监管账户内，由管理人、债务人及债权人委员会三方共同监管，用于清偿未确定债权确定后的债权。

三是在最后分配公告日前，生效条件成就或者解除条件未成就而使债权成立并得以确定的，管理人应将保留的分配额交付给债权人；在最后分配公告日后，生效条件还未成就或者解除条件已经成就而使债权不能成立的，管理人不再保留其债权分配额，而应将原保留的分配额分配给其他债权人。

第六节　个人破产中保证债权的申报与处置

保证债权基于保证担保而产生。保证担保，是指为保障债权的实现，保证人和债权人约定，当债务人不履行到期债务或者发生当事人约定的情形时，保证人代为履行债务的一种担保方式。个人破产程序所涉保证担保有两种情况：一是第三人为个人债务人提供保证担保，该第三人是保证人，而该个人债务人是被保证人；二是个人债务人为他人提供保证担保，该个人债务人是保证人，而他人是被保证人。

于是，在个人破产程序中也有个人债务人为破产人和保证人个人为破产人两种情况。同时，在保证方式上有连带责任保证与一般保证之分，在债的性质上有主债权与从债权之分。这些问题在个人破产程序中如果纠缠在一起，债权人申报保证债权以及保证债权的审核与确认就有些复杂。

一、个人破产保证担保中的主债权与从债权

分析个人破产保证担保中的主债权与从债权，目的是解决保证债权是否属于破产债权问题。例如，第三人为个人债务人向银行贷款提供保证担保，银行对该个人借款人享有的借款本金是主债权，对保证人享有的保证债权是从债权；个人借款人所负的债务是主债务，保证人对银行的保证担保债务是从债务。就债权和从债务是相对主债权和主债务而言的，从债权没有主债权不能成立，而主债权没有从债权照样存在。当个人借款人进入破产程序时，债权人对个人借款人享有的主债权属于破产债权无疑，那么，保证担保债权是否也属于个人破产债权？《企业破产法》第 2 条和《深圳个人破产条例》第 2 条规定中的“债务”，应当包括主债务和从债务，从债务应当包括保证担保债务；对破产债权而言，应当包括主债权和从债权，从债权应当包括保证担保债权。所以，担保权人因保证担保所产生的从债权也属个人破产债权，即债权人对保证人享有担保债权。

二、连带保证债权及其申报、审核与处置

连带责任保证有广义与狭义之分。狭义上的连带责任保证仅是指债权人与保证人在保证合同中约定对债务人债务承担连带清偿责任的一种保证担保。在这种连带责任保证的情况下，债务人在主合同规定的履行期届满前没有履行债务的，债权人既可以要求债务人履行债务，也可以要求保证人在其保证范围内承担保证责任。除有特别约定外，保证人无权主张主债务人先履行债务。广义上的连带责任保证，除包括狭义上的连带责任保证外，还包括两个或者两个以上的第三人为债务人的债务提供保证担保。这种保证担保实际上是共同保证担保。

共同保证担保又可分为按份保证担保与连带共同保证担保。按份保证担

保，是指多个保证人与债权人在保证合同中特别约定各个保证人的保证份额，并依据其份额承担保证责任。在按份保证担保中，因各个保证人不承担连带责任，债权人只能分别要求个人保证人在各自保证份额内承担保证责任。而连带共同保证担保不同，各个保证人应对债务人负连带责任，也就是说，各个保证人不分份额地承担保证担保责任，债权人既可要求每个保证人承担保证担保责任，也可选择其中一个保证人要求其承担保证担保责任。

参照《企业破产法》第51条、第52条和《深圳个人破产条例》第53条、第54条的规定，连带共同保证担保进入个人破产程序后，个人债务人作为保证人的，债权人可以向管理人申报保证债权，管理人经审核认定个人债务人负有连带保证责任，该保证债权通常为普通债权，且应视主债务人是否履行债务以及履行多少债务，再确定连带保证人有多少数额的保证债务应当清偿。

个人债务人作为被保证人，连带保证人已经代替个人债务人清偿债务的，以其对个人债务人的求偿权申报债权；连带保证人尚未代替个人债务人清偿债务的，以其对个人债务人的将来求偿权申报债权。

两个以上保证人对同一个人债务人同时提供保证担保，各保证人与债权人没有约定保证份额的，应当认定其为连带共同保证，连带共同保证人不得以其相互之间约定各自承担的份额对抗债权人。

三、一般保证债权及其审核与处置

《民法典》第687条第2款规定，一般保证的保证人在主合同纠纷未经审判或者仲裁，并就债务人财产依法强制执行仍不能履行债务前，有权拒绝向债权人承担保证责任。据此，一般保证是指债权人与保证人在保证合同中约定，债务人不能履行债务时，由保证人承担保证责任的一种保证方式。

（一）一般保证的特点与先诉抗辩权

一般保证是相对连带责任保证而言的。与连带责任保证比较，一般保证的特点是“不能履行债务”。不能履行债务，是指对债务人的存款、现金、有价证券、成品、半成品、原材料、交通工具等可以执行的动产和其他方便执行的财产执行完毕后，仍未能得到清偿的债务。因此，债权人如果“在主合同纠纷未经审判或者仲裁，并就债务人财产依法强制执行仍不能履行债务前”就要求一般保证人承担保证责任，一般保证人“有权拒绝向债权人承担保证责任”，这是一般保证人的先诉抗辩权。一般保证人行使先诉抗辩权的目的和作用是对抗债权人在“债务人不能履行债务”前就要求其承担保证责任。

但是，《民法典》第687条第2款又规定，有下列情形之一的除外：

（1）债务人下落不明，且无财产可供执行；

（2）人民法院已经受理债务人破产案件；

（3）债权人有证据证明债务人的财产不足以履行全部债务或者丧失履行债务能力；

（4）保证人书面表示放弃本款规定的权利。

出现上述前三种情形，可视为“债务人不能履行债务”，一般保证人也就丧失了先诉抗辩权，此时应当开始承担保证责任。上述规定中的第4种情形是说，一般保证人以书面方式表示同意在“债务人不能履行债务”前向债权人承担保证责任的，表明其放弃了先诉抗辩权。

（二）个人进入破产程序先诉抗辩权丧失

个人债务人因“资不抵债”进入破产程序，说明其“不能履行债务”，同时属于《民法典》第687条第2款“人民法院已经受理债务人破产案件”和“债权人有证据证明债务人的财产不足以履行全部债务或者丧失履行债务能力”的情形。因此，自法院裁定受理个人破产申请之日起，一般保证人当然丧失先诉抗辩权。先诉抗辩权丧失后，一般保证也就转化为连带保证，保证人应当开始承担保证责任。因此，债权人可以在向管理人申报主债权的同时申报保证债权。

四、管理人对保证债权的审核

债权人申报保证债权，无论是连带保证债权还是一般保证债权，也无论是债务人个人破产还是保证人个人破产，管理人都应根据其提供的证据，审查保证担保方式，保证担保如何设立，有无担保效力，有无超过保证期限，个人债务人有无清偿债务等事实，然后依法作出是否予以认定的通知。

管理人经审核认为，保证担保依法设立并有效，应当认定为保证债权；发现保证人与担保权人订立的保证合同无效，或者债务人已经清偿全部债务，管理人应当不予确认；发现主债务已经部分清偿或者保证人已经部分代偿的，应当在申报的保证债权中进行相应核减。

五、保证人申报求偿债权

保证担保一般是无偿担保，保证人在保证期间不享有实体权利，只有在其代偿债务后才能产生实体上的追偿权。在第三人作为个人债务人的保证人向债权人提供保证担保的情况下，该个人债务人进入破产程序的，参照《企业破产法》第 51 条和《深圳个人破产条例》第 53 条，保证人可分以下两种情况行使申报权：

一是保证人已经为个人债务人代偿全部或者部分债务，由此产生对个人债务人的求偿债权是现实债权，该保证人基于求偿权可在代偿债务的范围内向管理人申报债权。

二是保证人尚未代替个人债务人清偿债务，有权以对个人债务人的将来求偿权申报债权。当然，这种求偿债权不是现实债权，而是预设债权，只有保证人在个人破产程序中继续代偿后，才能产生现实的求偿债权。

六、保证人个人破产的保证责任处置

个人保证人为他人提供保证担保后进入破产程序，不因其破产而免除保证责任，而应视为“债务人不履行到期债务”，故担保权人有权向保证人的管理人申报保证债权。但根据《最高院适用企业破产法规定（三）》第 4 条的规定，担保权人对破产保证人行使保证债权的，需要注意以下两个问题：

（一）主债务未到期的保证责任承担问题

《企业破产法》《深圳个人破产条例》均有未到期的债权，在破产申请受理时视为到期的规定，据此，在法院裁定受理保证人个人破产申请时，保证人所担保的未到期主债务亦应视为到期。担保权人可以向保证人的管理人申报保证债权，要求保证人开始承担保证责任，且有权参与破产保证人的财产

分配。

(二) 丧失先诉抗辩权后的保证债权处置问题

《民法典》第687条第2款规定,“人民法院已经受理债务人破产案件”的,一般保证人不得行使先诉抗辩权。一般保证人个人在因进入破产程序而丧失先诉抗辩权后,就应与连带责任保证人一样,开始承担保证责任,但保证人的管理人在此时不可对担保权人进行个别清偿,而应将保证债权的分配额先予提存,待保证责任确定后,再按照破产清偿比例予以分配。

七、保证人在破产程序终结后继续承担保证责任

保证担保依法成立后,无论在破产程序中还是在破产程序终结后,除在法院裁定受理个人破产申请前已经超过保证期限或者债权人明确放弃保证债权外,债务人个人破产,其保证人尚未承担保证责任,应当依法继续承担清偿责任。

债务人个人破产适用清算程序的,参照《深圳个人破产条例》第102条第3款的规定,在法院裁定免除债务人未清偿债务后,保证人对债权人经破产清算后未受清偿的债权,应当依法继续承担清偿责任。

债务人个人破产适用重整程序的,参照《深圳个人破产条例》第123条的规定,除债权人自愿放弃保证债权外,法院裁定批准的重整计划,债权人对保证人享有保证债权不受重整计划的影响,保证人应当依法继续承担清偿责任。

债务人个人破产适用和解程序的,参照《深圳个人破产条例》第143条的规定,参与和解的债权人对债务人的保证人所享有的保证债权,除债权人自愿放弃外,不受和解协议的影响,保证人也应依法继续承担清偿责任。

保证人个人破产的,因其保证债务和其他债务应当在破产程序中一并处置,故在法院裁定终结破产程序免除其未清偿债务后,该保证人不再继续承担保证责任。

第七节　个人破产中抵押债权的申报与处置

抵押债权基于抵押担保而产生。抵押担保，是指债务人或者第三人不转移对财产的占有，将该财产作为债权的担保，债务人不履行债务时，债权人有权依照法律的规定以该财产折价或者以拍卖、变卖该财产的价款优先受偿的一种担保方式。在个人破产程序中，待处置的抵押担保有三种情况：（1）个人债务人为他人债务提供自己的财产抵押；（2）个人债务人为自己的债务提供自己的财产抵押；（3）他人为个人债务人的债务提供其财产抵押。在这三种情况下，债权人都可产生抵押债权。抵押债权是债权人基于抵押担保所产生的对抵押物价值享有优先受偿的金钱请求权。当事人设立抵押担保的目的在于，以抵押财产所具有的交换价值为对象，当债务人不履行债务时，使债权人凭借对抵押财产的处分，就该抵押财产的价款获得优先受偿。

债权人申报抵押债权的，管理人的审查重点应当放在抵押物是否适格、抵押合同是否有效以及是否办理抵押登记三个方面。

一、审核抵押物是否符合规定要求

从《民法典》第395条和有关司法解释的规定来看，某一财产作为抵押物，应当同时符合以下几个基本要求：

（1）抵押物必须是抵押人享有所有权、处分权的财产，行为人对不享有所有权或者未从所有权人处取得处分权的财产，不得用于抵押，如通过租赁取得房屋使用权的，承租人不得将该房屋用于抵押；

（2）抵押物必须是合法的无争议的财产，非法占有和取得的财产以及与他人存在争议的财产不得用于抵押；

（3）抵押物必须是《民法典》规定的可以用于抵押担保的财产，不得将法律禁止抵押的财产用于抵押；

（4）抵押物必须是国家允许进入市场流通的财产。理由是，债务人到期没有履行债务，抵押人承担抵押责任时需要处分抵押财产来清偿债务，而处分抵押财产必须使其进入市场流通换取价款，抵押物如果属于法律禁止进入市场流通的财产，该抵押物就无法通过市场流通进行处分，抵押债权也就无法实现。

管理人在审查中发现抵押物不符合上述四个基本条件的，应当认定抵押合同无效，抵押权已经设立的，应当通过法律规定的程序予以撤销。

二、审查法定抵押财产是否适合个人债务抵押

抵押权的标的既可以是不动产，也可以是动产和财产权利。不动产抵押物主要是土地和土地上的定着物，如果园、林木、房屋及其他建筑物等。动产抵押标的物可以是机器、设备、交通运输工具和其他能够移动的财产。《民法典》第395条规定了7类财产可以抵押，但其中有些动产和不动产是不可能或者不适合个人债务抵押的，管理人在依照《民法典》第395条规定审查抵押财产时，还需分析哪些财产可用于个人债务抵押、哪些财产不可能用于个人债务抵押。

（1）建筑物和其他土地附着物。这类可抵押财产中，对个人债务人提供抵押而言主要是住宅；对企业为个人债务提供抵押而言，可以是厂房、办公楼等建筑物。

（2）建设用地使用权。这类可抵押财产中，对个人债务人提供抵押而言，主要是通过受让方式取得并已经依法登记的建设用地使用权；但不包括农民依法无偿取得的宅基地使用权；对企业为个人债务提供抵押而言，所有依法取得的建设用地使用权都可抵押，如房地产开发企业向个人借款，可以其已经依法批准并取得土地使用权证的商品房建设用地使用权抵押。

（3）海域使用权。如渔民因经营海上养殖业经海洋行政主管部门批准所取得的海域使用权。

（4）生产设备、原材料、半成品、产品。这类可抵押财产中，对企业为个人债务提供抵押而言都可抵押；对个人债务人提供抵押而言，仅限于个人债务人所有（包括个体工商户、个人独资企业）的生产设备、原材料、半成品、产品。

（5）正在建造的建筑物、船舶、航空器。这类可抵押财产中，除私人飞

机外，个人债务人基本没有航空器，故个人债务人一般不存在航空器抵押，航空器一般也不适用于个人债务抵押。个人正在建造的建筑物和船舶，因未取得相关产权证书，也不适合个人债务抵押，但企业正在建造的建筑物、船舶可为个人债务提供抵押。

（6）交通运输工具。即完成货物和旅客运输的机车、客货车辆、汽车、轮船、飞机等。这类可抵押财产中，如铁路运输机车和航空运输飞机是不可能用于个人债务抵押的，但其中的客货车辆、汽车、轮船可以为个人债务提供抵押。

（7）法律、行政法规未禁止抵押的其他财产。如农村农民依法取得并经登记的土地经营权，包括耕地经营权等。

三、审查抵押合同效力的法律依据

《企业破产法》《深圳个人破产条例》虽然对抵押财产在破产程序中的处置有所规定，但其不是认定抵押合同效力的依据。所以，管理人首先应当根据《民法典》的有关规定，审查抵押合同有效还是无效，以及效力是否处于待定状态，然后在破产程序中作相应的处置。根据《民法典》规定抵押合同无效的，管理人对债权人申报的抵押债权不应予以认定，且不能适用破产法以保护债权人的利益为由保护抵押债权。

四、审查不动产抵押物是否登记

抵押物登记是登记机关根据抵押当事人的申请将抵押物在不动产登记簿上予以记载的法律行为。抵押物登记是一种公示方式，这种公示方式具有很强的公信力，可以避免发生抵押争议，限制抵押人擅自转让抵押物，以保护债权人的抵押权。

《民法典》第402条规定："以本法第三百九十五条第一款第一项至第三项规定的财产或者第五项规定的正在建造的建筑物抵押的，应当办理抵押登记。抵押权自登记时设立。"《民法典》第395条第1款第1项至第3项规定的应当登记的抵押财产都是不动产（包括不动产权利）。根据上述规定，不动产抵押权设立以登记为生效要件，也就是说，未办理登记的，即使不动产抵押合同生效，抵押权也未设立。不动产抵押权未设立的，债权人对抵押物不能享有优先受偿权。据此，管理人经审查，认为不动产抵押权已经依法设立的，对债权人申报的抵押债权应当予以登记，并确认其优先受偿权；若不动产抵押合同生效，但因未登记而抵押权未设立的，抵押权人不具有优先受偿权，管理人只能确认其主债权为普通债权。

五、审查动产抵押是否登记和有无第三人善意对抗

《民法典》第403条规定："以动产抵押的，抵押权自抵押合同生效时设立；未经登记，不得对抗善意第三人。"这里可登记的动产，包括：

（1）《民法典》第395条规定的生产设备、原材料、半成品、产品；正在建造的船舶、航空器；交通运输工具；

（2）《民法典》第396条规定的企业、个体工商户、农业生产经营者可以将现有的以及将有的生产设备、原材料、半成品、产品。

当事人以上述动产设立抵押，抵押权自抵押合同生效时设立。动产抵押权不以登记为生效条件，是否登记由当事人自行选择，但办理登记与不办理登记的法律后果是不同的。动产若已办理抵押权登记，不论抵押财产如何转移，只要债务人到期没有履行债务，抵押权人都可以就抵押财产实现抵押债权，同时还有先于未登记的其他抵押权人受偿的权利。动产如果未办理抵押权登记，就不得对抗善意第三人。这里的"不得对抗善意第三人"，是说抵押人如果将抵押财产转让给第三人，第三人不知道该动产事先已经设定抵押而善意取得该抵押动产，抵押权人就会丧失该抵押物上的抵押权，而只能要求抵押人提供新的担保，或者要求债务人及时清偿债务。此外，如果抵押人将该动产再次设定抵押，再抵押权已经办理抵押登记的，后顺位办理抵押权人就优于前顺位未办理抵押登记的抵押权人受偿。

管理人经审查，肯定债权人申报的动产抵押权已经办理登记，或者虽未办理登记，但抵押权已经依法设立，且无善意第三人对抗的，应当予以确认。管理人如果发现有善意第三人对抗，且善意第三人已经对抗的，应当根据上述"未经登记，不得对抗善意第三人"的规定，作为不确定抵押权进行登记，待善意第三人对抗结果，再作是否予以确认的决定。

第八节　个人破产中质押债权的申报与处置

质押债权基于质押担保而产生。质押担保，是指债务人或者第三人为担保债务的履行，将其动产或者财产权利交付给债权人占有或者登记，债务人不履行到期债务或者发生当事人约定实现质权的情形，债权人有权就该动产或者财产权利优先受偿的一种担保方式。质押担保带入个人破产程序后，债权人（质权人）向管理人申报质押债权的，管理人应当重点审查质押财产是否交付、占有、有无损失及有关赔偿责任的问题。

一、审查质押财产是否交付占有

《民法典》第425条规定，出质人与质权人采用书面形式订立质押合同后，只有将其质押财产交付给债权人占有的，质权才能设立。这里的“交付”和“占有”是质押担保区别于抵押担保的主要特点。占有是对物的实际控制和掌握，是财产所有权的一个权能。债权人占有质押财产依赖于出质人的交付，而出质人只有交付质物为债权人占有，才能设立动产质权。

在个人破产程序中，管理人审查出质人是否交付质押财产为债权人占有时，出质人采取以下几种方式交付质押财产的，应当认定债权人已经占有质押财产：

（一）转移交付

转移交付也称现实交付。出质人将用于质押的财产转移到债权人住所或者指定地点，由债权人直接占有和保管。这是最为常见的交付占有方式，主要适用于体积小、易移动、易保管的质押财产。

（二）交付管理权

这种交付方式表现为，出质人不需要搬动质物，不需要移动地点，只要将质物的管理权完整交付给债权人即可。例如，个人债务人以大宗产品出质，为了节约搬运、保管成本，经债权人同意，质押财产原地不动，只向债权人交付产品清单和仓库钥匙，即交付了控制权和管理权，质押财产也就被视为债权人占有。

（三）债权人委托他人占有或者管理

有些质押财产，债权人不便保管或者无条件保管的，可以委托他人管理，这也是一种占有方式。如有些质押财产的保管需要设备、技术或场地，债权人将其委托给具有相应条件的单位或者个人收取并保管，出质人向受托人交付，受托人占有质物的，也为交付债权人占有。

（四）交付权利凭证

出质人以有凭证的财产权利质押的，在订立书面质押合同后，应当向质权人交付权利凭证，质权自权利凭证交付质权人时设立。如以汇票、支票、本票、债券、存款单、仓单、提单出质的，权利凭证交付给债权人后，债权人就可以有效地控制该财产权利，故也视为占有质物。

（五）登记控制

出质人以财产权利为质押，因该财产不存在实物，其权利凭证只有依法办理登记手续，债权人才能有效地控制该财产。在这种情况下，债权人虽然没有直接占有实物财产，但质押登记对财产权利的控制与交付占有具有相同的效力。

管理人在审查中发现，质押合同依法成立后，出质人未按上述方式之一向债权人交付质物，致使债权人没有实际占有或控制质物的，应当确认质权未能设立。在此情形下，出质人是个人债务人的，个人债务人不承担质押担保责任，债权人对所谓的质押财产也不存在优先受偿权，但因此违约造成债权人损失的，出质人应当依法承担赔偿责任，债权人就此产生的金钱赔偿请求权可作为破产债权进行申报；质权人是个人债务人的，管理人应当向出质人索赔。

二、审查实际交付占有的财产与合同约定是否一致

根据《民法典》第 490 条“当事人采用合同书形式订立合同的，自当事人均签名、盖章或者按指印时合同成立”、第 427 条“设立质权，当事人应当采用书面形式订立质押合同”和第 429 条“质权自出质人交付质押财产时设立”的规定，动产质权合同自成立时生效，但在交付质物占有之前，并不发生担保物权的效力；出质人只有实际移转质物交付到质权人占有时，质权才发生效力。在个人破产程序中，管理人经审核发现，出质人实际交付质权

人占有的财产与质押合同约定不一致的，无论个人债务人是出质人还是质权人，质押内容都应以实际交付占有的财产为准。出质人若少交付，质权人当时接受占有，而未提出异议的，可视为变更质权合同约定的质押财产，以实际交付占有的财产为准设立质权；但质权人一直要求出质人补充交付而出质人仍未补充交付的，属出质人违约，出质人应当承担违约责任。

三、核对质押财产现状与原交付占有财产是否一致

个人债务人进入破产程序后，债权人申报质押债权的，管理人应当对质押财产进行核查，核对债权人占有、保管的质押财产现状是否与原交付占有的质押财产一致，是否与债权人申报的质押财产一致。经审核发现不一致的，管理人应当查明情况，并根据有关规定进行处置。

四、质押财产损失的赔偿责任

出质人虽将质押财产交付质权人占有，但对质押财产仍享有所有权，故因质权人的行为致使质押财产受到损害，致使其价值减少的，质权人应当承担赔偿责任。在个人破产程序中，管理人应当根据《民法典》第 431 条至第 434 条的规定，认定和处理这类行为。

（一）质权人擅自使用、处分质押财产的赔偿责任

在质权存续期间，个人债务人作为出质人，质权人未经个人债务人同意，擅自使用、处分质押财产，造成出质人损失的，在个人破产程序中，应当由管理人代表个人债务人要求质权人承担赔偿责任；个人债务人是质权人，且该个人债务人已经进入破产程序的，应当由管理人代表个人债务人承担赔偿责任。

（二）质押财产毁损、灭失的赔偿责任

质权人占有质押财产后负有妥善保管质押财产的义务，如果质权人未履行妥善保管质押财产的义务，致使质押财产毁损、灭失，质权人个人破产的，仍应承担赔偿责任，但应由管理人代表质权人履行赔偿义务；个人债务人作为出质人的，由管理人代表个人债务人向质权人索赔。

（三）质押财产可能毁损、灭失的处置

前面所说的“质押财产毁损、灭失”，是指现实的毁损、灭失，即质押

财产已经实际毁损、灭失。这里说的“可能毁损、灭失”，是指存在毁损、灭失的可能性。在存在这种可能性的情况下，个人债务人作为出质人且已进入个人破产程序的，管理人可以向质权人提前清偿债务来涤除质押权，取回质押财产并将其作为破产财产处置；个人债务人作为质权人，管理人发现质押财产有可能毁损、灭失的，应当加强保管措施，或者及时处置质押财产，由此造成出质人损失的，管理人可以在质押债权中减扣，从而解决赔偿责任的问题。

（四）危害质押债权的处置

这里的“危害质押债权”，主要是指由于某种事由的出现可能使质押财产毁损或者价值明显减少，足以危害质押债权的情形。《民法典》第 433 条规定：“因不可归责于质权人的事由可能使质押财产毁损或者价值明显减少，足以危害质权人权利的，质权人有权请求出质人提供相应的担保；出质人不提供的，质权人可以拍卖、变卖质押财产，并与出质人协议将拍卖、变卖所得的价款提前清偿债务或者提存。”个人破产程序中，对这种情形的处置有所不同。

个人债务人作为质权人的，无须请求出质人提供相应的担保，管理人可以直接拍卖、变卖质押财产，也可以与出质人协议拍卖、变卖质押财产，并将所得价款清偿债务；因不可归责于个人债务人而造成损失的，个人债务人不承担赔偿责任，但质押财产的价款不足清偿质押债权的，出质人不再清偿质押债务，但不免除对方主债务人的剩余债务。

（五）质权人擅自转质的处置

质权人在质权存续期间将占有的质押财产转质给他人的，应当取得出质人的同意。质权人未经出质人同意，转质无效。质权人如果擅自转质，造成质押财产毁损、灭失或者不能返还质押财产的，质权人应当承担赔偿责任。个人债务人作为出质人，质权人未经其同意转质，造成质押财产毁损、灭失的，在个人债务人破产程序中，管理人应向质权人索赔，如果赔偿数额已经确定，则可减扣相应的质押债权。

（六）质权人怠于行使质权的赔偿责任

《民法典》第 437 条规定，“出质人可以请求质权人在债务履行期限届满后及时行使质权”。据此，出质人在主债务履行期限届满后，请求质权人及时行使质权的，而质权人迟迟不行使质权的。属于怠于行使质权。由此造成出质人损害的，由质权人承担赔偿责任。在个人债务人作为出质人的情况下，质权人怠于行使质权造成个人债务人损害的，由管理人向质权人索赔或者直接减扣质押债权。在个人债务人作为质权人的情况下，管理人不可怠于行使质权，而应直接拍卖、变卖质押财产。

五、管理人审核质押担保需要注意的几个问题

（一）质权人放弃质权

在民事担保活动中，担保权人可以自愿放弃担保债权，但是，担保权人放弃担保债权是否有效，还要根据有无损害其他担保人以及债权人的利益而定。《民法典》第 435 条规定：“质权人可以放弃质权。债务人以自己的财产出质，质权人放弃该质权的，其他担保人在质权人丧失优先受偿权益的范围内免除担保责任，但是其他担保人承诺仍然提供担保的除外。”但是，质权人放弃质权涉及个人破产的，处置方式有所不同。

在法院裁定受理个人破产申请后，质权人放弃对个人债务人享有的质权，如无损害质权人的债权人利益的，对其他破产债权人有利而无弊，故应许可。个人债务人作为质权人的，在法院裁定受理其破产申请前后是不能放弃质权的，管理人在个人破产程序中也不能放弃质权，否则就有可能损害债权人和其他担保人的利益。

这里有个问题值得探讨，即在法院裁定受理个人破产申请前，个人债务人放弃质权造成债权人利益损害怎么处理。我们认为，管理人可以参照《深圳个人破产条例》第 40 条的规定，以个人债务人在破产申请提出前 2 年内放弃质权，可以“无偿处分财产或者财产权益”论处，请求法院予以撤销；个人债务人如果为了逃避债务放弃质权的，则可参照《深圳个人破产条例》第 42 条“不当处分财产和财产权益的”的规定作无效处理。

（二）涤除质权

个人债务人作为出质人，质权人向管理人申报质押债权，管理人可以根据个人破产的需要以及处置质押财产是否有利于债权人的具体情况，参照《民法典》第 436 条“债务人履行债务或者出质人提前清偿所担保的债权的，

质权人应当返还质押财产”的规定，采取清偿质押债务或者另行提供担保的方式涤除质权，然后取回质押财产，将其作为个人破产财产清偿破产债务。

（三）质押财产的孳息

《民法典》第430条规定，除质押合同另有约定外，质权人有权收取质押财产的孳息，孳息应当先充抵收取孳息的费用，剩余部分冲抵质押债权。据此，在个人破产程序中，个人债务人作为质权人，管理人应当收取质押财产所产生的孳息，然后按照上述方式处置孳息。

第九节　个人破产中留置债权的申报与处置

留置权，是指债权人合法占有债务人动产后，在债务人不履行到期债务的情况下扣留该动产，并有权就该动产优先受偿的权利。基于留置权产生的留置债权是债权人依法在留置财产上享有的债权，包括主债权及利息、迟延利息、违约金、损害赔偿金、实行留置权的费用、保管留置财产所支出的必要费用等。

留置财产与留置债权进入个人破产程序时，管理人审查的重点应当放在债权人行使留置权是否符合法定条件和留置债权如何处置等问题上。

一、债权人行使留置权的法定条件

《民法典》第447条第1款规定：“债务人不履行到期债务，债权人可以留置已经合法占有的债务人的动产，并有权就该动产优先受偿。”据此，债权人行使留置权需要具备以下四个法定条件：

（一）债权人已经合法占有债务人的动产

这是债权人行使留置权的前提条件之一。例如，债务人将货物交付承运人运输，债务人将车辆交付修理厂修理，承运人或者修理厂已经收取并实际控制运输货物或者车辆的，才有行使留置权的基础条件；承运人或者修理厂若未占有个人债务人的货物或者车辆，就无法实施留置。这里需要强调的是，债权人占有债务人的动产必须属于合法占有。合法占有主要是基于依法成立的基础合同，如依法成立的货物运输合同、车辆修理合同等。非法占有的他人财产不得留置，更不可能产生优先受偿权，而应返还。

（二）债务人不履行到期债务

这是债权人行使留置权的又一前提条件。按照基础合同的约定，债务清偿期限届满，债务人不履行到期债务，债权人方可行使留置权。如债权人已将债务人的货物运输到指定目的地，此时，按照运输合同约定，只有收货人付清运输费，承运人才交付运输货物，若收货人未支付运输费，承运人可行使留置权，暂不交付运输货物。债务人应当履行的债务未到期的，债权人不得行使留置权。例如，运输合同约定收货人收到货物并入库后才付运输费的，在承运人交付运输货物前，运输费债务尚未到期，承运人不可行使留置权。但是，个人债务人的债务虽未到期，法院裁定受理该债务人破产申请的，未到期债务视为到期，故认为该债务人不履行到期债务。

（三）债权人留置的动产与债权应当属于同一法律关系

《民法典》第448条规定："债权人留置的动产，应当与债权属于同一法律关系，但是企业之间留置的除外。"据此，个人之间和个人与企业之间留置的财产与债权应当属于同一法律关系。如债权人留置运输货物，只能就同一运输合同产生的债权留置该运输货物。两者属于不同法律关系的，债权人不能行使留置权。例如，借款人向承运人借款负有借款债务，该借款人将货物交付承运人运输，承运人借机扣留运输货物，迫使借款人偿还借款，因借贷法律关系与运输法律关系属于不同的法律关系，故这种扣留不属于留置。至于借贷问题，应当通过其他方式处理。

（四）不存在法律规定或当事人约定不得留置的情形

《民法典》第449条规定："法律规定或者当事人约定不得留置的动产，不得留置。"这里的"当事人约定"是指基础共同的约定。例如，车辆修理合同约定，承修方在车辆修理完毕后应当及时交付托修方，托修方到期未支付修理费的，应当向承修方支付违约金。其中约定"及时交付托修方"就有排除留置的意思，"支付违约金"的意思是按照债权债务关系处理，故承修方不得留置该维修车辆。当然，双方当事人没有约定不得留置，或者明确约定留置，或者可否留置约定不明确的，债权人可以行使留置权。

个人债务人的财产被债权人留置，债权人在个人破产程序中申报并主张留置债权的，管理人经审查，认为同时符合上述四个法定条件的，应当接受申报，并依法处置留置财产清偿留置债权；经审查，认为全部不符合上述四个法定条件或者不符合上述四个法定条件之一的，应当认定债权人的留置权不能成立，债权人已经留置的，应当要求债权人返还留置财产。

二、个人破产留置权和留置债权的处置

《企业破产法》《深圳个人破产条例》虽有个别条款规定如何处置留置问题（如涤除留置权），但在个人破产程序中仅参照其规定是不能完全处置留置权和留置债权问题的。《民法典》第四分编“担保物权”中，第十九章“留置权”的规定较为完整，故管理人应当根据《民法典》中“留置权”的相关规定并参照破产法的有关规定进行处置。

（一）他人对个人债务人享有留置债权的处置

在个人破产程序中需要处置的留置债权，包括个人债务人享有的留置债权，也包括他人对个人债务人享有的留置债权。他人对个人债务人享有留置债权的，该留置权人可以直接向管理人主张留置债权。

《民法典》第454条规定：“债务人可以请求留置权人在债务履行期限届满后行使留置权；留置权人不行使的，债务人可以请求人民法院拍卖、变卖留置财产。”但因个人债务人进入破产程序，债权人的未到期债权视为到期，又因个人债务人的财产由管理人接管，故无论个人债务人的债务是否到期，债权人均可要求管理人清偿留置债权，或者行使对留置财产的处分权。而管理人可以采取两种方式处置债权人的留置权和留置债权：一是代表个人债务人清偿留置债权，从而涤除留置权，取回被留置的财产；二是请求法院拍卖、变卖个人债务人的被留置财产，以其价款清偿留置债权，从而消灭留置权。

（二）个人债务人享有留置权的处置

个人债务人作为留置权人留置其债务人财产的，根据《民法典》第453条“债务人逾期未履行的，留置权人可以与债务人协议以留置财产折价，也可以就拍卖、变卖留置财产所得的价款优先受偿”之规定，管理人可以采取两种方式处置留置权和留置债权：

一种方式是先与对方债务人进行协议折价处理，经协商一致，管理人可

以代表个人债务人受让留置财产，以折价款抵销债权，此后取得的留置财产作为个人债务人的财产进行破产处置。需要注意的是，折价处置留置财产应由留置权人与债务人采取协议的方式进行，而不能由单方决定。

另一种方式是在协议折价不成或者不愿协议折价的情况下，管理人经法院同意可以依职权拍卖、变卖个人债务人所留置的财产，将所得的价款优先抵销个人债务人的留置债务，从而消灭两者之间相应的债权债务关系。

三、管理人处置留置财产及其债权需要注意的几个问题

（一）留置财产为可分物的处置

《民法典》第450条规定，债权人留置财产为可分物的，留置财产的价值应相当于债务的金额。在处置留置财产时也应参照此规定谨慎办理。例如，债务人将两辆汽车同时交付同一修理厂修理，届时均未支付修理费就进入破产程序的，如果只需其中一辆汽车处置的价款就能满足全部修理费债权，就不能处置另一辆汽车。留置财产为不可分物时（如留置物为一辆汽车）才可以处置整个留置物，但价款超过留置债权数额的部分应当返还债务人。

（二）债权人毁损、灭失留置财产的赔偿责任

债权人留置财产即占有留置财产，这与财产抵押一样，债权人负有妥善保管留置财产的义务。《民法典》第451条规定，债权人因保管不善致使留置财产毁损、灭失的，应当承担赔偿责任。

（三）留置财产的孳息处置

《民法典》第452条规定，留置权人有权收取留置财产的孳息，孳息应当先充抵收取孳息的费用，有剩余用于清偿留置债权。那么，在个人破产程序中如何处置留置财产的孳息?

孳息作为由原物所产生的额外收益，有天然孳息与法定孳息之分。法定孳息包括房屋出租的租金、借贷产生的利息等。在个人债务人破产的情况下，租金和利息等法定孳息应当自法院裁定受理个人破产申请之日起停止支付，由债权人向管理人申报后再依法处置。至于天然孳息，如可与原物分离，且原物被留置时价值满足留置债权的，原物被留置后产生的天然孳息不属于特定担保财产，管理人有权取回，留置权人也应向管理人返还。天然孳息与原

物不可分离的，在破产程序中可一并处分，其中天然孳息不属留置担保财产的，留置权人对天然孳息的价款不具优先受偿权。

（四）留置财产后的债务履行期限

根据当事人意思自治原则，债权人与债务人在订立基础合同时可以预先约定留置以及留置财产后的债务履行期限问题，届时债权人行使留置权的，债务履行期限按照约定执行。基础合同没有约定留置，当事人也没特别订立留置合同的，《民法典》第453条规定，留置权人行使留置权时可与债务人约定留置财产后的债务履行期限，然后，债务人应当在约定期限内完成债务履行；留置权人行使留置权时没有约定或者约定不明确的，除鲜活易腐等不易保管的留置财产外，留置权人应当给债务人60日以上履行债务的期限。但在个人破产程序中，管理人不是必须执行上述的约定期限或者规定期限，可以根据破产工作的实际需要涤除留置权，取回留置财产将其作为破产财产进行处置。

（五）留置财产的处置方式

根据《民法典》第453条“债务人逾期未履行的，留置权人可以与债务人协议以留置财产折价，也可以就拍卖、变卖留置财产所得的价款优先受偿”之规定，留置财产的处置有折价、拍卖、变卖三种方式。据此，在个人破产程序中，管理人可以与留置权人协商采取折价方式处置留置财产，也可以协商采取拍卖、变卖方式处置留置财产。双方不愿协议或者协议不成的，根据《民法典》第454条的规定，债务人可以请求法院拍卖、变卖留置财产，债务人怠于行使此请求权的，管理人可以请求法院拍卖、变卖留置财产。

（六）留置债权优于抵押、质押债权受偿

《民法典》第456条规定：“同一动产上已经设立抵押权或者质权，该动产又被留置的，留置权人优先受偿。”据此，债务人财产事先已经设立抵押或者质押，后又被债权人留置的，留置债权优于抵押债权、质押债权受偿。如借款人向出借人借款，借款人将自己的车辆抵押给出借人并办理抵押登记，后该抵押车辆发生交通事故交付汽车修理厂修理，汽车修理厂修理完毕后，因债务人未付修理费用，汽车修理厂留置了该车辆，该车辆拍卖、变卖的价款，应先清偿汽车修理厂的留置债权，有剩余的，再清偿抵押债权。

（七）留置权的消灭

留置权的消灭有多种原因，其中，债务人清偿留置债务（主债权消灭）和留置权人放弃留置权是主要原因，但还有其他原因。

留置权基于债权人占有财产而产生，当留置权人对留置财产丧失占有时，留置权即告消灭，如上述汽车修理厂在债务人支付修理费用前，将所修理的车辆交付债务人开走，将被视为放弃留置权，留置权即告消灭。

债务人与留置权人约定另行提供担保，属于以另行担保方式涤除留置权，留置权人予以接受并另行设定担保的，不论另行担保是保证、抵押或者质押，留置权均告消灭。

在债务人未清偿留置债务、未另行提供财产担保的情况下，留置权消灭的，债权人丧失留置债权的优先受偿权，但主债权并不随之消灭。此时，债权人在个人破产程序中仍可申报主债权，但该主债权只能作为普通债权处理。

第十节　个人破产中混合担保债权的申报与处置

混合担保，是指同一债权既有物权担保又有人的保证，即保证方式与抵押方式或质押方式共同为同一债权提供的担保。在个人破产程序中，因混合担保不仅有一个主债权而且有物保和人保两个或两个以上的从债权，故债权人申报混合担保债权和管理人审核混合担保债权都较为复杂。

一、物保是否优于人保

《担保法》（已失效）第28条规定：“同一债权既有保证又有物的担保的，保证人对物的担保以外的债权承担保证责任。债权人放弃物的担保的，保证人在债权人放弃权利的范围内免除保证责任。”这条是“物保优于人保”的规定，也就是说，在混合担保中，债务人未清偿到期债务的，抵押人或者出质人先以担保财产清偿担保债务，剩余担保债务再由保证人代偿；债权人如果放弃抵押权或者质押权，则免除保证人在债权人放弃的抵押权或者质押权的范围内的保证责任。

《民法典》第 392 条规定："被担保的债权既有物的担保又有人的担保的，债务人不履行到期债务或者发生当事人约定的实现担保物权的情形，债权人应当按照约定实现债权；没有约定或者约定不明确，债务人自己提供物的担保的，债权人应当先就该物的担保实现债权；第三人提供物的担保的，债权人可以就物的担保实现债权，也可以请求保证人承担保证责任。提供担保的第三人承担担保责任后，有权向债务人追偿。"该条规定的混合担保债务的清偿，原则上实行约定主义，只有在"没有约定或者约定不明确"的情况下，才适用"物保优于人保"的规则，但仅限于以债务人财产设定的担保。至于第三人为债务人提供抵押担保或者质押担保的，在"没有约定或者约定不明确"的情况下，债权人可以就抵押财产或者质押财产实现担保债权，也可以请求保证人承担保证责任。

《民法典》施行后，《物权法》和《担保法》均废止，故管理人应当适用《民法典》的上述规定审核和处置个人破产中的混合担保问题。

二、先处置债务人担保财产

（一）混合担保在个人破产程序中的处置

混合担保构成后，个人债务人进入破产程序的，债权人在申报主债权的同时，将会向管理人申报担保债权，要求保证人承担保证责任，同时要求处置抵押财产或者质押财产实现担保债权。对此，管理人需对物保、人保是否成立、是否构成混合担保以及担保债权等情况进行审核。管理人经审核认为构成混合担保的，在个人破产程序中不一定根据《民法典》第 392 条规定的顺序和方式进行处置，原因是《民法典》第 392 条规定的顺序和方式是对担保个案而言的，而破产程序是集中清理债权债务的特别执行程序，故在个人债务人"资不抵债"进入破产的情况下，通常无须考虑先行处置个人债务人担保财产的问题，而应将个人债务人的担保财产以及其他财产和第三人提供的担保财产或者保证责任一并依法处置，然后清偿破产债权债务。

但是，法院裁定受理个人破产申请后出现某些特殊情况，致使个人债务人提供担保的财产以及其他财产的价值足以清偿债务的，应当先处置债务人的财产。例如，个人债务人提供房地产抵押，在设立抵押权时由于市场价较低，再加上抵押“打折”，抵押价值不高，但在进入破产程序后，抵押房地产遇到政府拆迁，拆迁补偿债权足以清偿全部债务。在类似情况下，因个人债务人是主债务人，是债务的最终承担者，故不论担保当事人有无明确约定担保债务清偿的顺序和数额，在混合担保中都应先行处置个人债务人的担保财产和其他财产；如果也同时处置第三人提供的担保财产，则会造成不应造成的担保追偿，增加破产工作量。这不符合破产高效原则，也不符合破产财产处置的规则，还有损提供担保的第三人利益。

（二）债权人放弃个人债务人担保物权的处置

在个人破产程序中，债权人出于某种原因（如与债务人系亲属关系），只向管理人申报主债权，而不申报对债务人提供财产担保的担保债权的，将被视为放弃对债务人享有的担保债权。在此情况下将产生以下四种法律效果：

一是债权人对债务人的担保债权消灭，原担保财产成为个人债务人的普通财产，由管理人依法处置，用于清偿破产债务。

二是债权人只放弃个人债务人的担保债权而未放弃主债权的，其主债权应当作为普通债权参与破产财产分配。

三是债权人放弃个人债务人的担保债权，除有保证人继续承担保证责任的明确约定外，应当免除保证人在债权人放弃范围内的保证责任。

四是在不分份额的连带担保中，债权人放弃对个人债务人的担保债权，不得增加第三人的财产担保责任。

三、混合担保人在个人破产程序终结后的担保责任

担保关系虽在债权债务关系的基础上产生，但债权债务关系是债权人与债务人之间的关系，而担保关系是债权人与担保人之间的关系，两者是既有联系但又不同的法律关系。因此，第三人与债权人约定为个人债务人提供担保并设立担保权后，不因该个人债务人破产而免除其担保责任，即使个人破产程序终结，担保人仍应按照约定向债权人承担担保责任。如《企业破产法》第 124 条规定：“破产人的保证人和其他连带债务人，在破产程序终结后，对债权人依照破产清算程序未受清偿的债权，依法继续承担清偿责任”。又如《深圳个人破产条例》第 102 条第 3 款规定，“债务人的保证人和其他

连带债务人尚未承担保证责任或者连带责任的，在人民法院依照本条例裁定免除债务人未清偿债务后对债权人依照破产清算程序未受清偿的债权，依法继续承担清偿责任”。

在个人破产程序中，混合担保中的第三人担保财产，一般都会通过折价、拍卖、变卖等方式进行处置，从而清偿债权人的债权以减少个人债务人的债务，但混合担保中的保证人不一定都能履行保证债务。就此，根据上述规定，在管理人最后分配完结，法院裁定终结破产程序（包括法院裁定免除债务人未清偿债务）后，保证人对债权人未受清偿的债权，仍应依法继续承担保证责任。

四、混合担保人的追偿

《民法典》第 392 条规定：“提供担保的第三人承担担保责任后，有权向债务人追偿。”《企业破产法》第 51 条和《深圳个人破产条例》第 53 条也都规定，债务人的保证人或者其他连带债务人已经代替债务人清偿债务的，以其对债务人的求偿权申报债权。

因债务人是债务的最终承担者，故无论混合担保中的第三人提供保证担保还是财产担保，也无论在法院裁定受理个人破产申请前或后，只要第三人已经代替个人债务人清偿债务，都能产生对个人债务人的追偿权。在担保人具有追偿权的情况下，担保人可在个人破产程序中向管理人申报追偿债权并参与破产财产分配。

但是，管理人将破产财产分配完结，法院裁定终结破产程序，且裁定免除债务人未清偿债务的，追偿债务同时被免除，担保人也就不能再行使追偿权。

第十一节　个人破产中共益债务的审核与确认

这里的共益债务，是指个人债务人在破产程序中为债权人的共同利益所形成的对他人所负的债务。共益债务与共益债权是一个问题的两个方面，对个人债务人来说是共益债务，对债权人来说是共益债权。

一、个人破产中共益债权是否需要申报

共益债权虽然也为债权人的债权，但共益债权的成因与其他债权有所不同，故债权人是否向管理人申报共益债权，应视共益债权不同的成因和种类而定。如债权人无因管理个人债务人财产所产生的债权、债权人对个人债务人不当得利所产生的债权、债权人因债务人财产致其损害所产生的债权等，共益债权人应当向管理人申报债权，管理人亦应予以接受和审查。而有些共益债权债务，原本就是管理人履职所产生或者一直在管理人掌控之中，如经管理人同意或者与其协商，出借人为个人债务人重整提供融资、投资人为个人债务人重整投入资金、担保人为个人债务人重整提供财产担保等所形成的债务；又如管理人或者个人债务人为继续营业支付劳动报酬、社会保险所产生的债务等，无须共益债权人申报，管理人就应予以核实，然后予以公示。

二、个人破产共益债务的形成条件

管理人在处置个人破产共益债务之前，先应对共益债务进行审核。审核的重点是，哪些个人债务是共益债务而不是普通债务，哪些个人债务是普通债务而不是共益债务。在划清这个界限后，才能确定共益债务。而解决这个问题，首先要看共益债务的形成是否具备规定的条件。

参照《企业破产法》《深圳个人破产条例》的有关规定，共益债务的形成应当符合以下三个基本条件。

（一）形成共益债务的主体是管理人或个人债务人

这是共益债务形成的主体条件。个人债务人进入破产程序后，共益债务的形成有两种情况：一是因个人债务人的财产由管理人接管或者控制，无法自行举债，故此时共益债务的形成和产生通常都由管理人所为；二是在个人破产重整、和解程序中，个人债务人自行管理财产，经管理人、债权人会议、法院同意而举债形成共益债务，此时共益债务的形成和产生系个人债务人所为。因此，在个人破产程序中形成共益债务的行为人只能是管理人和个人债务人，他人包括债权人会议都不得擅自为个人债务人举债，否则只能作普通

债权处置。

（二）共益债务形成的时间应在法院裁定受理个人破产申请之后

这是共益债务形成的时间条件。《企业破产法》第42条和《深圳个人破产条例》第67条都规定，法院裁定受理破产申请后发生的债务为共益债务。也就是说，法院裁定受理个人破产申请前，个人债务人所有形成的债务都不是共益债务。例如，个人债务人不当得利行为所产生的债务和债务人财产受无因管理所产生的债务，都有可能产生在法院裁定受理个人破产申请之前，但之前的这些债务带入破产程序后，只能作为一般债务处理，而不能作为共益债务随时清偿。

（三）共益债务形成是为全体债权人的共同利益

这是共益债务形成的目的条件。例如，为债务人重整提供融资或者担保所产生的债务、为债务人继续营业而应支付的劳动报酬和社会保险费用等，都直接体现全体债权人的共同利益。又如，将债务人财产受无因管理所产生的债务、债务人因不当得利产生的债务作为共益债务清偿，能使管理人排除处置债务人财产的障碍，推进破产程序的顺利进行，这也符合全体债权人的共同利益。非此目的的举债，如个人债务人在破产程序中因个人生活，未经管理人同意向他人借款，不符合全体债权人的共同利益，故该借款不属共益债务，而只能作普通债权处理。

管理人经审查，认为个人债务同时具备上述三个基本条件的，应当认定共益债务成立；如果认为不具备上述三个基本条件的，不能认定为共益债务。

三、个人破产共益债务的规定范围

关于个人破产共益债务的规定范围，可以参照《企业破产法》第42条和《深圳个人破产条例》第67条确定。

（一）因管理人或者个人债务人请求对方当事人履行双方均未履行完毕的合同所产生的债务

这种债务是个人债务人在破产程序中继续履行合同所产生的债务。在个人债务人破产的情况下，对方合同当事人可能会行使合同的履行抗辩权或不安抗辩权，对此，将继续履行合同所产生的债务作为共益债务随时清偿，能够消除对方当事人的抗辩心态。但有以下两点需要说明：

第一，这里的合同应是个人债务人在法院裁定受理破产申请前就已依法成立的合同，由于双方未履行完毕，使合同的权利义务带进了个人破产程序。

第二，“双方均未履行完毕”说明所涉合同为双务合同，双务合同不一定因一方进入个人破产程序就要解除，管理人认为继续履行对债务人有利的，有权要求对方继续履行。管理人决定继续履行合同会使对方当事人丧失履行抗辩权，因此应将继续履行所产生的债务作为共益债务清偿，使对方当事人因此享有的债权得以公平处理。

（二）债务人财产受无因管理所产生的债务

1. 关于无因管理

《民法典》第121条规定：“没有法定的或者约定的义务，为避免他人利益受损失而进行管理的人，有权请求受益人偿还由此支出的必要费用。”从中可以看出，无因管理是指管理人没有法定的或者约定的义务，为避免他人利益受损失而进行管理的事实行为。无因管理人如因管理他人财产有必要费用支出的，有权请求受益人偿还，于是就有了无因管理债权。例如，个人债务人因破产举家外逃，留下的房屋因被台风损坏，如不及时维修将会倒塌，邻居在没有个人债务人委托的情况下出于善意，出资予以修缮，并进行看管，这就是无因管理。无因管理人管理他人财产，使对方当事人避免利益受损失的，对方当事人是受益人，故无因管理人由此支出的必要费用成为受益人的债务。

2. 关于无因管理债权产生的条件

根据《民法典》第121的规定，无因管理债权的产生应当具备以下4个条件：

（1）无因管理人与受益人之间没有法定或者约定的义务。无因管理中的“无因”是指“没有法定的或者约定的义务”。管理人管理他人财产，如有法定义务或约定义务，则不是无因管理。如债权人留置债务人的财产，债权人对留置财产负有法定的保管义务，属于有因管理，而不是无因管理。

（2）无因管理事实已经发生。因无因管理是一种事实行为，故无因管理人在客观上已经实施了管理事务的行为，才能产生无因管理债权，否则不构成无因管理，也不产生无因管理债权。

（3）无因管理行为使对方避免利益受损。无因管理人进行无因管理，其目的是避免对方利益受到损失，即为对方受益；如果未能避免对方受损，则不可行使无因管理债权。

（4）无因管理已经支出必要费用。无因管理人没有必要费用支出的，不产生无因管理债权。这里的必要费用一般是指无因管理人直接支出的费用，而不包括无因管理人的报酬、劳务费、利息等。

3. 关于无因管理债权作为个人破产的共益债务

无因管理所支出的必要费用虽为受益人的债务，但作为个人破产的共益债务，还受以下两个方面的限制：

一是参照《企业破产法》第42条和《深圳个人破产条例》第67条的规定，无因管理债权只有在法院裁定受理个人破产申请后发生才为个人破产共益债务，此前产生的无因管理债权只能普通债权处理。

二是根据《民法典》第121条，无因管理债权范围以"由此支出的必要费用"为限。无因管理人向管理人申报的无因管理债权超过这个范围的，不能认定为共益债务，其中是普通债权的作为普通债权认定；债权不成立的，应当不予认定。

（三）因个人债务人不当得利所产生的债务

不当得利，是指行为人没有法律根据，取得他人不当利益，使他人财产受损，而自己受益的行为。《民法典》第122条规定："因他人没有法律根据，取得不当利益，受损失的人有权请求其返还不当利益。"在不当得利的债权债务关系中，不当得利的行为人是债务人（受益人），受损人为债权人。

不当得利由三个条件构成：一是行为人的得利没有法律根据和约定依据；二是行为人取得财产利益，而对方受到财产损失；三是一方取得利益与对方受到损失之间有因果关系。不同时具备上述三个条件的，不当得利不能成立。

不当得利成立后，受损失人要求返还不当利益，原物存在的，债务人应当返还原物；原物不存在的，债务人应当给予相应的补偿或赔偿。

不当得利的法律规定不仅适用于一般民事行为，也适用于破产制度。例如，在管理人决定继续履行合同的情况下，客户采购个人债务人的产品，个人债务人将约定的产品全部交付给客户，该客户也已付清全部货款取得了产品的所有权，当该客户将产品交付承运人运输时，因承运人失误将部分产品丢失在个人债务人处，该个人债务人应当向客户返还，如果将客户丢失产品出卖取得款项的，该个人债务人应当承担赔偿责任，这种赔偿债务就是不当得利债务。

不当得利发生在法院裁定受理个人破产申请前，后被带入个人破产程序，受损债权人行使不当得利债权的，管理人应将之作为普通债权处理；如果发生在法院裁定受理个人破产申请后，则应作为共益债务处理。

（四）为个人债务人继续营业支付劳动报酬、社会保险所产生的债务以及由此产生的其他债务

在法院裁定受理个人破产申请后，个人债务人经管理人、债权人会议或者法院同意（如重整）继续营业，如需雇用人员的，雇用人员的劳动报酬和社会保险费用是不可少的，而这些费用支出符合全体债权人的共同利益，故应作为共益债务随时清偿。但此前雇用人员的劳动债权，只能安排在第一顺序清偿。

（五）为个人债务人重整提供融资或者担保所产生的债务

个人债务人进入破产重整程序，按照债权人会议通过并经法院批准的重整计划和有关投资、融资、担保协议的约定，投资人、贷款人以及财产担保权人等向个人债务人投入、出借的资金及提供担保的财产，原本不属于法院裁定受理个人破产申请时的个人可破财产，故个人债务人由此形成的债务应当作为共益债务清偿；如果作为普通债权清偿，将有损于这些人的利益，这就不可能引入资金、取得担保，也就难以进行重整来拯救个人债务人。

（六）管理人或者相关人员执行职务致人损害所产生的债务

在个人破产程序中，管理人以及债权人委员会等相关人员执行职务是维护全体债权人共同利益的行为，由此致人损害所产生的债务应由个人债务人负担，且应作为共益债务清偿。如管理人搬运债务人财产造成他人人身损害

的，应由个人债务人承担赔偿责任，且该赔偿费用应为共益债务清偿。

这里的关键是“执行职务”。管理人或者相关人员因非执行职务行为致人损害的，应由行为人自行负责；执行职务过错造成损害的，应当承担赔偿责任。如《最高院适用企业破产法规定（二）》第33条规定，管理人或者相关人员在执行职务过程中，因故意或者重大过失不当转让他人财产或者造成的他人财产毁损、灭失，导致他人损害产生的债务作为共益债务，由债务人财产随时清偿；债务人财产不足弥补损失的，权利人有权向管理人或者相关人员主张承担补充赔偿责任；债权人认为管理人或者相关人员执行职务不当导致债务人财产减少给其造成损失的，有权主张管理人或者相关人员承担相应赔偿责任。

（七）个人债务人财产致人损害所产生的债务

这里的个人债务人财产致人损害，是指个人债务人因其财产本身的原因造成的他人的损害，包括造成他人人身损害和财产损害。如法院裁定受理个人破产申请后，个人债务人的房屋倒塌造成邻居人员伤亡和财产损失等，管理人应当代替个人债务人履行赔偿责任，并将其作为共益债务清偿。

四、参照司法解释的几种共益债务

除上述规定的情形外，参照《最高院适用企业破产法规定（二）》有关规定，以下几种个人债务人的债务亦应作为共益债务处理：

1. 参照第4条第3款的规定，管理人分割个人债务人共有财产，导致其他共有人损害，其他共有人请求赔偿的，作为共益债务清偿。

2. 参照第30条的规定，个人债务人占有的他人财产被违法转让给第三人，第三人依据民法典相关规定已经善意取得财产所有权，原权利人无法取回该财产，转让行为发生在法院裁定受理个人破产申请前的，原权利人因财产损失形成的债权作为普通债权清偿；转让行为发生在法院裁定受理个人破产申请后的，因管理人或者相关人员执行职务导致原权利人损害产生的债务，作为共益债务清偿。

3. 参照第31条的规定，个人债务人占有的他人财产被违法转让给第三人，第三人已向债务人支付了转让价款，但依据民法典相关规定未取得财产所有权，原权利人依法追回转让财产的，对因第三人已支付对价而产生的债务，该转让行为发生在法院裁定受理个人破产申请前的，作为普通债权清偿；转让行为发生在法院裁定受理个人破产申请后的，作为共益债务清偿。

4. 参照第 32 条的规定，个人债务人占有的他人财产毁损、灭失，保险金、赔偿金已经交付给债务人，或者代偿物已经交付给债务人且不能与债务人财产予以区分，财产毁损、灭失发生在法院裁定受理个人破产申请前的，权利人因财产损失形成的债权，作为普通债权清偿；财产毁损、灭失发生在法院裁定受理个人破产申请后的，因管理人或者相关人员执行职务导致权利人损害产生的债务，作为共益债务清偿。

5. 参照第 36 条的规定，出卖人破产，其管理人决定解除所有权保留买卖合同，买受人依法履行合同义务并将买卖标的物交付出卖人管理人后，买受人已支付价款损失形成的债权作为共益债务清偿，但买受人违反合同约定，管理人可主张上述债权作为普通债权清偿。

6. 参照第 38 条的规定，买受人破产，其管理人决定解除所有权保留买卖合同，出卖人取回买卖标的物价值明显减少，买受人已支付价款不足以弥补出卖人标的物价值减损损失形成的债权，出卖人可以主张共益债务。

五、个人破产共益债务的清偿及异议处置

参照《企业破产法》第 43 条和《深圳个人破产条例》第 68 条的规定，个人破产的共益债务以个人债务人财产随时清偿。共益债务清偿完毕，共益债务消灭。共益债务未能清偿的，应当在个人破产财产分配前先予清偿。

个人破产财产不足以清偿所有破产费用和共益债务的，先行清偿破产费用。个人破产财产不足以清偿所有破产费用或者共益债务的，按照比例清偿。

共益债务异议主要有两种情况：一种是债权人对管理人不予认定共益债权或者认定共益债务数额错误而产生的异议；另一种是因共益债务不参与破产财产分配而应随时清偿，这将直接影响其他债权人的债权分配比例，其他债权人对管理人认定的共益债务有异议。对这些异议，管理人应当进行复核并回复，异议人也可以向法院提起诉讼，由法院最终裁判确认。

第十二节 农民住房的破产处置

在改革开放不断深入和市场经济不断发展的过程中，大量农村居民因投资创办企业或者从事经商活动而成为商人，但因户籍仍在农村，故其身份仍为农民，当其在市场经济活动中严重亏损出现“资不抵债”情形时，也就有了“农民破产”的问题。

农民居住的房屋是农民利用农村宅基地建设居住的住宅（以下简称农房）。农房是农户的主要财产，是农户的安身之所。农民作为个人债务人破产，农房也就成为破产财产（以下简称破产农房）。但是，在个人破产程序中，处置农房会受相关法律的制约而遇到不少需要解决的问题。

一、农房所涉农村宅基地的法律限制

农民对自己依法所建的房屋享有完整的财产所有权，除享有占有、使用、收益的权利外，还有处分的权利。因此，从理论上讲，在个人破产程序中是可以对农房采取拍卖、变卖、折价等方式进行处置，用以清偿破产债务的。但农房建筑在农村宅基地之上，房地不可分离，故在农民破产的情况下处置农房必须“地随房走”，而农村宅基地属于农村集体所有，农户只有使用权而没有所有权，这就为处置破产农房带来难题。

根据《土地管理法》的规定，农民因建设住宅需要宅基地的，受以下三个方面的限制：

一是限于本农村集体经济组织成员，非本农村集体经济组织成员在没有特别政策许可的情况下，不能在本农村集体经济组织取得宅基地。

二是限于“一户一宅”，也就是说，除有合法原因（如继承）外，一户农户只能享有一处宅基地，而不能“一户二宅”（除一处宅基地面积不够外），更不得“一户多宅”。

三是农户宅基地的使用面积按照农户人口和当地政府规定进行审批，而不得未批先建，也不得超面积多建。

在上述法律限制的情况下，处置破产农房将受到农村宅基地的牵制。这种牵制主要表现为，买受方如果不具使用农村宅基地资格，即使买卖合同有效且其也实际占有、使用了农房，也无法办理房屋所有权过户手续和宅基地使用权转移手续，那么，已经出卖的农房在物权法上仍为出卖人农户所有。

二、农房买卖的法律效力问题

在通常情况下，房屋是可向社会不特定对象出卖的，但农房买卖因有农村宅基地的制约，其法律效力问题较为复杂。

（一）本农村集体经济组织成员受让农房的效力问题

农村宅基地限于本农村集体经济组织成员依法使用，农房通常限于同一农村集体组织成员之间买卖，故本农村集体经济组织成员可以参与破产农房拍卖、变卖并取得农房所有权。但这里又涉及《土地管理法》第 62 条规定的“一户一宅”的问题，即本集体经济组织成员在已有“一户一宅”的情况下买受破产农房是否构成“一户二宅”或者“一户多宅”？我们认为，“一户一宅”仅为宅基地使用权初始取得的限制，而不能约束继受取得，本集体经济组织成员之间买卖农房，对买受人来说是继受取得，因此，“一户一宅”不宜作为这些主体买卖农房的效力条件。

（二）非本农村集体经济组织成员买受农房的效力问题

从司法实践来看，本农村集体经济组织成员将在宅基地上建造的房屋出卖给非本集体经济组织成员，法院认为不具有法律效力。如 A 镇村民到 B 镇某村购买农房，因 A 镇村民不是 B 镇某村的集体经济组织成员，不具有使用 B 镇某村的宅基地的资格，即使通过买卖已经实际占用、使用在 B 镇某村购置的农房，也不能取得该农房的土地使用权和房屋所有权。

但有学者持不同意见，认为农房出卖给非本农村集体经济组织成员不能一律作无效认定，主要理由是：

（1）我国相关法律、行政法规没有禁止农房买卖，法无规定即自由；

（2）本农村集体组织成员与非本集体组织成员仅不为同一农村集体组织而已，但两者“农民”身份相同，农民之间转让农房在广义上不至于使农村宅基地流失，也不能狭隘地以“损害本集体经济组织利益”为由否定这种合同的效力；

（3）允许农民之间转让农房，能使闲置宅基地得以充分利用。

因此，农房买卖已经所在地村级集体经济组织同意或者追认的，应当作有效认定。

不少地方法院倾向上述观点，并根据辖区的实际情况，就农房买卖效力及所涉宅基地的纠纷处理作了一些规定，其中较为开放的是上海市高级人民法院。上海市高级人民法院早在2004年公布的《关于审理农村宅基地房屋买卖纠纷案件的原则意见》（沪高法民一〔2004〕4号）中规定，在“农村宅基地买卖应严格按照法律法规的规定进行”的前提下，对农房买卖的效力规定相对宽松一些。

一是适度规定农房买卖的合法区域范围。该意见第1条规定，“对于发生在本乡范围内农村集体经济组织成员之间的农村房屋买卖，该房屋买卖合同认定为有效”。该规定打破了我们的传统观念，将农房买卖区域范围规定为“本乡范围”，也就是说，在“本乡范围”内的农村集体经济组织成员都可以成为农房买卖的合法主体。

二是跨本乡范围的农房买卖以有关组织和部门是否批准为标准确认效力。该意见第2条规定：“对于将房屋出售给本乡以外的人员的，如果取得有关组织和部门批准的，可以认定合同有效。”也就是说，本乡以外的人员购买本乡内的农房，即本乡村民将农房出卖给本乡以外的人员，经有关组织和部门批准的，法院认定农房买卖合同有效。该意见第3条规定：“对于将房屋出售给本乡以外的人员的，未经有关组织和部门批准，如果合同尚未实际履行或者购房人尚未实际居住使用该房屋的，该合同应作无效处理。”

三是该意见第4条规定：“对于将房屋出售给本乡以外的人员，未经有关组织和部门批准，如果合同已实际履行完毕，且购房人已实际居住使用该房屋的，对合同效力暂不表态，实际处理中应本着尊重现状、维护稳定的原则，承认购房人对房屋的现状以及继续占有、居住、使用该房屋的权利。”这里的“效力暂不表态”，是指暂不承认购房人取得所购农房的所有权，由此也暂时不能办理房地产过户手续，但承认购房人对所购农房的占有、居住、使用的用益物权。

（三）城镇居民买受农房的效力问题

国务院办公厅《关于加强土地转让管理严禁土地炒卖的通知》第2条第2款："农村的住宅不得向城市居民出售，也不得批准城市居民占用农民集体土地建住宅，有关部门不得为违法建造和购买的住宅发放土地使用证和房产证。"原国土资源部《关于加强农村宅基地管理的意见》规定，严禁城镇居民在农村购置宅基地，严禁为城镇居民在农村购买和违法建造的住宅发放土地使用证。当前的司法实践也都执行上述规定精神，认为城镇居民购置农村住宅违反禁止性规定，对该类农房买卖合同作无效处理。

（四）宅基地制度改革中的农房买卖效力问题

近年来，我国农村土地制度改革的主要做法之一是"适度放活宅基地和农民房屋使用权"。在改革试点地区对农村宅基地和房产的流转，包括抵押、出租、转让等限制性规定予以放宽，对符合相关政策的规定宅基地使用权和农房所有权，可不受现行法律、法规和规章的限制办理登记手续，当事人若因农房买卖合同效力发生纠纷，亦应按照相关政策的规定进行判断和处理。于是，在改革试点地区，城镇居民和非本农村集体经济组织成员购置农房的买卖合同有效，买受人可以按照当地政策规定取得房产所有权和宅基地使用权。

但由于农村土地制度改革仅在个别地区试点，试点经验尚未提升至立法层面，在这种情况下，《全国第八次全国法院民事商事审判工作会议（民事部分）纪要》指出，宅基地房屋买卖合同是否有效，要看是不是试点地区。在试点地区即为有效。在非试点地区，农民将其宅基地上的房屋出售给本集体经济组织以外的个人，买卖合同则应认定为无效。这是当前法院审理宅基地及农房买卖纠纷案件需要把握的一个重要的界限。

《企业破产法》和《深圳个人破产条例》没有特别规定农房在破产程序中如何处置，农民破产也不可能改变农房及其宅基地的规定，因此，破产农房的处置应当执行上述有关规定。

三、违建农房在破产中的处置

在农村，农民违法建设住宅（以下简称违建农房）的情况较为多见，有的未批先建，有的少批多建，这些违建农房进入个人破产程序，就会出现违建农房是否属于个人债务人破产财产的问题。

违法建筑一般有两种情况：一是违反《土地管理法》规定，未经批准取得土地使用权建造建筑物；二是违反《城乡规划法》规定，未获得规划许可或者违反规划许可，擅自建造的建筑物。违建农房属于违法建筑。《城乡规划法》第65条规定，在乡、村庄规划区内未依法取得乡村建设规划许可证或者未按照乡村建设规划许可证的规定进行建设的，由乡镇政府责令停止建设、限期改正；逾期不改正的，可以拆除。《土地管理法》第77条规定，农村村民未经批准或者采取欺骗手段骗取批准，非法占用土地建住宅的，由县级以上政府自然资源主管部门责令退还非法占用的土地，限期拆除在非法占用的土地上新建的房屋；超过省、自治区、直辖市规定的标准，多占的土地以非法占用土地论处。

据此，违建农房是否属于个人破产财产，首先应看行政主管部门如何处罚。行政主管部门如果作出拆除房屋、责令退还非法占用土地决定，违建农房被拆除后不再存在，也就不可能为个人破产财产。行政主管部门只是作出责令停止建设、限期改正决定，行政相对人改正后，依法取得产权证，违建农房成为合法农房的，应当属于个人破产财产。

第十三节　土地承包经营权的破产财产认定与处置

土地承包经营权，是指承包人通过承包方式取得农村集体所有土地使用权从事种植业、林业、畜牧业、渔业生产或其他农业生产经营项目并获取收益的权利。农民依法取得土地承包经营权后破产，其土地承包经营权应如何处置？

一、家庭承包经营权的破产财产认定

根据《农村土地承包法》的规定，农村集体土地采取家庭承包与其他方式承包两种承包方式。家庭土地承包，是指农村集体组织将土地发包给本集

体经济组织内部的农户从事农业生产经营的一种承包方式。农户取得土地承包经营权后，其中有家庭成员破产的，根据《农村土地承包法》的有关规定，家庭土地承包经营权应做如下认定与处置。

（一）家庭承包地不属个人破产财产

《农村土地承包法》第 4 条规定，“农村土地承包后，土地的所有权性质不变。承包地不得买卖。”第 13 条规定“农村集体经济组织或者村民委员会发包的，不得改变村内各集体经济组织农民集体所有的土地的所有权。”家庭土地承包经营的客体是农村集体土地，但因农村土地属于农民集体所有，故农户对承包地只有占有权、使用权和收益权，而无所有权，故《农村土地承包法》禁止承包地买卖。法律禁止承包地买卖，承包地也就不能作为农民个人的破产财产进行处置。

（二）家庭土地承包经营权不属个人破产财产

首先，农村集体土地是农民的基本生产资料，也是农民最基本的生活保障，因此，《农村土地承包法》第 5 条第 1 款规定，“农村集体经济组织成员有权依法承包由本集体经济组织发包的农村土地”。第 16 条规定，家庭土地承包方是本集体经济组织的农户；农户内家庭成员依法平等享有承包土地的各项权益。据此，在家庭土地承包经营中的每位农村集体经济组织成员，只要一出生，无论男女老少都享有平等的土地承包权。农村集体经济组织在发包时应当按照每户成员的人数来确定承包土地的份额，将土地发包到农户，即“按人分地、按户承包”。农户及其成员承包本集体土地从事农业生产经营活动是一种法定的权利。

其次，农户及其成员通过家庭承包方式取得土地承包经营权是无偿的，不向本集体组织交付承包价款，故这种承包经营权不具有对价的财产内容。

最后，《农村土地承包法》第 5 条第 2 款规定，“任何组织和个人不得剥夺和非法限制农村集体经济组织成员承包土地的权利”。据此，农户及其成员享有的土地承包经营权受法律保护，任何组织和个人不得剥夺和非法限制，故家庭土地承包经营权也不得为个人破产财产，也就是说，在个人破产程序中不得拍卖、变卖家庭土地承包经营权。

（三）家庭土地承包所生产的经营收入属于破产财产

农户通过家庭承包方式取得土地经营权后，既可以自行经营，也可以流转经营，但不论自行经营还是流转经营，由此产生的收益，如收获的农作物、土地经营权流转取得的价款均属农户私有财产。

该农户中的成员因“资不抵债”而破产的，该成员享有的这些个人财产属于破产财产。

《民法典》第56条第2款规定：“农村承包经营户的债务，以从事农村土地承包经营的农户财产承担；事实上由农户部分成员经营的，以该部分成员的财产承担。”据此，农村承包经营户中成员个人破产，承包地事实上由该成员经营的，其破产财产不限于其经营土地所产生的现有收益和可预期收益，还应以其个人的其他财产清偿债务。

二、以其他方式取得土地承包经营权的破产财产认定

农村土地其他承包方式是相对家庭承包方式而言的，是指在家庭承包方式之外所采取的招标、拍卖、公开协商等承包方式。其他承包方式的标的物主要是农村集体所有的荒山、荒沟、荒丘、荒滩等荒地（以下简称“四荒地”），在采取家庭承包后有多余农用地的，也可以采取其他方式承包。在其他承包方式中，发包方是农村集体经济组织，而承包方既可以是本集体经济组织内部的农户或者成员，也可以是本集体经济组织以外的组织或者个人。

农村集体经济组织采取招标、拍卖、公开协商等方式发包“四荒地”等土地是有偿承包，承包方应当向发包方按约支付价款，因此，承包方通过其他方式承包所取得的土地经营权具有财产内容。当承包方个人出现因“资不抵债”而破产时，其土地经营权上的价款属于个人破产财产。此外，承包方自行经营土地所产生的现有收益和可预期收益，亦属个人破产财产范围。

三、土地经营权的破产流转处置

农村土地经营权，是指承包人通过承包方式取得承包地后从事农业生产经营获取收益的权利。《农村土地承包法》实行承包权与经营权分离制度，承包人承包农村集体土地后，无论是通过家庭承包方式取得土地经营权，还

是通过其他承包方式取得土地经营权，都可以在保留土地承包权的基础上采取出租、转包、入股等方式流转土地经营权。

因土地经营权可以流转并可取得收益，土地经营权及其流转收益均应为承包人或者流出人的财产，但在个人破产程序中处置这些财产时需要注意以下几点：

一是农户以通过家庭承包方式取得的土地经营权进行流转的，将该土地经营权作为个人破产财产进行处置时，不得影响该农户的家庭承包权。也就是说，在个人破产程序中，可将农户的土地经营权进行依法流转，以流转取得的价款清偿个人破产债务，个人破产债务清算完毕或者未清偿的债务被依法免除后，应当向该农户返还土地承包权。因农民家庭的法定承包权不是破产财产，故不得采取拍卖、变卖等方式处分农民家庭的法定承包权。

二是承包人以其他承包方式取得的土地经营权不是法定经营权，而是约定经营权，故承包人个人破产的，土地经营权的流转收益应当作为承包人的个人财产清偿债务；如果流入方破产，管理人可以解除流转合同，然后采取拍卖、变卖等方式再依法流转该土地经营权，以再流转价款清偿流入方的债务，土地经营权不再返还流入方。

三是在个人破产程序中对土地经营权进行流转处置，一般不得超过承包期限；再流转土地经营权的，一般不得超过前手流转的期限；土地经营权流转和再流转的处置，应当保护发包方或者流出方作为债权人的合法权益。

四是除土地经营权流转收益外，承包人或者流出人还应以其个人的其他财产清偿破产债务。

四、土地经营权抵押的破产处置

土地经营权抵押是以土地经营权为标的物的一种抵押担保。关于个人债务人以其财产抵押问题，前面已经阐明，但土地经营权抵押不同于一般财产抵押，故这里有必要对其进行分析。

《农村土地承包法》第 47 条规定，承包方可以用承包地的土地经营权向金融机构融资担保，受让方通过流转取得的土地经营权，经承包方书面同意并向发包方备案，可以向金融机构融资担保；担保物权自融资担保合同生效时设立，当事人可以向登记机构申请登记；未经登记，不得对抗善意第三人；实现担保物权时，担保物权人有权就土地经营权优先受偿。由此可见，土地经营权抵押包括家庭承包的土地经营权抵押、其他方式承包的土地经营权抵押和土地流转经营权抵押。但是，《农村土地承包法》第47条规定，当前的土地经营权担保仅适用抵押方式，抵押范围限于金融机构融资。至于土地经营权抵押的具体要求，适用中国人民银行、原中国银行业监督管理委员会、原中国保险监督管理委员会、财政部、原农业部发布的《农村承包土地的经营权抵押贷款试点暂行办法》（以下简称《土地经营权抵押贷款办法》）的规定。

土地经营权人将土地经营权作为贷款债务设定抵押后个人破产的，除了按照破产法的规定处置外，还需考虑家庭土地承包权和承包地不能作为个人破产财产处置的特点，并参照《土地经营权抵押贷款办法》的有关规定处置土地经营权。

（一）抵押物土地经营权的一般处置规则

土地经营权抵押的贷款到期，借款人不履行债务或者发生当事人约定的情形需要实现抵押债权时，土地经营权的一般处置应当适用《民法典》第410条“抵押权人可以与抵押人协议以抵押财产折价或者以拍卖、变卖该抵押财产所得的价款优先受偿”的规定，抵押权人在实现抵押债权时，可先与抵押人协议折价处置抵押物土地经营权，在不采取协议或者未达成折价协议的情况下，抵押权人可以请求法院拍卖、变卖土地经营权，从其价款中得以优先受偿。

（二）抵押权人自行拍卖、变卖土地经营权

《最高人民法院关于适用〈中华人民共和国民法典〉有关担保制度的解释》（以下简称《最高院民法典担保解释》）第45条第1款规定：“当事人约定当债务人不履行到期债务或者发生当事人约定的实现担保物权的情形，担保物权人有权将担保财产自行拍卖、变卖并就所得的价款优先受偿的，该约定有效。因担保人的原因导致担保物权人无法自行对担保财产进行拍卖、变卖，担保物权人请求担保人承担因此增加的费用的，人民法院应予支持。”从中我们可以看出，抵押权实现首先应当尊重当事人意思自治原则。土地经营权抵押合同中有抵押权人在实现抵押权时有权将抵押财产自行拍卖、变卖并就所得的价款优先受偿的约定的，抵押权人就有权自行拍卖、变卖土地经营权；因抵押人的原因，导致抵押权人无法自行拍卖、变卖土地经营权的，抵押权人可以请求法院予以拍卖、变卖，因此增加的费用由抵押人承担。

（三）土地经营权抵押的特别处置

《土地经营权抵押贷款办法》第 15 条根据土地经营权的特点，就土地经营权的抵押处置方式作出特别规定，即“贷款人可依法采取贷款重组、按序清偿、协议转让、交易平台挂牌再流转等多种方式处置抵押物”。据此规定，在个人破产程序中，标的为土地经营权的抵押权的处置方式，除采取折价、拍卖、变卖方式进行处置外，还可以采取如下措施进行处置：

一是贷款重组。即金融机构在借款人财务状况恶化或无力还款时，对借款合同中的还款条款以及抵押条款重新进行调整。贷款重组后的贷款称为重组贷款。贷款重组的措施有贷款展期、借新还旧、重新担保、减免利息还本、债权转化股权等。贷款重组将有效地缓解借款人的资金压力，也有利于金融机构保全贷款债权。但是，在个人破产程序中，这种贷款重组只适用于重整和和解，而不适用于破产清算。

二是协议转让。即将抵押物土地经营权通过协商方式转让给他人，以转让款清偿贷款债务或者抵押债务。

三是挂牌再流转。即通过交易平台，将抵押物土地经营权挂牌再流转，利用收取的租金、转让费等清偿贷款债务或者抵押债务。

四是变更土地经营权人。即将设定抵押的土地经营权交付给新的土地经营权人，新的土地经营权人经依法变更登记取得农村土地经营权证后，由新的土地经营权人代替借款人履行贷款债务，原土地经营权人的贷款债务和抵押人的抵押责任相应消灭。

第八章

个人破产清算程序

个人破产程序与企业破产程序一样，可分为清算、重整、和解三个适用程序。当事人申请个人破产清算，法院据此裁定宣布个人债务人破产的，个人破产便进入清算程序。破产清算程序具有很强的“刚性”，不像重整程序和和解程序那样具有体现当事人意思自治原则的“柔性”，而应严格按照破产法的规定对债务人的破产财产进行清理、评估、处分和分配。

第一节　法院宣告个人破产

法院宣告个人破产是依申请人的债务人破产清算申请而作出的司法行为。申请人未提出申请，法院不能依职权宣告个人破产。

一、个人破产清算的申请人

参照《企业破产法》《深圳个人破产条例》有关规定，破产清算的申请人有以下三种。

（一）个人债务人自己申请破产清算

《企业破产法》第7条第1款规定：“债务人有本法第二条规定的情形，可以向人民法院提出重整、和解或者破产清算申请。”《深圳个人破产条例》第8条规定：“符合本条例第二条规定的债务人，可以向人民法院提出破产申请，包括申请破产清算、重整、和解。”

参照上述规定，在个人债务人“不能清偿到期债务，并且资产不足以清偿全部债务或者明显缺乏清偿能力的”或“因生产经营、生活消费导致丧失清偿债务能力或者资产不足以清偿全部债务”的情形下，个人债务人才可以直接向法院提出破产清算申请。个人破产制度本身就是为个人债务人破产设置的，故个人债务人申请自己破产清算属于正常现象。

（二）债权人申请个人债务人破产清算

债权人向法院申请个人债务人破产清算有以下几种情况：

一是参照《企业破产法》第7条第2款“债务人不能清偿到期债务，债权人可以向人民法院提出对债务人进行重整或者破产清算的申请”的规定，债权人申请个人债务人破产清算的，只需证明个人债务人不能清偿到期债务即可，可不受“并且资产不足以清偿全部债务或者明显缺乏清偿能力的”或“因生产经营、生活消费导致丧失清偿债务能力或者资产不足以清偿全部债务”的条件限制。但是，为了防止小额债权人滥用破产程序，《深圳个人破产条例》第9条还特别规定：“当债务人不能清偿到期债务时，单独或者共同对债务人持有五十万元以上到期债权的债权人，可以向人民法院提出破产申请，申请对债务人进行破产清算”。据此规定，在深圳地区，债权人单独或者共同对债务人持有的到期债权未超过50万元的，不可申请个人债务人破产清算。但这条规定仅对债权人而言，并未约束个人债务人，故到期债权未超过50万元的，个人债务人也可自行申请破产清算。

二是参照《企业破产法》《深圳个人破产条例》有关规定，个人债务人不执行或者不能执行在破产重整程序中依法形成的重整计划，或者个人债务人存在欺诈行为的，债权人可以向法院申请终止重整计划的执行，并对债务人进行破产清算，法院应当裁定终止重整计划的执行，并宣告债务人破产。

三是参照《企业破产法》《深圳个人破产条例》有关规定，在破产和解程序中，个人债务人与债权人无法达成和解协议的，或者和解协议未获得法院认可的，个人债务人可以自行申请破产清算，债权人也可以申请个人债务人破产清算。

（三）管理人申请个人债务人破产清算

《深圳个人破产条例》第84条规定，个人债务人财产报告、豁免财产清单以及债权人的债权申报经债权人会议核查或者通过，并经法院裁定确认后，个人债务人符合破产清算条件的，可以自行向法院申请宣告破产，个人债务人未申请宣告破产的，管理人可以向法院申请宣告个人债务人破产。

二、法院裁定宣告个人破产

《企业破产法》第107条和《深圳个人破产条例》第84条都规定，法院宣告债务人破产的，应当自裁定作出之日起5日内送达债务人和管理人，自裁定作出之日起10日内通知已知债权人，并予以公告。参照上述规定，法院裁定宣告个人破产，应当制作个人破产宣告裁定书，该类裁定书的内容包括破产个人的基本情况、破产原因、宣告破产的法律依据、破产宣告日期和其他有关事项。

公告内容包括，个人债务人的亏损情况、资产负债情况、破产宣告时间、破产宣告理由和法律依据，以及对破产财产、账册、资料的保护，债权人申报债权登记等内容。

个人债务人被宣告破产后成为破产人，破产人的财产除可豁免财产外为破产财产、用于清偿债务。法院裁定宣告个人破产，也就启动了个人破产清算程序，破产案件随之进入实质性清算阶段。

三、法院宣告破产前终结个人破产程序

法院裁定宣告个人破产，目的是清理个人债务人的财产用以清偿债务，使债权人的债权得以受偿。在法院受理个人破产申请后至宣告个人破产前，参照《企业破产法》第108条和《深圳个人破产条例》第85条的规定，个人债务人已清偿全部到期债务，或者第三人为个人债务人清偿全部到期债务的，个人破产原因消失，法院不得再宣告个人破产，而应裁定终结个人破产程序，并予以公告，同时，应当解除限制债务人行为等先前已对个人债务人所采取的措施。

第二节　个人破产财产的变价

法院裁定宣告个人破产，个人债务人的财产就得变价处置。个人破产财产的变价是对个人破产财产所作的实体处理，是个人破产清算的重要措施，其结果是破产个人失去除豁免财产外的财产所有权，使债权人的债权得以受偿。这里的财产变价，是指管理人依照规定程序和方法处分个人破产财产换取金钱的行为。

一、个人破产财产的核实

法院裁定受理个人破产申请后，管理人接管个人债务人的财产，但经过一段时间的清算，特别是先经过重整程序、和解程序再转入清算程序，个人破产财产往往会发生变化。为了准确地变价个人破产财产，管理人在清算程序中应做最后的核实，然后再进行变价。

管理人核实个人破产财产可以采取以下两种方法：

一是根据有关规定核实个人债务人的现有财产，并划清哪些财产属于个人破产财产，哪些财产不属于个人破产财产，哪些个人财产属于豁免财产，以免将不属于个人破产财产的财产进行变价。

二是核实现存财产与接管时登记在册的财产是否一致，特别是经和解程序、重整程序转换为清算程序的个人破产案件，个人财产大多数会增加或减少，对此必须重新清理，再确定应当变价的破产财产。

二、个人破产财产变价的基本要求

参照《企业破产法》《深圳个人破产条例》的有关规定，管理人准备变价个人破产财产的，应先拟订破产财产变价方案，然后提交债权人会议表决；债权人会议表决未通过的，管理人应当报请法院批准；法院裁定批准破产财产变价方案的，管理人应当按照批准的方案变价个人破产财产。

《企业破产法》第 112 条规定：“变价出售破产财产应当通过拍卖进行。

但是，债权人会议另有决议的除外。”《深圳个人破产条例》第87条第1款规定：“管理人处置破产财产应当按照人民法院关于拍卖和变价的有关规定，以网络拍卖等方式在公开的交易平台进行。”参照上述规定，管理人变价个人破产财产，除债权人会议决议采取变卖、以物抵债等方式外，应当采取拍卖方式进行。但预计拍卖所得不足以支付评估拍卖费用，或者拍卖不成的，经债权人会议决议，可以采取作价变卖或实物分配方式。变卖或实物分配的方案经债权人会议两次表决仍未通过的，应由法院裁定处理。

三、个人破产财产的变价方式

从上述规定中可以看出，管理人变价个人破产财产实行“以拍卖为主、以变卖或实物分配为辅”的方式。

（一）个人破产财产的拍卖

拍卖是将财产以公开竞争的方式出卖给出价最高的买受人的一种买卖方式。拍卖具有公开透明、公平竞争的特点，能够有效防范管理人和债权人等的“暗箱操作”，最大限度提高破产财产变价率。因此，个人破产财产凡是适合拍卖、能够拍卖的都应采取拍卖方式变价。拍卖破产财产必须委托具有法定资质的专业拍卖交易中介机构，管理人应当对拍卖竞卖过程实施监督。

（二）个人破产财产的变卖

变卖是一种通常的出卖财物换取现款的买卖行为，在程序上与拍卖存在很大差异。拍卖是将财产买卖通过拍卖程序以公开竞价方式成交，而变卖则可直接将破产财产交由商业部门收购或代为出售，管理人也可以直接出售。参照上述相关规定，具有下列情形之一的，管理人可以变卖个人破产财产：

（1）预计采取拍卖所得可能不足以支付评估拍卖费用的；

（2）预计拍卖不成或者已经拍卖但拍卖不成的；

（3）债权人会议作出变卖决议的；

（4）应交由有关部门收购的限制流通的金银、文物等；

（5）变卖方案经债权人会议两次表决仍未通过，法院裁定变卖的。

变卖是一种灵活的变价方式，没有时间和场所的限制，愿卖愿买就能成交。但稳妥起见，管理人在变卖前应当对价值较高的个人破产财产进行估价，然后按照市价出售。

（三）个人破产财产的抵债

这里的个人破产财产抵债即以物抵债，是指在个人破产清算程序中将破产财产折价归债权人所有以清偿破产债务的一种财产处置方式。

个人破产财产抵债与日常的以物抵债有所不同。个人破产财产的处置首先应当考虑拍卖，只有在预计采取拍卖所得可能不足以支付评估拍卖费用，或者预计拍卖不成，或者已经拍卖但拍卖不成的情况下，才考虑抵债。

管理人决定以个人破产财产抵债的，首先要取得债权人的意见，债权人愿意接受抵债的，管理人应与其达成意向性抵债协议，然后列入破产财产变价方案，经债权人会议讨论通过，并在法院裁定批准后，管理人向债权人交付破产财产来抵偿相应的破产债权债务。

在个人破产财产无法拍卖、变卖的情况下，也可以参照《最高院民诉法解释》第302条“被执行人的财产无法拍卖或变卖的，经申请执行人同意，人民法院可以将该项财产作价后交付申请执行人抵偿债务”的规定，经债权人会议决议，由法院裁定将个人破产财产作价后交付债权人抵偿债务。

（四）个人破产财产的实物分配

采取上述方式仍不能变价的，管理人可以拟制实物分配方案，报请债权人会议讨论表决。债权人会议表决通过，并经法院裁定批准的，管理人按照实物分配方案将个人破产财产分配给各债权人。债权人会议表决未通过的，应将破产财产返还给个人债务人，然后终结破产程序，结束破产案件。

第三节 个人破产财产分配与债务清偿

经破产清算，个人破产财产变价后，管理人应当继续进行财产分配与债务清偿，最终实现破产目的。

一、个人破产的财产分配与债务清偿的关系

个人破产财产分配，是指管理人按照规定的清偿顺序依法公平地将个人

破产财产进行分配的行为。个人破产债务清偿，是指管理人根据法院认可的破产财产分配方案代表破产人向债权人清偿债务的行为。

个人破产清算的主要目的是使破产人的债务得以清偿和债权人的债权得以受偿，而破产债务的清偿和破产债权的受偿，以事先有破产财产分配方案为基础。法院认可的个人破产财产分配方案是个人破产债务清偿的根据。个人破产财产分配方案未形成，或者未经债权人会议通过，或者未经法院裁定认可，除破产费用和共益债务可以随时清偿外，管理人不得向个别或者部分债权人清偿债务。

个人破产的财产分配与债务清偿是个人破产清算的实质性阶段，也是个人破产程序的最后阶段；个人破产债务清偿完毕，个人破产清算程序结束，法院裁定终结破产程序。

二、先行清偿破产费用和共益债务

个人破产财产先行支付破产费用和清偿共益债务，然后清偿其他债务。关于共益债务的清偿，前面已经阐述清楚，这里不再重复。

破产费用，是指在破产程序中，为债权人的共同利益需要，保证破产程序正常进行而支付的各种费用，包括：破产财产的管理、变卖、分配所需要的费用；破产案件的受理费；债权人会议费用；催收债务所需费用；管理人执行职务的费用、报酬和聘用工作人员的费用；为债权人的共同利益而在破产程序中支付的其他费用。

个人债务人可供分配的财产不足以清偿所有破产费用和共益债务的，破产费用优于共益债务清偿，即先行清偿破产费用，有剩余的再清偿共益债务，但不足以清偿同一顺序所有破产费用或者共益债务的，则按照比例清偿。

三、个人破产财产分配方案

《企业破产法》第115条和《深圳个人破产条例》第90条都规定，破产财产清算完毕后，管理人应当及时拟订破产财产分配方案。参照此规定，个人破产财产分配应先由管理人根据破产财产和债权数额的状况，按照清偿顺序和分配比例拟订方案。参照《深圳个人破产条例》第90条的规定，个人破产财产分配方案应当载明下列事项：

（1）参加财产分配的债权人姓名或者名称、住所；

（2）参加财产分配的债权额；

（3）可供分配的财产数额；

（4）财产分配的顺序、比例及数额；

（5）实施财产分配的方式；

（6）债务人未来收入的分配方式。

此规定与《企业破产法》第 115 条规定比较，两者的前五个事项相同，《深圳个人破产条例》只是增加了“（6）债务人未来收入的分配方式”。

管理人拟订个人破产财产分配方案后，报请债权人会议通过；债权人会议通过后，由管理人提请法院裁定认可；法院裁定认可的，同时裁定终结破产清算程序，并予以公告，然后由管理人负责执行破产财产分配方案。

四、个人破产财产的分配方式

在个人破产财产分配方案中，个人破产财产的分配方式是不可缺少的内容。那么，个人破产财产有哪些分配方式？

参照《企业破产法》第 114 条“破产财产的分配应当以货币分配方式进行。但是，债权人会议另有决议的除外”的规定，个人破产财产分配以货币分配为主，除货币分配外的分配方式，债权人会议另有决议的，执行其决议。从实践来看，债权人会议另有决议的分配方式主要是实物分配、债权分配。所以，破产财产分配有货币分配、实物分配、债权分配三种方式。但实物分配、债权分配不一定都适用于每起个人破产案件，应根据个案的具体情况确定。

（一）货币分配

货币分配是将破产个人的现金包括拍卖、变卖所得的价款，按照债权比例和清偿顺序支付于债权人的分配方式。债权比例和清偿顺序确定后，货币分配就很简单了。当然，货币分配不一定一次性分配完毕，管理人可以根据破产财产的处置情况，在破产财产分配方案中拟定多次分配。

（二）实物分配

实物分配是将破产财产折价分配给债权人以抵偿破产债权的一种分配方式。《全国法院破产审判工作会议纪要》第 26 条指出："采用拍卖方式进行处置的，拍卖所得预计不足以支付评估拍卖费用，或者拍卖不成的，经债权人会议决议，可以采取作价变卖或实物分配方式。变卖或实物分配的方案经债权人会议两次表决仍未通过的，由人民法院裁定处理。"这里的实物分配虽适用于企业破产，但我们认为，在同样的条件下也可适用于个人破产。

参照上述纪要精神，在个人破产清算程序中适用实物分配方式时，应当坚持两个前提条件：一是个人破产财产拍卖所得预计不足以支付评估拍卖费用或者拍卖不成；二是经债权人会议决议。如果不具有这两个前提条件，则不可采取实物分配方式。

（三）债权分配

这里的债权分配不是对破产债权人的债权分配，而是将破产人尚未收回的债权折价给债权人以抵偿债权的分配方式。这种方式实际上是债权转让与以债抵债相结合的破产还债方式。债权分配与实物分配一样应当坚持两个前提条件。如破产个人对他人享有应收账款债权，管理人预计拍卖应收账款所得不足以支付评估拍卖费用或者拍卖不成的，可以在个人破产财产分配方案中拟定应收账款债权分配。该方案经债权人会议通过并经法院裁定认可后，管理人应当向债权人出具债权分配书，债权人得到债权分配书后，一方面破产债权人成为应收账款债务人的债权人，另一方面消灭破产债权人对破产人享有的相应债权。然后，破产债权人可以凭债权分配书要求应收账款债务人履行债务，应收账款债务人拒不履行的，债权人可以申请法院强制执行。

五、个人破产债务清偿的顺序安排

破产债务清偿顺序，是指法律规定的对不同性质的破产债权在受偿时的先后次序。《企业破产法》第 113 条就企业破产清偿顺序作了规定，但个人破产的债权债务结构与破产企业的债权债务结构有许多不同之处，故《深圳个人破产条例》第 89 条对个人破产债务的清偿顺序作出不同于《企业破产法》的安排。

参照《深圳个人破产条例》第 89 条的规定，个人破产债务的清偿顺序如下：

第一清偿顺序为：个人债务人欠付的赡养费、抚养费、扶养费和专属于人身赔偿部分的损害赔偿金。

第二清偿顺序为：个人债务人所欠雇用人员的工资和医疗、伤残补助、抚恤等费用，应当缴入雇用人员个人账户的基本养老保险、基本医疗保险等社会保险费用，以及依法应当支付给雇用人员的补偿金。

第三清偿顺序为：个人债务人所欠税款。

第四清偿顺序为：普通破产债权。其中债务人的配偶以及前配偶、共同生活的近亲属以及成年子女，不得在其他普通破产债权人未受完全清偿前以普通债权人身份获得清偿。

第五清偿顺序为：因违法或者犯罪行为所欠的罚金类款项。

根据上述清偿规则，个人破产财产先清偿前一顺序的债权，有剩余的再清偿下一顺序的债权；个人破产财产不足以清偿同一顺序的债权的，按照比例清偿。

管理人按照破产财产分配方案通知债权人受领破产财产分配额，债权人未受领的，管理人应先予提存，债权人自最后分配公告之日起满两个月仍不领取的，视为放弃受领分配的权利，管理人或者法院应当将提存的分配额分配给其他债权人。

第四节　个人破产的债务免除

为保护个人债务人的生存权和解脱个人债务人的破产困境，个人破产法在建立豁免财产制度的同时还应当建立免除债务制度，即“两免制度”。但免除债务与豁免财产是两种不同的制度，个人破产的豁免财产是为保障债务人个人及其所抚养家属必需的基本生活予以保留而免除其作为破产财产被处置的财产，而个人破产的债务免除（以下简称免债），是指免除个人债务人经破产程序尚不能清偿的债务。

一、个人破产免债的必然性

我国《企业破产法》在重整程序和和解程序中均有明确的免债规定，如第94条规定“按照重整计划减免的债务，自重整计划执行完毕时起，债务人不再承担清偿责任”。又如，第106条规定“按照和解协议减免的债务，自和解协议执行完毕时起，债务人不再承担清偿责任”。《企业破产法》在破产清算程序中没有明确规定免债，但破产企业经破产清算后在通常情况下不再有财产，即使有些特殊财产未处置，根据第123条的规定，自破产程序终结之日起2年内，债权人可以请求法院按照破产财产分配方案进行追加分配。但是，破产企业经破产清算后应予以注销，破产企业一旦注销，主体资格就告消灭，对剩余债务不再清偿，故无须再行规定免除其未清偿债务。

个人破产则不同，个人债务人经破产清算后并不消灭自然人的主体资格，今后仍需生存和发展，故有必要在一定条件下予以免债。《民事诉讼法》第257条规定，“作为被执行人的公民因生活困难无力偿还借款，无收入来源，又丧失劳动能力的”，法院应当裁定终结执行，今后不再清偿债务。个人债务人经破产清算，虽应保留其基本生存的财产，但若不免除其未清偿的债务，仍使其被债务困扰不得翻身，就会阻断其继续发展之路，并严重挫伤其再创业的信心，结果反而对社会经济的发展不利。

国家发展和改革委员会等十三个部委联合印发的《加快完善市场主体退出制度改革方案》中提出，“逐步推进建立自然人符合条件的消费负债可依法合理免责，最终建立全面的个人破产制度。”据此，免除个人债务人经破产清算后的未清偿债务，应当成为个人破产制度的一项重要内容。

二、个人破产的免债方式

参照国外一些国家和我国香港地区的通用做法及《深圳个人破产条例》的有关规定，我们可在个人破产制度中设计以下两种免债方式：

（一）法定免债

法定免债主要适用于个人破产清算，即由个人破产法直接规定破产个人在一定条件下予以免债，并赋予强制性。个人债务人的财产经破产清算分配后，破产人提出免债申请，管理人经审查符合法定条件的，虽然应当向债权人会议提交免债方案，由债权人会议通过，但若债权人会议不予通过，管理人可直接申请法院裁定批准免债，从而体现法定免债的强制性。

（二）约定免债

约定免债主要适用于个人破产的重整和和解。个人破产制度可以参照《企业破产法》的有关规定，允许个人债务人与管理人或者债权人在重整程序或者和解程序中通过自愿协商的方式，初步达成免债协议。这些协议中的免债实际上都是约定免债。例如，个人债务人在和解程序中提出，除将其主要财产用于清偿债务外，从亲戚朋友处再借一笔资金用于清偿部分债务，然后免除其剩余债务。债权人认为该方案提高了债权受偿率，便与其达成初步免债协议，管理人据此报请债权人会议通过，并经法院裁定批准的，该免债协议便具有了法律效力，个人债务人在约定范围内不再承担清偿责任。

三、个人破产不得免债的情形

根据当事人意思自治原则，约定免债的债务范围较为宽松，除法律规定不得免除的债务外，债权人与个人债务人都可以在重整程序和和解程序中采取协议方式免债。但是，有些债务按照其性质是不能免除的，有些个人债务人实施某些恶意行为不得宽容的，也不得免除债务。

如《深圳个人破产条例》第 97 条第 1 款规定，除债权人自愿放弃或者法律另有规定外，下列个人债务不得免除：

（1）因故意或者重大过失侵犯他人身体权或者生命权产生的损害赔偿金；

（2）基于法定身份关系产生的赡养费、抚养费和扶养费等；

（3）基于雇佣关系产生的报酬请求权和预付金返还请求权；

（4）债务人知悉而未记载于债权债务清册的债务，但债权人明知人民法院裁定宣告债务人破产的除外；

（5）恶意侵权行为产生的财产损害赔偿金；

（6）债务人所欠税款；

（7）因违法或者犯罪行为所欠的罚金类款项；

（8）法律规定不得免除的其他债务。

该条第2款还规定，因个人债务人丧失或者部分丧失劳动能力，不予免除将导致个人债务人及其所扶养人生活长期极其困难的，个人债务人或者管理人可以向法院申请部分或者全部免除。

又如，《深圳个人破产条例》第98条规定，债务人存在下列情形之一的，不得免除未清偿债务：

（1）故意违反本条例第23条、第86条关于债务人行为限制的规定；

（2）故意违反本条例第21条关于债务人应当遵守的义务，以及第33～35条关于债务人财产申报义务的规定；

（3）因奢侈消费、赌博等行为承担重大债务或者引起财产显著减少；

（4）隐匿、毁弃、伪造或者变造财务凭证、印章、信函文书、电子文档等资料物件；

（5）隐匿、转移、毁损财产，不当处分财产权益或者不当减少财产价值；

（6）法律规定不得免除的其他情形。

需要注意的是，上述两类不得免债的对象是不同的，第97条规定的不得免债对象是原本债务，而第98条规定的不得免债对象是未清偿债务，故两者不得免债的情形各不相同。

四、未清偿债务免除的考察

在个人破产重整程序和和解程序中，重整计划或者和解协议对未清偿债务有规定的，在执行完毕后按其规定免除个人债务人的未清偿债务。但在清算程序中不能直接免除个人债务人的未清偿债务，是否免债还需对个人债务人的行为进行考察，然后根据考察的具体情况再作决定。

（一）免债考察期限

免债考察期限是法院宣告债务人破产后，为免除债务人未清偿债务而对债务人进行观察调查的时间界限。参照《深圳个人破产条例》第95条、第96条和第100条的规定，免债考察期限自法院宣告个人债务人破产之日起3年，个人债务人在考察期内未继续履行法院作出的限制行为决定规定的义务以及其他相关义务的，可延长考察期限，但延长考察期限不超过 2 年。但在上述免债考察期内，个人债务人有下列情形之一的，视为考察期届满：

（1）个人债务人经清算后清偿剩余债务或者债权人免除债务人全部清偿责任的；

（2）个人债务人经清算后清偿剩余债务达到 2/3 以上，且考察期经过一年的；

（3）债务人经清算后清偿剩余债务达到 1/3 以上不足 2/3，且考察期经过 2 年的。

免债考察期届满后，个人债务人可以向管理人申请免除其破产清算后未清偿的债务。

（二）考察内容

个人债务人的免债考察应由管理人负责。参照《深圳个人破产条例》第 96 条“债务人在考察期内应当继续履行人民法院作出的限制行为决定规定的义务，并履行本条例规定的债务人其他义务”的规定，管理人免债考察的内容是个人债务人在考察期内是否继续履行法院作出的限制行为决定以及其他相关规定的义务。

（三）免债程序

在免债考察期届满时，个人债务人可以向管理人申请免除未清偿债务，管理人接到免债申请后，应当及时对个人债务人有无违反有关规定和是否履行规定义务进行调查核实，并征询债权人和有关部门的意见，然后向法院出具书面报告，并提出是否免除个人债务人未清偿的债务的意见。管理人经调查核实，认为个人债务人符合免债条件的，应当在书面报告中提出予以免债的意见。法院经审查认为符合免债条件的，应当裁定免除个人债务人未清偿的债务，同时解除对个人债务人的行为限制。

五、撤销免债

在法院裁定免除个人债务人未清偿的债务后，债权人或者其他利害关系人如果发现个人债务人具有不予免债的情形，如个人债务人通过欺诈手段获得免债的，可以申请法院撤销对个人债务人作出的免债裁定。法院撤销免债裁定后，债权人可以向个人债务人继续追偿债务。但个人债务人对撤销裁定不服的，可以在规定时间内申请复议。

【裁判案例 13】

提示：个人债务人死亡，法院根据继承人申请对遗产和债务进行破产清算。

邱某某因经营“竹山化肥”资金周转需要，通过民间借贷、银行贷款举债。2019 年 4 月，邱某某因交通事故死亡，债权人纷纷诉至法院，法院判令邱某某的继承人在继承邱某某遗产范围内偿还债务。邱某某的债务案件进入执行程序后，其继承人向浙江省天台县人民法院申请对邱某某个人遗产债务进行破产清算。2020 年 9 月 18 日，天台县人民法院裁定受理邱某某个人债务清算申请并指定管理人。

管理人调查了债务人邱某某的存款、社保、不动产、家庭婚姻及共同财产、动产占有、对第三人是否享有债权等情况，查明邱某某只有坐落于 × × 街道 × × 花苑的一处套房及一个车库两处财产。管理人拍卖该两处财产后，向天台县人民法院提交了《邱某某破产财产分配方案》。天台县人民法院裁定认可该方案后，管理人对邱某某的遗产进行了分配。

2020 年 10 月 21 日，邱某某管理人向天台县人民法院提交终结债务清理程序的报告称，邱某某破产财产已经按照《邱某某破产财产分配方案》分配完毕，提请天台县人民法院终结债务清理程序。

天台县人民法院认为：法院受理邱某某的债务清理申请后，管理人对邱某某的遗产状况进行了全面调查，并对邱某某的财产进行拍卖，且财产分配完毕，但不足以清偿全部债务，现经查证确认邱某某无其他财产遗留，可以终结债务清理程序。天台县人民法院参照《企业破产法》第 120 条第 2 款之规定，裁定如下：终结对邱某某的个人债务清理程序。

［根据浙江省天台县人民法院（2019）浙 1023 破 20 号之三民事裁定书编写］

第九章

个人破产重整程序

个人破产重整，是指对个人债务人具有破产原因，但又具有避免破产清偿的条件，可能进行资产重组和债务调整，使其摆脱债务困境、重新获得生机的一种拯救制度。个人破产重整与企业破产重整一样体现对债务人的拯救功能，目的是使债务人通过重整获得生机。

第一节　个人破产重整的申请、条件与期间

自然人因生产经营、生活消费导致其丧失清偿债务能力或者资产不足以清偿全部债务的（以下简称“资不抵债”），可以适用破产重整程序。个人破产重整的直接作用是避免个人破产清算，使个人债务人在债务困境中得以拯救，故可以称为重整拯救。

一、个人破产重整的申请

个人破产重整程序启动的前提是申请人向法院提起破产重整申请，只有申请人提出申请，个人破产重整程序才有启动的可能。

（一）个人破产重整的申请人

根据《企业破产法》第 70 条的规定，债务企业出现破产原因，债务人和债权人都可以直接向法院申请对债务企业进行破产重整。但《深圳个人破

产条例》规定仅个人债务人可以直接申请破产重整，债权人只能申请个人债务人破产清算而不能直接申请个人债务人破产重整。

我们分析认为，债权人不能直接申请个人破产重整的主要原因有以下两个方面，第一，个人破产重整是对个人债务人避免破产清算的一种拯救，个人债务人是否需要重整拯救应当由其自行决定，而不宜由债权人直接申请对其进行重整；第二，个人债务人是否具备重整条件，只有其自己最清楚，而债权人难以提供证据证明个人债务人具备重整条件。所以个人破产重整的申请人只能是个人债务人。

个人债务人直接向法院申请重整，法院认为个人债务人符合重整条件的，应当裁定受理其重整申请。债权人申请个人债务人破产清算，在法院尚未裁定宣告个人破产前，个人债务人认为自己具备重整条件而申请重整，法院认为符合重整受理条件的，亦应裁定受理其重整申请，然后将清算程序转为重整程序。由此可见，个人破产重整申请的机会较多，关键是看个人债务人是否具备重整条件。

（二）个人破产重整的申请材料

个人债务人申请破产重整的材料可分两类：一类是申请破产的共性材料，关于共性材料，我们在前面“个人破产程序启动”一节中已经作了说明，这里不再重复；另一类申请重整的特需材料，即重整可行性报告或者重整计划草案。个人破产重整可行性报告或者重整计划草案与企业破产重整可行性报告、重整计划草案类似，但前者必须突出个人破产重整的特定条件。在个人债务人直接申请重整的情况下，因管理人尚未产生，个人破产重整可行性报告或者重整计划草案应由个人债务人制作，并向法院提交；如果由破产清算转为破产重整的，可由管理人制作并可受个人债务人委托向法院提交。

二、个人破产重整的特定条件

根据《企业破产法》第 2 条的规定，企业法人不能清偿到期债务，并且资产不足以清偿全部债务、明显缺乏清偿能力的，或者有明显丧失清偿能力可能的，可以进行破产重整。该法没有另行规定企业破产重整需要的其他特别条件，但在司法实践中，通常要判断债务企业有无拯救可能，再决定是否适用重整程序。

个人破产重整有所不同，如果个人债务人只有现有资产且现有资产不足以清偿债务，在一般情况下难以避免破产清偿，故不宜适用重整程序。如果勉强进行破产重整，则会影响破产进程，浪费司法资源，增加个人债务人负担，降低债权人受偿债务率。那么，个人债务人在“资不抵债”的情况下具备哪些特定条件才可以适用重整程序？我们认为，具有以下两种情形的，可以对个人债务人进行破产重整。

（一）个人债务人有未来可预期收入

自然人作为债务人破产，即使破产程序结束，其主体资格仍然存在，今后或多或少仍有经济收入，这为个人破产重整提供了条件。《深圳个人破产条例》第106条规定：“有未来可预期收入的债务人，可以依照本条例向人民法院申请重整。”其中，债务人“有未来可预期收入”就是个人破产重整的特定条件。也就是说，个人债务人有未来可预期收入的，可以适用重整程序进行重整。

预期收入是现期收入的对称，是指预计未来一定时间内可以取得的收入。在我国，随着改革开放的不断深入和社会经济的不断发展，个人生产、经营、投资和收益渠道不断增多，如个人设立独资企业、登记个体工商户、个人投资建设项目、个人入股创办法人企业，等等。在个人破产程序中，如果对这些投资进行破产清算并变价处分，则会断送债务人未来的预期收入，这对债权人受偿债权不利。例如，借款人向多位出借人借入大量资金，投入商品房开发项目，后因投资开发的商品房未出售，资金尚未收回，到期不能清偿债务而破产，但其投资开发的商品房项目发展前景良好，房价增值较快，此时，若对其进行破产清算，抽回其投资资金，或者拍卖其股权，使债务人失去未来可预期的可观收入，对债权人极为不利。当然，个人债务人的未来可预期收入不限于对外投资的收入，个人债务人若有某方面的专业技能，并在未来能够利用其专业技能获得可观收入的，也可以对其进行重整。例如，债务人是一名焊接技师，年薪几十万元，在未来几年有足够的收入继续清偿债务。

“有未来可预期收入”作为个人破产重整的特定条件，个人债务人应当在重整可行性报告或者重整计划草案中实事求是写明，不得无中生有或者夸大其词，骗得重整；预期收入存在一定的风险，且为一种“可能性”，故可行性分析应当贴近未来的实际情况，保证将来能够得以实现。如上述例子中，个人债务人认为其投资的商品房开发项目“有未来可预期收入”的，应当提供商品房未来几年的发展前景和房价增值的市场信息等资料。个人债务人是一名焊接技师，认为自己“有未来可预期收入”的，应当提供相关资格证书、现任单位及薪酬等资料；不在职的，可以提供将来可以就职及薪酬的相关市场信息，然后由法院审查其有无未来可预期收入以及是否可行的问题。

个人债务人在有未来可预期收入的情况下向法院申请破产重整的，法院应当予以受理。但个人债务人出现以下三种情况不适用重整：

一是个人债务人虽有未来收入但不可预期。重整计划的执行是有时间限制（执行期限）的，未来收入如果不可预期，则无法纳入重整计划，故不可作为重整条件。

二是个人债务人不可能有未来收入。如果个人债务人因残疾而丧失劳动能力，又无其他未来收入的，只能采取清算方式处置其现有财产清偿债务，没有必要进行重整。

三是个人债务人虽有可预期的未来收入，但仅能维持其本人及其家庭生活的，不能将这些未来收入作为个人破产重整的条件而纳入重整计划向债权人清偿，否则将会影响其基本生存。

（二）重整债权受偿率高于清算受偿率

《企业破产法》没有“重整债权受偿率高于清算受偿率”的规定，但从个人破产的重整价值和保护债权人的合法权益角度看，坚持这一特定条件是有必要的，不然，债权人会议不可能通过个人债务人提交的重整计划草案，重整程序将会流产。因此，《深圳个人破产条例》第 115 条第 1 款将“清偿比例不低于破产清算状态下的清偿比例”作为重整计划草案的必要内容进行规定。例如，个人债务人的主要财产是一幢房屋，按照市场价格预测，拍卖价款不会超过 1000 万元，而个人债务人在提交的重整可行性报告中提出由其弟出价 1200 万元买受该房屋，且其弟也明确表示会出价 1200 万元买受；又如，投资人与债务人协议投资人受让债务人的个体工商户、个人独资企业等资产的价款远超预见其拍卖价款。在这些情况下，重整债权受偿率显然高于清算受偿率，对个人债务人和债权人都有利，法院应当裁定受理个人债务人提出的重整申请。但如果经预测，重整债权受偿率低于清算受偿率，则对债权人不利，也就无重整价值，不宜适用重整程序。

三、个人破产重整期间

重整期间是自法院裁定债务人重整之日起至重整程序结束的时间，那么重整期间到底是多少时间？

《企业破产法》第79条规定："债务人或者管理人应当自人民法院裁定债务人重整之日起六个月内，同时向人民法院和债权人会议提交重整计划草案。前款规定的期限届满，经债务人或者管理人请求，有正当理由的，法院可以裁定延期三个月。债务人或者管理人未按期提出重整计划草案的，法院应当裁定终止重整程序，并宣告债务人破产。"《深圳个人破产条例》第108条规定："自人民法院裁定受理重整申请之日起至重整程序终结，为重整期间，重整期间不超过六个月。"两者比较，前者企业破产的重整期间与后者个人破产的重整期间，有两个相同之处和两个不同之处。

两个相同之处：一是重整期间的起点相同，即都从法院裁定受理重整申请之日起计算；二是重整期间相同，即都为6个月。

两个不同之处：一是企业破产重整期间经债务人或者管理人请求，法院可以裁定延期3个月，而《深圳个人破产条例》因规定重整期间"不超过六个月"，所以不再规定延长；二是终点不同，企业破产重整期间的终点是法院裁定终止重整程序，而个人破产重整期间的终点是法院裁定终结重整程序。

我们认为，一些较为复杂的个人破产案件，从重整计划的形成、通过到批准，6个月的时间有些仓促，在此情况下，如有正当理由也不予延长一定期限，就可能使个人债务人、管理人难以完成重整任务。故建议：债务人或者管理人请求延长重整期间，如有正当事由的，法院应当允许延长一定的时间，以免个人破产重整半途而废。

关于终止重整程序与终结重整程序的关系问题，这里需要特别说明一下，重整程序实际上分为制订重整计划与重整计划执行两个阶段。自法院裁定受理重整申请之日起，至重整计划草案被法院批准前，是制订重整计划阶段；

自法院批准重整计划之日起，到制订重整计划阶段结束，重整计划进入执行阶段。《全国法院民商事审判工作会议纪要》第 114 条第 3 款规定："重整计划执行完毕后，人民法院可以根据管理人等利害关系人申请，作出重整程序终结的裁定。"据此理解，制定重整计划阶段和重整计划执行阶段均属重整程序。因此，《深圳个人破产条例》第 108 条规定，自人民法院裁定受理重整申请之日起至重整程序终结，为重整期间。

四、因个人债务人原因终结重整程序

在正常情况下，只有重整计划执行完毕，重整程序才可终结。但是，自法院裁定受理个人破产重整申请至批准重整计划前，由于破产重整的可能性丧失或者因个人债务人的某些行为，致使债权人的债权受损或者致使管理人无法执行职务的，个人破产重整程序就没有必要继续而应终结。参照《深圳个人破产条例》第 112 条的规定，在重整期间，个人债务人有下列情形之一的，应当终结重整程序：

1. 债务人财产状况继续恶化，缺乏重整的可能性。重整可能性是个人破产重整的前提条件。在重整期间，因债务人财产状况继续恶化而丧失或者缺乏重整可能性的，个人破产重整也就失去了前提条件，重整程序也没有必要再进行下去。如上例的"焊接技师"，在重整期间突发疾病，一方面需要支付大笔医疗费用而使其可破财产减少，另一方面其在未来不可能有高薪收入，丧失了重整条件。在类似情况下，个人债务人不再存在未来可预期的收入，重整可行性报告或者重整计划草案中的可行性也就丧失，故重整程序也没有必要继续进行。

2. 债务人有欺诈、恶意减少债务人财产或者有其他显著减损债权人财产权益的行为。法院受理个人债务人的破产重整申请，本来是为了拯救个人债务人，而个人债务人却没有诚信重整，不论其在申请重整时实施上述行为，还是在重整期间实施上述行为，都是一种恶意重整行为。这些恶意重整行为如果有损债权人的债权，不应适用重整程序予以拯救。当然，以此为由终结重整程序的，应当以"显著减损债权人财产权益"为条件。如果没有减损债权人财产权益，或者虽有减损债权人财产权益，但重整债权受偿率仍高于清算受偿率的，不宜终结重整程序；但构成妨害破产程序的，则可依法追究个人债务人的法律责任。

3. 债务人的行为致使管理人无法执行职务。个人债务人一方面向法院申请重破产整，另一方面又出于种种原因阻止管理人执行职务，如个人债务人自行管理财产和营业事务时，拒绝接受管理人监督，拒绝向管理人报告其财产和营业事务经营管理状况；或者拒绝编制重整计划草案；再或者明确表示拒绝管理人合法编制的重整计划草案等。债务人实施这些行为，致使管理人无法执行职务的，重整程序也就无法进行。

债务人出现上述原因或者实施上述行为时，管理人应当告知债权人，由债权人向法院申请裁定终结个人重整程序，并宣告个人债务人破产；债权人未提出申请的，管理人可以向法院提出裁定终结个人重整程序申请。法院核实后，应当裁定终结个人重整程序，并宣告个人债务人破产。

第二节　个人破产重整计划草案的编制

个人重整计划是个人债务人或者管理人在多方协议的基础上以清理债权债务为主要内容而编制的破产重整方案。个人重整计划是个人破产重整程序中最为重要的法定文件，集中体现了各方当事人及利害关系人的协商结果和债权债务的处置方式，在个人重整程序中占有核心地位。按照个人破产重整规则，个人重整计划需经协商、编制、提交、通过、批准、执行这样一个完整的过程。

一、个人重整计划草案的基本内容

参照《深圳个人破产条例》第 114 条的规定，个人重整计划草案应当包括下列基本内容：

（一）债权分类

债权分类是按照债权的产生、债权的性质和债权人与债务人的不同关系对债权进行的分门别类。债权分类能使债权有清晰的结构，清晰的债权结构对确定债务清偿顺序具有依据意义，因此，债权分类是重整计划草案的基础性要求。根据个人破产规则，破产债权应当按照以下类别进行分类：

（1）对债务人的特定财产享有担保权的债权。这里的特定财产担保债权，是指债权人接受在个人债务人提供的财产上所设立的抵押、质押、留置的债权，这类债权可不依赖于破产程序实现优先受偿权，但在个人重整计划草案中仍应列明并作说明。

参照《深圳个人破产条例》第114条和第110条的规定，这里就债权人对特定财产享有担保权的债权问题说明以下两点：一是在重整期间，债权人对个人债务人的特定担保财产，如果为重整所必需的，个人债务人或者管理人应当在重整计划草案中提出暂停债权人行使担保权。二是个人债务人及其扶养人居住的房屋上有未清偿完毕的抵押债务的，个人债务人可以与抵押权人就该抵押债务的本金、利息、清偿期限和方式等内容达成处置方案，然后应列入重整计划草案。

（2）个人债务人欠付的赡养费、抚养费、扶养费和专属于人身赔偿部分的损害赔偿金。在个人重整计划草案中，在列明这类债权的同时，还应说明这类债权依法属于第一清偿顺序的债权。

（3）个人债务人所欠雇用人员的工资和医疗、伤残补助、抚恤等费用，应当缴入雇用人员个人账户的基本养老保险、基本医疗保险等社会保险费用，以及依法应当支付给雇用人员的补偿金。这些债权与企业职工劳动债权性质相同，但在个人破产程序中属于第二清偿顺序的债权。

（4）个人债务人所欠的税款。在个人破产程序中，税款债权处于第三清偿顺序，即后于雇用人员劳动债权而先于普通债权清偿。

（5）普通债权。普通债权是相对优先债权而言的，即不能优先受偿的一般债权。如个人债务人从未与债权人设定特定财产担保的债权，又如个人债务人在法院裁定受理个人破产申请前与债权人已经设定特定财产担保，债权人放弃担保物权，优先受偿债权转为普通债权。普通债权属于第四清偿顺序的债权。

（6）劣后债权。劣后债权是在破产清偿顺序上排列于普通债权之后的债权。劣后债权虽在普通债权完全受偿后，债务人仍有剩余财产时才能受偿，但劣后债权不是除斥债权，故债权人申报劣后债权，管理人应当予以受理登记，并在重整计划草案中予以列明，至于劣后债权能否得以受偿，则应另当别论。

（二）拟制免债条件

在个人破产程序中，债务人提出免除其未清偿债务，管理人认为在具备规定条件下可以免债的，应当在重整计划草案中拟定免债条件，包括免债考察和重整计划执行完毕后才予实际免债，以及依照规定不得免债等内容。

（三）债权调整方案

在个人债务人的全部资产不能满足全部债权的情况下，债权调整便成为个人破产重整程序中不可缺少的一个重要环节，且应形成方案列入个人重整计划草案之中。个人债权调整方案通常包括债权调整原因、债权调整基础、债权调整依据、债权调整方法、债权调整结果等，但主要内容是债务延期履行和消减债权数额，如延期偿付、减少本金数额以及债务清偿率等，这些内容都应在重整计划草案中说明清楚。

（四）债务清偿方案

当个人债务人出现“资不抵债”情形时，即其全部资产在客观上不可能清偿全部债权，在重整时就需要根据债权调整情况和债务清偿的法定顺序，编制债务清偿方案。

债务清偿方案的主要内容是：（1）债务清偿率和期限；（2）清偿债务资金的来源或清偿债务履行的担保；（3）债务清偿的条件等。

债务清偿方案是债权重整方案的落实方案，是个人重整计划草案的主要内容，关系债权人的切身利益，因此必须考虑能为多数债权人接受的可行性。

此外，个人债务人或者管理人在编制债权调整方案和债务清偿方案时，以下两种债权不得减免：

一是个人债务人欠付的赡养费、抚养费、扶养费。这些费用为被赡养人、被抚养人、被扶养人的生存所需，不得因个人破产而使之丧失生存条件。

二是雇用人员的有关社会保险费用。《企业破产法》第83条规定：“重整计划不得规定减免债务人欠缴的本法第八十二条第一款第二项规定以外的社会保险费用；该项费用的债权人不参加重整计划草案的表决。”该条款规定的“以外的社会保险费用”，是指除划入职工个人账户的基本养老保险费用、基本医疗保险费用以外的社会保险费用，包括未划入职工个人账户的基本养老保险费用、基本医疗保险费用和工伤保险费用。这些社会保险费用债权，有关管理机构无权决定减免，同时也不受个人破产重整的影响。参照上述规定，个人重整计划草案也不得减免个人债务人所雇用的人员的这些社会保险费用债权。

（五）可预期收入与预期外收入分配方案

个人债务人的可预期收入属于未来的破产财产，故应将这类财产列入个人重整计划草案。但因这类收入不是现实财产，事先编制分配方案难度较大。我们认为，可分以下三种情况进行编制：

一是这类收入在时间和数量上具有确定性的，如上面提及的“焊接技师”有未来固定薪酬收入的，应按其未来收入情况编制分配方案。

二是这类收入在时间和数量上不具确定性的，如上面所提的个人债务人投资商品房开发建设项目，难以确定商品房出售和投资收益时间的，只能编制假设性的灵活分配方案，届时视具体情况进行分配。

三是这类收入只能维持个人债务人及其家庭日常生活的，不宜作为重整财产进行分配，但有剩余的，应作为重整财产列入分配方案。

（六）重整计划的执行期限

重整计划执行期限自法院裁定批准重整计划之日起开始计算，至于执行期限的终点时间，应由个人重整计划草案拟定。个人重整计划草案经债权人会议通过并经法院批准后，重整计划中的执行期限为有效期限，但重整计划执行期限不宜太长，如《深圳个人破产条例》第115条规定，除家庭住宅抵押贷款方案外，重整计划执行期限不超过5年。

（七）有利于债务人重整的其他措施

除上述六个内容外，其他有利于个人债务人重整的方案也应列入重整计划草案，例如，将债权人的债权转为个人债务人创办的合伙企业的股权、投资人收购个人债务人创办的独资企业等，都是有利于个人破产重整的重大措施，亦应在个人重整计划草案中作为专题内容编制方案。

二、编制重整计划草案的基本要求

上述个人重整计划草案的内容属于个人重整计划草案的基本要求，但个人债务人或者管理人编制个人重整计划草案不得违反有关法律规定，也不得侵害有关债权人的债权利益，否则，难以通过债权人会议和获得法院批准，故个人重整计划草案的编制应当遵循相关法律规定并受其制约。参照《深圳个人破产条例》第 115 条的规定，个人重整计划草案应当符合以下几个基本要求。

（一）个人重整计划草案拟定的执行期限不超过规定的执行期限

也就是说，个人破产法有重整计划执行期限规定的，个人债务人或者管理人在编制个人重整计划草案时，其中的执行期限不能超过规定的期限，如《深圳个人破产条例》第 115 条规定，除家庭住宅抵押贷款方案外，重整计划执行期限不超过 5 年。个人债务人以家庭住宅抵押的，这种抵押物的处置往往涉及居住权问题，处理起来会有一定难度，故规定许可适当延长执行期限。如果不涉及家庭住宅抵押，个人重整计划草案可以根据个案的具体情况在 5 年内拟定执行期限。

（二）不损害担保权人的担保权利，并对其因延期受偿遭受的损失予以公平补偿

如个人债务人提供特定财产抵押，在个人重整程序中虽然可以暂停抵押权人行使抵押权，但不能影响抵押权人的优先受偿权，故在个人重整计划草案中不得存在损害抵押权人优先受偿权的内容。如果因此延期处置抵押财产而造成抵押权人损失，个人债务人应当依法予以补偿。这里需要注意的是，因破产重整而暂停抵押权人行使抵押权的行为是法定行为，而不是违约行为，更不是侵权行为，故由此造成抵押权人的损失，不属赔偿而应补偿。

（三）债务清偿顺序符合规定，同类债权按比例清偿

关于个人破产债务清偿的顺序问题，前面已经阐明。这里需要说明的是，个人破产重整与个人破产清算一样，必须依照规定的债务清偿顺序安排债务清偿，否则，既违反法定债务清偿顺序，又侵害前清偿顺序债权人的债权利

益。多位债权人的债权属于同类债权，如果不按比例清偿，则会违反公平清偿原则。个人重整计划草案中如有此类内容的，当属违法，也难以通过债权人会议，即使债权人会议表决通过，法院也不予批准。

三、个人重整计划草案的编制人和提交期限

《企业破产法》第 79 条和《深圳个人破产条例》第 113 条都规定，债务人或者管理人应当自法院裁定债务人重整之日起的规定时间内向法院和债权人会议提交重整计划草案。《企业破产法》第 79 条规定，债务人或者管理人应当自法院裁定债务人重整之日起6 个月内提交企业重整计划草案。《深圳个人破产条例》规定的提交重整计划草案有两种情况：一是第 113 条规定债务人或者管理人自法院裁定受理重整申请之日起30 日内提交重整计划草案；二是第 106 条规定“有未来可预期收入的债务人”申请重整的，在申请重整时应当提交重整可行性报告或者重整计划草案。

在个人债务人申请破产重整时，因管理人尚未产生，故个人重整计划草案（包括重整可行性报告）应由个人债务人自行（可委托他人）编制并向法院提交。法院裁定受理个人破产重整申请后，由个人债务人自行管理财产和营业事务的，重整计划草案可由个人债务人与管理人共同编制；管理人接管个人债务人财产和营业事务的，应由管理人根据个人债务人、债权人和投资人等协商的结果编制个人重整计划草案，并提交债权人会议表决。因个人重整计划草案是在个人债务人与多方债权人就债权债务清理问题经协商一致达成初步协议的基础上进行编制的，故在编制个人重整计划草案前，个人债务人或者管理人应当与债权人、投资人等就个人债务人的资产处置和债权债务清理等问题进行充分协商，然后根据协商结果和大部分债权人的意见，依照法律规定编制重整计划草案。

在法院裁定受理个人破产重整申请前，个人债务人与债权人就债务清偿达成书面协议的，个人债务人可以将协议的内容纳入重整计划草案。在法院裁定受理个人破产重整申请后，该草案未修改或者虽有修改但未实质性减损债权人权益的，应当视为相关债权人对该内容表决同意，其所代表的债权额计入债权人会议表决通过的债权额。

个人债务人或者管理人超过规定期限未提交重整计划草案又不提出延期申请，或者虽已提出延期申请但无“正当理由”，或者法院裁定延期后仍无法形成个人重整计划草案而未提交的，法院可不再问原因直接视为个人债务人放弃重整，应当裁定终结重整程序。

第三节　个人破产重整计划草案的表决和批准

法院接到个人重整计划草案后，在召开债权人会议前，应当先审查个人重整计划草案是否符合规定要求及其合法性。经审查发现不符合规定要求或者有违法之处的，应当要求个人债务人或者管理人进行修订；经审查认为符合规定要求且无违法之处的，应在收到个人重整计划草案之日起的规定时间内召开债权人会议，对个人重整计划草案进行表决。

一、债权人分组

债权人会议表决重整计划草案是个人破产重整的必经程序，对个人破产重整有着决定性的影响。在召开债权人会议前，管理人可以参照《深圳个人破产条例》第116条的规定，按照债权所属分类对债权人进行如下分组：

（1）财产担保债权人组，即对债务人的特定财产享有担保债权的债权人设表决组；

（2）抚养费债权人组，即对债务人欠付的赡养费、抚养费、扶养费和专属于人身赔偿部分的损害赔偿金等的债权人设表决组；

（3）雇佣债权人组，即对债务人所欠雇用人员的工资和医疗、伤残补助、抚恤等费用，应当缴入雇用人员个人账户的基本养老保险、基本医疗保险等社会保险费用，以及依法应当支付给雇用人员补偿金的债权人设表决组；

（4）公法债权人组，即对税款、罚金等国家债权人设表决组；

（5）普通债权人组，即对普通债权人设表决组。

此外，在普通债权人组中，必要时可设小额债权表决组；重整计划草案涉及出资人权益调整事项的，可设出资人表决组，但出资人的股权均调整为

“0”的，再设出资人表决组进行表决没有实际意义。

二、表决组表决规则

参照《企业破产法》第 84 条第 2 款和《深圳个人破产条例》第 119 条第 1 款的规定，出席债权人会议同一表决组的债权人过半数同意个人重整计划草案，并且其所代表的债权额占该组债权总额的 2/3 以上的，即为该组通过个人重整计划草案。各表决组均通过个人重整计划草案时，个人重整计划草案即为债权人会议通过。

在债权人会议上，因部分表决组未通过致使重整计划草案未通过的，个人债务人或者管理人可以同未通过的表决组协商修改重整计划草案。重整计划草案修订后，该表决组在协商后再表决一次，再次表决通过的，除双方协商的结果损害其他表决组的利益外，个人重整计划草案通过。

三、法院批准个人重整计划

个人重整计划草案经债权人会议分组表决通过后，个人债务人或者管理人自通过之日起 10 日内向法院申请批准，法院经审查认为符合规定的，应当在规定的时间内（《企业破产法》规定自收到申请之日起 30 日内，《深圳个人破产条例》规定自收到申请之日起 15 日内）裁定批准重整计划和开启重整程序，并予以公告。

部分表决组未通过个人重整计划草案，债务人与债权人协商修改重整计划草案后，重新提交债权人会议表决，部分表决组仍未通过个人重整计划草案的，个人债务人或者管理人可以申请法院强制批准。法院经审查认为个人重整计划草案符合规定的，应当依职权强制批准。法院批准个人重整计划草案后，该草案成为正式的个人重整计划。

个人重整计划草案在规定时间内未获得债权人会议表决通过，法院也未裁定强制批准，或者债权人会议虽然通过个人重整计划草案但法院不予批准的，个人重整程序应当终结。此后，个人债务人或者债权人申请破产清算，法院认为个人债务人符合破产清算条件的，应当裁定宣告个人债务人破产，并对其进行破产清算。

第四节　个人破产重整计划的执行

经法院裁定批准的个人重整计划，对个人债务人和全体债权人均有约束力。法院裁定批准个人重整计划后，个人重整计划进入执行阶段。

一、重整计划由个人债务人执行

个人债务人为拯救自己而申请重整，个人重整计划当然由个人债务人执行，《企业破产法》第89条和《深圳个人破产条例》第125条也都规定重整计划由债务人负责执行。

二、管理人监督协助债务人执行重整计划

《企业破产法》第90条第1款规定，管理人只是重整计划执行的监督人，而《深圳个人破产条例》第125条在规定管理人为重整计划执行的监督人的同时，还规定管理人是协助执行人。

管理人监督个人债务人执行重整计划时，应当按照执行重整计划的内容和期限进行监督。在监督期内，个人债务人应向管理人报告重整计划的执行情况和债务人的财务状况。监督期限届满，管理人应当向法院提交监督报告。

在重整计划执行期间，个人债务人如果因缺乏法律知识和处理重要问题的能力，要求管理人予以协助的，管理人应当在职责范围内予以协助，如管理人受个人债务人委托起草法律文书、变价财产、招募投资人、与债权人协商变更执行内容等。但是，管理人协助执行重整计划并非履行其义务，管理人如果自愿代替个人债务人履行重整计划中的某些义务，如垫付款项，除有特别约定外，不可要求债权人返还，而只能在不影响其他债权人利益的前提下从个人债务人的财产中取回，因不能取回而造成的损失，由其自行承受。

三、个人债务人不能执行或者不执行重整计划

《企业破产法》第93条和《深圳个人破产条例》第130条都规定，债务人不执行或者不能执行重整计划，或者债务人存在欺诈行为的，债权人可以向法院申请终止重整计划执行，并对债务人进行破产清算。

这里的“不能执行”，是指个人债务人已经开始执行重整计划，但没有能力执行或者不能成功执行。如重整计划中的经营方案执行失败，导致债权受偿方案无法兑现。这里的“不执行”是相对于不能执行而言的，主要是指个人债务人在法院裁定批准重整计划后，有能力执行而主观上始终没有执行。这里的“欺诈行为”，是指个人债务人故意实施使债权人发生错误认识，致使债权人在违背真实意思的情况下损害重整计划中债权利益的行为。

在重整计划执行期间，个人债务人不能执行、不执行或者实施欺诈行为，导致债权人不能按照重整计划受偿债权的，债权人可向法院申请终结重整计划执行，并可申请对个人债务人进行破产清算。参照《深圳个人破产条例》第128条的规定，个人重整计划因不可抗力、意外事件等原因导致无法执行的，亦应终止个人重整计划的执行并进行破产清算。

法院裁定终结个人重整计划执行并宣告个人债务人破产的，该裁定的效力及于：

（1）个人重整计划失去法律效力，不再继续执行；

（2）管理人重新接管个人债务人的财产；

（3）在个人重整程序中已经发生的与破产清算有关的行为继续有效，如债权人在重整计划执行过程中已经用于受偿债权的财产无须返还，未受清偿的债权作为破产债权继续参加破产清算程序分配，但债权人在个人重整计划中的债权调整承诺失效。

四、个人重整计划执行完毕

个人重整计划执行完毕的主要标志，是个人债务人在执行期间按照重整计划完成了债权分配，清偿了全部债务。个人重整计划执行完毕后，个人债务人应当向管理人报告重整计划执行完毕的情况，管理人应当对个人债务人

执行重整计划的情况进行审查。此时，管理人的审查相当于检查验收，重点审查债权是否按照重整计划清偿完毕以及有无清偿错误，若发现个别债权未清偿，或者清偿不符合重整计划规定，管理人应当要求个人债务人继续清偿或者纠正清偿错误，然后向法院提交监督报告，最后由法院确认重整计划执行完毕，并裁定终结个人重整程序。

法院确认个人重整计划执行完毕后，个人债务人可以向法院申请免除其未清偿的债务，法院据此应当裁定免除经破产重整后未清偿的个人债务。

【裁判案例 14】

提示：个人独资企业对投资人具有相对独立性，清算式重整中应先用企业资产清偿企业债务，投资人只承担补充责任。

2017 年 6 月 7 日，毛 A 与毛 B、毛 C 及某某建材厂被继承人发生债务清偿纠纷，经衢州市柯城区人民法院调解达成调解协议，调解协议载明：（1）毛 B 在继承毛 D（系毛 B 父亲）遗产范围内归还毛 A 借款 10 万元及利息，于 2017 年 7 月 15 日前清偿；（2）建材厂的财产为毛 B 与被继承人毛 D 的共同财产。

2017 年 8 月 25 日，衢州市衢江区人民法院裁定受理债务人建材厂（个人独资企业）破产申请。2017 年 11 月 20 日，衢江区人民法院裁定批准建材厂重整计划草案。该重整计划草案中认定经评估机构评估，建材厂在可持续经营条件下的资产总价为 650.89 万元，如歇业清算则总资产价值约为 150 万元，而建材厂已经审核的债务达 3544.51 万元，最终经清算式重整，资产变价为 451 万元。该重整计划还约定，未申报的债权经法院裁定确认后按照同类债权的清偿率和清偿方式由重整后的债务人依法清偿，原投资人即毛 B 对债务人建材厂资产不足清偿的剩余债务承担无限责任。

毛 A 持柯城区人民法院出具的调解书向管理人申报债权。管理人认为毛 D 向毛 A 所借的款项系个人借款，而非用于建材厂的生产经营，遂于 2017 年 11 月 27 日向毛 A 发出《债权审查结论通知书》，对毛 A 申报的债权不予确认，并告知在收到通知书后可向法院起诉。

毛 A 认为，毛 D 是实际经营者，其所借款项用于建材厂生产经营，便向衢江区人民法院提起破产债权确认纠纷诉讼称：（1）个人独资企业破产财产变价后的财产权依法属于投资人个人所有，因此，不管是投资人个人债务，还是个人独资企业债务，均可向管理人申报并得到确认；（2）建材厂的财产为毛B与被继承人毛D的共同财产，建材厂应在其属于毛D的财产范围内承担对债权的清偿责任；（3）原告毛A凭法院调解书向管理人申报债权后，管理人对原告的债权不予确认，故请求依法确认原告毛A对建材厂享有10万元本金及相应利息的债权。

被告建材厂管理人辩称：（1）被告认为原告毛A所称案外人毛D个人向其借款系用于债务人建材厂的生产经营，故应由建材厂承担归还责任的事实没有证据证实；（2）个人独资企业所负债务和资产与个人独资企业投资人个人所欠债务和个人资产是有区分的，个人独资企业在参照企业破产法规定的破产清算程序进行清算时，企业资产首先要支付企业债务，在企业资产不足以清偿企业债务时，投资人不能以企业资产是其个人所有为由而获得企业资产并用于清偿其个人债务，因此毛D即使是建材厂投资人，其个人债务亦不能从涉案企业受偿；（3）债务人建材厂在其资产不足以支付企业债务时，投资人在该企业的投资额即所有者权益已是负值而不具有财产价值，因此，即使毛D亦为投资人，因毛D在建材厂投资额已不具有财产价值而不享有财产权益，毛B作为毛D的继承人也就不能从建材厂分得财产，因此原告毛A亦不能因前述民事调解书向债务人建材厂申报债权获得清偿；（4）本案系债权确认之诉，建材厂无论是进行破产清算还是破产重整，都要进行债权审核，因此原建材厂适用哪种破产程序与本案无关。且原建材厂适用破产重整程序后，使财产变价最大化，原投资人毛B即本案第三人对于建材厂资产处置后不足清偿的企业剩余债务，其个人愿意按照个人独资企业法的相关规定承担无限责任。

衢江区人民法院认为：本案的争议焦点是个人独资企业的债务和个人独资企业投资人的个人债务有无区别，在个人独资企业参照企业破产法规定的破产清算程序进行清算时，投资人个人债务能否一并参与破产财产的分配。

《个人独资企业法》第8条规定，设立个人独资企业，应该有投资人所申报的出资。说明设立个人独资企业时，投资人应该明确其投入企业中的财产额度，从而确立个人独资企业应有独立的财产。《个人独资企业法》第31条规定，个人独资企业财产不足以清偿债务的，投资人应当以其个人的其他财产予以清偿。该条明确了个人投资企业在清偿债务时，首先是用企业财产予以清偿，企业财产不足清偿时，再用投资人的其他财产予以清偿。最高人民法院《关于个人独资企业清算是否可以参照适用企业破产法规定的破产清算程序的批复》规定，在个人独资企业不能清偿到期债务，并且资产不足以清偿全部债务或者明显缺乏清偿能力的情况下，可以参照适用企业破产法规定的破产清算程序进行清算。很显然，“资”是指个人独资企业的资产，“债”是指企业之债，个人独资企业也是因为资不抵债，才参照破产清算程序清算，退出市场。从上述法律规定及司法解释可以明确，个人独资企业具有相对独立的诉讼主体地位，有自己独立的财产，先以自己的财产清偿自身债务，在资不抵债时，可以参照破产程序进行清算。而投资人在法律上也是相对独立且对个人独资企业所负债务承担无限清偿（补充）责任。因此，个人独资企业资产与投资人个人的其他财产是有区分的，个人独资企业所负债务与投资人个人所欠债务也是有区分的。

本案中，原告毛A认为个人独资企业财产权归属于投资人，毛D因为是建材厂的共有人，也是投资人之一，其个人债务即欠原告毛A的涉案款项可参与到建材厂的破产财产分配。虽然《个人独资企业法》第2条规定个人独资企业财产归投资人所有，但也不能据此认为在企业参照破产程序清算时，变价后财产即归个人所有，而是应该如前所述在清偿完企业债务有剩余后再归属投资人所有。如果如原告所说变价后财产即归投资人个人所有，然后不加区分的开始一并清偿投资人的个人债务，那就意味着应该把投资人的个人资产也全部并入到个人独资企业的资产中一并予以处置后用于清偿企业债务及个人债务，这显然属于个人破产，但我国还没有自然人个人破产制度。基于以上分析，法院认为，建材厂在资不抵债参照企业破产法破产程序进行清算时，建材厂的企业资产依法应作为独立于投资人个人的其他财产，首先应清偿建材厂所欠的企业债务，如有剩余，才归属投资人毛B（毛B为工商注册的投资人）所有。本案中，建材厂的企业资产（451万元）不足以清偿企业负债（已审核债务达3544.51万元），此时投资人在该企业的投资额（所有者权益）已呈负值而不具有财产价值，因此，投资人毛B不能以企业资产是其个人所有为理由而获得企业资产并用于清偿其个人债务，同理，即使毛D是建材厂财产共有人或是投资人，由于建材厂清偿完企业债务后，已不具有财产价值，毛D在建材厂的投资额已不具有财产价值而不再享有财产权益；毛D本人已不能从建材厂获得财产权益，第三人毛B作为毛D的遗产继承人也无法从建材厂分得财产，从而，原告基于柯城法院调解书内容也无法从建材厂获得清偿。退一步说，即使投资人毛B或是毛D在经破产重整后在该企业享有财产权益，原告毛A也应在破产重整程序终结后，再向投资人主张，而不能直接向管理人主张。综上，因原告毛A不是建材厂的债权人，其向管理人申报的债权不能得到确认。故对原告认为个人独资企业投资人的个人债务在个人独资企业资不抵债参照破产程序清算时也可向个人独资企业申报并得以清偿观点因和现行的法律规定相悖，法院不予采纳。

衢江区人民法院认为，原告毛A涉案款项既不能证明是用于建材厂的生产经营，原告毛A也不是建材厂的债权人，被告建材厂管理人对原告毛A的债权未予确认符合法律规定，于是判决驳回原告毛A的诉讼请求。

［根据浙江省衢州市衢江区人民法院（2018）浙0803民初552号民事判决书编写］

第十章

个人破产的和解程序

个人破产和解是个人债务人在破产程序中与债权人就债务清偿达成协议，从而避免破产清算的法律制度。这一章参照《企业破产法》《深圳个人破产条例》的有关规定，分析个人破产和解的申请、受理、和解、认可、执行、终结等程序问题。

第一节　个人破产和解程序

一、个人破产和解与个人破产重整的区别

个人破产和解的主要功能与主要目的与个人破产重整基本一致，都是为了避免个人破产清算，给个人债务人以重新创业的机会，但两者毕竟是不同的概念和不同的程序，故有以下几个主要区别。

（一）程序启动原因不同

在个人债务人出现“因生产经营、生活消费导致丧失清偿债务能力或者资产不足以清偿全部债务的”情形时，可以择一进行破产和解或者破产重整。但个人破产重整程序的启动原因相对比较宽松，个人债务人即使没有出现“丧失清偿债务能力或者资产不足以清偿全部债务的”情形，但“有明显丧失清偿能力可能的”，或者虽然“资不抵债”但“有未来可预期收入的”，

当事人也可以申请启动重整程序。而个人债务人没有出现“资不抵债”情形，只是“有明显丧失清偿能力可能的”，通常不能启动个人破产和解程序。

（二）解决问题方式不同

个人破产重整主要是采取调动双方当事人以及包括投资人在内的利害关系人的积极性使债务人的个人财产得以增值并提高债权清算率的方式，重新安排债权债务关系，设计多种方法、措施和对策，共同挽救处于困境中的个人债务人。个人破产和解主要是债务人依靠自身的财力，采取与债权人协商的方式，通过债权人减债来清算债务或者延缓债务清偿期限，从而避免破产清算。

（三）具体操作程序不同

个人破产重整的操作程序主要是个人债务人就资产和债务的重组与债权人协商，然后形成重整计划草案，经债权人会议表决通过和法院批准后成为正式的重整计划。而个人破产和解可由法院组织庭内调解，也可由法院委托有关调解组织或者调解员进行调解，债务人与全体债权人还可以自行委托人民调解委员会、特邀调解员或者其他调解组织在庭外进行调解。经调解，个人债务人与全体债权人达成和解协议的，无须召开债权人会议进行表决，个人债务人就可直接请求法院裁定认可和解协议。

（四）法律效力有所不同

例如，个人破产重整计划经法院裁定批准后虽然应当由个人债务人执行，但因个人重整计划对债务人和全体债权人均有约束力，故债权人应当配合执行；如有投资人的，投资人亦应按照个人重整计划履行投资义务，从而确保个人重整计划得以顺利实施。而个人破产和解协议经法院认可后，在通常情况下只能由个人债务人执行，即使有第三人代偿，除债务加入外，该第三人未代偿的，仍应由个人债务人清偿。又如，个人和解协议经法院认可后，除担保债权也参与个人和解处置外，只能对没有担保的债权人发生效力，担保债权的效力不受个人和解协议的影响。个人破产重整则不同，个人债务人只要依法进入重整程序，担保债权除已另行处理外应当一并参与处置，故其效力及于包括担保权人在内的所有的债权人。

二、申请人申请个人破产和解

（一）个人破产和解的申请

《企业破产法》第95条第1款规定："债务人可以依照本法规定，直接向人民法院申请和解；也可以在人民法院受理破产申请后、宣告债务人破产前，向人民法院申请和解。"《深圳个人破产条例》第133条和第134条也规定，个人债务人可以直接向法院申请和解；在法院裁定受理破产清算申请后至宣告破产前，个人债务人或者债权人可以向法院申请和解。由此可见，个人破产和解与个人破产重整一样依当事人的申请启动程序。个人债务人出现破产原因，如果选择和解，就应向法院提出破产和解申请。

（二）由谁申请破产和解的问题

参照《深圳个人破产条例》上述规定，破产和解的申请人有以下两种情况：

（1）直接申请破产和解的申请人只能是个人债务人。债权人如果要求与个人债务人和解，可先与个人债务人达成一致意见，再由个人债务人向法院申请破产和解，债权人不能直接申请破产和解。

（2）在法院裁定受理个人破产清算申请后至宣告个人破产前，个人债务人和债权人都可以向法院申请破产和解。但是，在破产清算程序中，无论债权人申请破产和解，还是个人债务人申请破产和解，法院经审查认为有和解可能的，才将破产清算程序转为破产和解程序。

（三）破产和解的可行性问题

个人债务人直接向法院申请和解的，应当向法院提交破产所需的基本材料，同时参照《深圳个人破产条例》第133条第2款的规定，还应当提交和解可行性报告。

和解可行性报告与重整可行性报告类似，但需突出采取和解方式的必要性和可能性，其中，债权人有无和解意愿是关键因素。在申请破产和解时，个人债务人能够提供有大部分债权人或者主要债权人签名或盖章的和解协议草案的，破产和解的可行性就比较大；在申请重整前，个人债务人已与部分债权人自愿达成债权债务清偿协议，或者部分债权人有和解意向等，破产和解也具有一定的可行性。如果个人债务人已与多数债权人或者主要债权人进行多次调解，但双方争议较大无法形成调解协议的，破产和解也就缺乏可行性，在此情况下勉强进入和解程序，也难以达到和解目的。

破产和解有利于及时化解债权债务纠纷，有利于社会和谐稳定，且能拯救个人债务人，因此，个人债务人直接申请破产和解，债权人同时申请个人债务人破产清算的，法院认为破产和解具有可行性的，破产和解申请应当优于破产清算申请受理。

三、个人破产的和解方式

（一）法院主持和解

个人债务人向法院申请破产和解，法院裁定受理个人破产和解申请后应当主持和解，故法院是主持和解的主要角色。法院主持和解是庭内和解，必须严格按照个人破产法规定的程序进行，如个人债务人提交和解协议草案，召集债权人会议讨论和解协议草案等。

（二）管理人主持和解

《企业破产法》《深圳个人破产条例》都没有规定管理人可否主持和解。我们认为，因破产和解程序的主要任务是和解，个人债务人和债权人都有和解意愿的，管理人应当组织和主持和解，否则，管理人在破产和解程序中的存在就大失其意义和作用。从企业破产和解的实践来看，法院通常情况下都会将破产和解案件交由管理人组织、协调，许多破产案件成功和解，也都是管理人积极组织、协调的结果。

（三）当事人自行和解

在法院裁定受理个人破产申请前，双方当事人就减债清偿或延期清偿达成的和解协议也是自行和解，但这与破产程序无关。这里的自行和解，是指个人债务人与债权人及其他利害关系人在破产和解程序中，在庭外自行协商解决债权债务问题的和解。

法院主持和解和管理人主持和解并不排除当事人自行和解，根据当事人意思自治原则，在个人破产和解程序中，个人债务人与全体债权人完全可以自行和解并达成和解协议。自行和解所达成的和解协议，只要双方意思表示真实，不损害国家利益、社会公共利益或者他人合法权益，不违反法律、行政法规的强制性规定，即为有效，法院应当予以认可。

（四）委托和解

委托和解有两种情况，一是法院委托和解，二是当事人委托和解。

法院受理个人破产和解申请后，为了及时解决纠纷，节约司法资源，根据最高人民法院《关于人民法院民事调解工作若干问题的规定》第 1 条“根据民事诉讼法第九十五条的规定，人民法院可以邀请与当事人有特定关系或者与案件有一定联系的企业事业单位、社会团体或者其他组织，和具有专门知识、特定社会经验、与当事人有特定关系并有利于促成调解的个人协助调解工作。经各方当事人同意，人民法院可以委托前款规定的单位或者个人对案件进行调解，达成调解协议后，人民法院应当依法予以确认”的规定，并参照《深圳个人破产条例》第 135 条“人民法院可以委托人民调解委员会、特邀调解员、特邀调解组织或者破产事务管理部门等组织和解”的规定，可以委托具有调解职能的组织或者个人进行和解，并由这些受托人主持和解。

在法院尚未委托和解的情况下，当事人也可以自行委托他人和解。如《深圳个人破产条例》第 136 条规定：“债务人与全体债权人可以就债务清理在庭外自行委托人民调解委员会、特邀调解员、特邀调解组织或者破产事务管理部门等组织进行和解。”当事人委托和解，实际上也是庭外自行和解。

四、个人破产和解的基本原则

个人破产无论采取哪种方式和解，当事人和主持人只有坚持和解原则，才能确保和解协议的效力。参照人民调解、诉讼调解的基本原则，根据个人破产的特点，破产和解应当坚持以下几个原则。

（一）自愿和解原则

法院裁定受理个人破产和解申请后，和解程序是必须进行的，至于债权人是否接受和解以及和解是否成功，应当坚持自愿原则，如果债权人不愿意和解，法院或者管理人以及任何单位和个人不得强迫债权人进行和解。在和解实体内容方面，必须坚持双方自愿原则，一方提出和解内容而另一方不同意，主持人可以进行劝解，通过说服方式使双方接受，但不得采取欺诈、胁迫、乘人之危等方式迫使个人债务人或者债权人接受。否则，在违背自愿原则的情况下即使达成和解协议，该和解协议也无效或者可撤销。在个人破产中，和解协议经债权人会议表决通过的，视为全体债权人同意。

（二）事实清楚原则

破产和解与人民调解、诉讼调解一样，应当在事实基本清楚、权利义务关系基本明确的基础上进行。如果债权人不能举证证明债权，个人债务人又不予认可的，不应予以和解。个人债务人与债权人之间债权债务关系存在，但就某些事实或者数额有争议的，应在查明后再进行和解。在人民调解、诉讼调解中，无法查明事实债权债务以及数额的，双方自愿商定债务清偿数额的，可以达成和解协议。但在个人破产程序中，管理人无法查明事实债权债务以及数额的，双方就个案自愿商定债务清偿数额而达成的和解协议，如果损害其他债权人的利益，该个案和解协议就不具有效力。

（三）合法和解原则

这里的合法原则，是指个人破产和解的程序、和解协议的内容应符合法律规定。《民法典》第 143 条规定，“不违反法律、行政法规的强制性规定，不违背公序良俗”的民事法律行为有效。也就是说，民事法律行为只有符合法律、行政法规定才为有效。个人破产和解作为一种民事法律行为，必须坚持合法原则，如果违反法律、行政法规的强制性规定进行和解，由此达成的和解协议无效。

五、关于个人破产和解的债权人会议问题

经自行和解或者委托和解，个人债务人与全体债权人达成的和解协议，无须再召开债权人会议表决通过，个人债务人可直接向法院申请终结破产程序。《深圳个人破产条例》第 147 条规定：“在破产程序中，债务人与全体债权人自行就债权债务的处理达成和解协议的，可以向人民法院申请终结破产程序。”也就是说，自行和解只有在个人债务人与全体债权人达成和解协议的情况下，才可以终结破产程序。该条例第 144 条规定：“委托和解期限届满，无法达成和解协议的，或者和解协议未获得人民法院认可的，人民法院应当裁定终结和解程序。”也就是说，个人债务人与全体债权人在委托和解

期限届满后无法达成和解协议的，法院应当裁定终结和解程序，宣告个人债务人破产。

现实中的问题是，在自行和解或者委托和解中，个人债务人已与大多数债权人或者主要债权人协商一致并达成和解协议，但无法与少部分或者个别债权人达成和解协议，在此情况下，是否需要召开债权人会议表决，可否向法院申请认可？

《企业破产法》第61条在第1款“债权人会议行使下列职权”中的第7项有“通过和解协议”的规定。《企业破产法》第96～99条规定，法院裁定和解应当召集债权人会议讨论和解协议草案；债权人会议通过和解协议的决议，由出席会议的有表决权的债权人过半数同意，并且其所代表的债权额占无财产担保债权总额的2/3以上；债权人会议通过和解协议的，由法院裁定认可，终止和解程序；和解协议草案经债权人会议表决未获得通过，或者已经债权人会议通过的和解协议未获得法院认可的，法院应当裁定终止和解程序，并宣告债务人破产。

遗憾的是，《深圳个人破产条例》未给个人破产和解设置债权人会议制度。在个人债务人与少部分或者个别债权人不能达成和解协议情况下，如果参照《深圳个人破产条例》也以全体债权人与个人债务人达成和解协议为条件才能认可和解协议的规定，一方面会使花费大量精力已经促成的和解成果功亏一篑，另一方面有违多数债权人的意愿，使和解程序无法继续进行。因此，我们认为，在建立个人破产制度时，不能将破产和解全都扔给自行和解或者委托和解，法院和管理人在其中应当尽职，并充分发挥债权人会议的作用。我们主张，应当参照《企业破产法》的上述规定，将庭外和解转为庭内和解，由法院或者管理人继续组织未达成和解协议的少部分或者个别债权人与个人债务人继续协商和解，如果和解成功，且不影响已达成和解协议的其他债权人利益的，无须再召开债权人会议表决，法院就可直接根据个人债务人的申请认定和解协议。如果庭内和解仍未达成和解协议，个人债务人或者管理人可以根据已经与大多数债权人或者主要债权人协商签订的和解协议编制和解协议草案，提交债权人会议讨论。经出席债权人会议的有表决权的债权人过半数同意，并且其所代表的债权额占无财产担保债权总额的2/3以上表决通过的，个人债务人或者管理人就可申请法院认定该和解协议草案。法院经审查符合规定条件的，应当裁定认可该和解协议；债权人会议未通过，或者法院经审查不符合规定的，应当裁定终结和解程序，然后根据当事人的申请宣告个人债务人破产。

第二节　个人破产和解协议及其认可

个人破产和解协议是个人债务人与债权人在和解程序中就债务清偿所达成的书面协议。和解协议是个人破产和解程序中最为重要的法律文书，集中体现个人破产和解的成果。

一、个人破产和解协议的内容要求

在和解程序中，个人债务人与债权人经协商一致达成和解的，应当采取书面形式制作规范的协议书，并由双方当事人签名或盖章；委托和解的，受托和解主持人亦应在和解协议上签名或盖章。参照《深圳个人破产条例》第138条的规定，个人破产和解协议书应当包括下列内容：

（1）债务人基本信息、财产和收入状况；

（2）债权人名册及债权数额；

（3）债权清偿方案；

（4）债务减免方案；

（5）和解协议执行期限；

（6）人民法院要求载明的其他事项。

上述内容的具体要求可以参照个人破产重整计划的相关内容，这里不再重复。

双方签订的和解协议书，其中有些内容不符合要求的，法院或者管理人既可以要求双方签订补充协议，也可以要求双方重新签订协议，直至达到上述规定的要求。

二、个人破产和解协议的条件要求

参照《深圳个人破产条例》第 139 条的规定，除上述内容要求外，个人破产和解协议还应当满足下列条件要求：

（1）和解意思表示真实；

（2）和解信息充分公开、程序规范完整、过程公正透明、表决真实有效；

（3）和解协议未损害国家利益、社会公共利益或者他人合法权益；

（4）不违反法律、行政法规的强制性规定。

至于“和解协议未损害国家利益、社会公共利益或者他人合法权益”和“不违反法律、行政法规的强制性规定”的问题，前面已经阐明。这里需要特别分析的是“和解意思表示真实”的问题。

意思表示真实，是指行为人表现于外部的意志与其内心的真实意志一致，即行为人表示要追求的某种民事后果是其内心真正希望出现的后果。意思表示真实是民事法律行为的有效要件。行为人与相对人以虚假的意思表示实施的民事法律行为无效，采取欺诈、胁迫、乘人之危等手段致使对方在意思表示不真实的情况下与其订立合同（协议）的行为属于可撤销行为。就个人破产个案和解而言，意思表示真实主要表现为双方是否自愿和解，一方当事人不同意和解，而和解主持人、债权人违背自愿原则强迫个人债务人和解，或者和解主持人、个人债务人强迫债权人和解，致使个人债务人或者债权人在意思表示不真实的情况下签订和解协议的，该和解协议无效，法院不予认定。

三、个人破产和解协议的认可

除经债权人会议表决通过的和解协议由管理人报请法院认定外，在个人债务人与全体债权人自行达成和解协议或者委托和解达成和解协议后，个人债务人应向法院提交和解协议草案，并申请裁定认可。个人破产程序中自行和解协议的认可，与民事诉讼中自行达成和解协议的确认一样，目的是强化和解协议的司法效力，作为执行的根据。但个人破产和解协议需要经过一定的程序，法院才能予以认可。

（一）个人债务人应向法院提出认可申请

参照《深圳个人破产条例》第137条的规定，个人债务人向法院申请认可和解协议的，在提交申请书的同时，应当提交下列材料：

（1）和解协议；

（2）和解情况说明；

（3）债权人名册；

（4）债务人财产及债务说明；

（5）法院认为需要提交的其他材料。

要求个人债务人提交上述材料，目的是方便法院审查。

（二）法院对和解协议进行审查

法院在收到个人债务人认可申请书和规定的材料后，应当对和解协议进行审查，必要时，可以组织个人债务人、债权人以及利害关系人进行听证调查，进一步查明和解事实和和解协议的合法性。法院审查和解协议的重点如下：

（1）一是和解协议书的制作是否规范；

（2）和解协议的内容是否明确；

（3）和解协议的达成是否符合规定的要求，特别是和解协议中的当事人是否自愿和解，意思表示是否真实；

（4）和解协议有无违反法律、行政法规的强制性规定，有无损害国家利益、社会公共利益或者他人合法权益。

（三）法院裁定认可和解协议

法院经审查认为和解协议符合规定的，应当裁定认可和解协议，终结和解程序，并在规定的时间内将裁定结果送达债务人、参与和解的债权人，予以公告。法院裁定认可和解协议后，该和解协议发生司法确定的法律效力，个人债务人应当执行和解协议。和解协议执行完毕后，个人债务人可以向法院申请免除其未清偿的债务，法院经审查符合条件的，应当决定免除个人债务人未清偿的债务。

四、和解程序转清算程序

根据《民事诉讼法》的有关规定，调解方式贯彻民事诉讼一审、二审和再审的全过程。个人破产和解也有类似情况，在法院宣告个人破产前，个人债务人与全体债权人都可以自行和解，达成和解协议的都应终结和解程序。但是，个人债务人与全体债权人无法达成和解协议的，法院未认可或者不认可和解协议的，或者个人债务人不执行、不能执行和解协议的，经个人债务人或者债权人申请，法院认为债务人符合破产条件的，应当宣告个人债务人破产。此后，和解程序转入清算程序，对个人债务人的财产进行破产清算。

【裁判案例 15】

提示：双方在个人债务清理中达成的“清偿计划”实际上是和解协议，法院予以批准并终止清理程序。

截至 2020 年 6 月 17 日，倪某某作为被执行人尚有未执结案件 2 件，执行标的额合计 117,345 元。苏州市吴江区人民法院在执行过程中查明，倪某某每月预计收入约 6000 元，未发现其名下有其他财产可供执行，且还需要抚养未成年女儿，生活困难，无力清偿全部债务。2020 年 6 月 17 日，倪某某向吴江区人民法院提出个人债务清理申请，已知 2 位债权人对其申请亦无异议。吴江区人民法院查明，倪某某在诉讼程序和执行程序中无妨害诉讼、规避执行的行为，便于 2020 年 6 月 22 日裁定受理倪某某个人债务清理申请。

倪某某和其管理人在与 2 位债权人充分协商的基础上制作了《个人债务清偿计划》。该计划的主要内容如下：

（1）豁免财产。倪某某同意将其收入除支付基本生活开支外的剩余部分用于清偿债务，债权人准许其保留每月房屋租金 1000 元、基本生活费用 2000 元，每月合计 3000 元。

（2）清偿方案。管理人经审核认定，2 位债权人的债权总金额为 150,069.47 元，为普通债权。债权人 A 同意将债权减免至 36,000 元，倪某某同意每月偿还 1000 元，分三年还清；债权人 B 同意将债权减免至 72,000 元，倪某某同意每月还 2000 元，分三年还清。上述债权清偿率为 71.97%，清偿金额为108,000元。

（3）方案执行。清偿计划经债权人会议通过并经法院裁定批准后，由管理人监督执行。管理人将接管倪某某名下农业银行某某支行的银行卡，由管理人负责将每月分配款项转账至债权人账户中。债务清偿计划执行完毕后，管理人将向法院提出终结债务清理程序的申请。倪某某不能执行或不执行个人债务清偿计划的，利害关系人或管理人可向法院提出终结清理程序并恢复原生效法律文书的执行。

（4）信用恢复。倪某某债务清偿率达到60%以上的，自裁定终结债务清理程序之日起满1年恢复其信用。在信用恢复前，倪某某自愿接受社会各界对其信用限制和财产情况的监督，不得有苏州市吴江区人民法院《关于个人债务清理的若干规定（试行）》[1] 第42条第1款规定的情形，且应每半年向管理人报告财产状况，管理人应将情况通报全体债权人。

在信用恢复前或者信用恢复后2年内，倪某某存在苏州市吴江区人民法院《关于个人债务清理的若干规定（试行）》第6条、第15条规定情形的，管理人或倪某某可向法院申请或者由法院依职权恢复按照原债务额进行清偿。

2020年8月27日，第一次债权人会议对管理人提交的倪某某《个人债务清偿计划》进行了表决。出席会议有表决权的债权人2位，同意《个人债务清偿计划》的有2位，占出席会议债权人人数的100%，其代表的债权额占债权总额的100%。

倪某某管理人向吴江区人民法院提出申请称：倪某某《个人债务清偿计划》经无财产担保债权人一致同意后通过，全体债权人已经与倪某某在个人债务清理程序中达成了和解，请求法院批准倪某某的《个人债务清偿计划》。

吴江区人民法院认为：倪某某管理人请求批准的《个人债务清偿计划》，系全体债权人与债务人倪某某在其个人债务清理程序中达成债务清偿和解协议，该《个人债务清偿计划》已经债权人会议一致表决通过，表决过程公开、透明，系全体债权人的真实意思表示，且该表决通过的《个人债务清偿计划》内容符合法律规定，具有可行性，对全体债权人实现了公平受偿。据

① 此规定已于2021年4月26日修订。

此，依据《民事诉讼法》第 50 条、第 154 条的规定，裁定如下：

（1）批准倪某某个人债务清偿计划；

（2）终止倪某某个人债务清理程序。

［根据江苏省苏州市吴江区人民法院（2020）苏 0509 执清 4 号之二执行裁定书编写］

第十一章

个人破产简易程序

我国《企业破产法》没有设置简易程序，但不少地方法院为了提高破产效率、减少破产成本，参照《民事诉讼法》中关于简易程序的规定，办理了不少简单的企业破产案件。《深圳个人破产条例》根据企业破产案件适用简易程序审理的司法实践，第十章专门为个人破产案件设置了简易程序。这一章参照《深圳个人破产条例》的规定专题分析个人破产案件适用简易程序的问题。

第一节　个人破产简易程序概述

破产简易程序是相对于破产普通程序而言的，源于民事诉讼法上的简易程序。民事诉讼中的简易程序是基层人民法院和它派出的法庭审理事实清楚、权利义务关系明确、争议不大的民事案件所适用的程序。由于破产程序的基本依据是《民事诉讼法》，故简单的个人破产完全可以根据《民事诉讼法》的规定设置简易程序。

一、从企业破产“繁简分流”说起

《全国法院破产审判工作会议纪要》在第 29 条“建立破产案件审理的繁简分流机制”中指出：“人民法院审理破产案件应当提升审判效率，在确保利害关系人程序和实体权利不受损害的前提下，建立破产案件审理的繁简分流机制。对于债权债务关系明确、债务人财产状况清楚的破产案件，可以通过缩短程序时间、简化流程等方式加快案件审理进程，但不得突破法律规定的最低期限。”这里的“繁”，是指破产案件债权人多，债权数量大，且债权债务有较大争议，破产财产不够清晰，案件较为疑难复杂的情形，此类破产案件应当适用普通程序审理。这里的“简”，是指“债权债务关系明确、债务人财产状况清楚”的情形，此类破产案件可以适用简易程序审理。

法院通过建立繁简分流机制，将破产案件分为适用普通程序类与适用简易程序类。然后，“在确保利害关系人程序和实体权利不受损害的前提下”，“对于债权债务关系明确、债务人财产状况清楚”的破产案件适用简易程序审理，缩短审理时间，简化诉讼流程，加快结案进程，将会大大提高破产效率，使债权人能够及时受偿债权。

二、设置个人破产简易程序的原因

从实践情况来看，大多数企业破产案件，涉及债权人较多，债权数量较大，破产财产结构比较复杂，具有法律关系多维化、利益主体多元化、矛盾纠纷复杂化等特点，故《企业破产法》没有规定简易程序。而个人破产案件有所不同，在总体上要比企业破产案件简单，且简单个案不少，故有必要设置简易程序进行审理。其必要性体现在以下几个方面：

一是个人破产案件本身简单的需要。虽然有些个人破产案件比较复杂，但也有不少个人破产案件比较简单，特别是债务数额不大，债权人不多，债务人财产清晰，双方没多大争议的个人破产案件，完全可以适用简易程序进行审理。

二是提升个人破产效率的需要。案情简单的个人破产案件，如果也适用普通破产程序按部就班地审理，会造成破产时间拖延、司法资源浪费、债权不能及时清偿等问题，但若适用简易程序，减少审理环节，缩短审理期限，及时处置破产财产和破产债务，将会大大提高个人破产案件的审理效率。

三是及时维护债权人利益的需要。个人破产案件具备简易条件，如果适用普通程序，因审理期限偏长，不仅会浪费司法资源，而且会增加破产成本，使可供破产的财产折损减值，最终降低了债权受偿率。适用简易程序快审快结简单的个人破产案件，对维护债权人的利益和及时受偿债权具有积极的意义。

三、适用简易程序审理的个人破产案件

参照《深圳个人破产条例》第 148 条，个人破产案件同时具有以下三种情形的，可以适用简易程序审理：

（一）债权债务关系明确

这里的债权债务关系明确，是指个人债务人对债权人负有的债务和债权人对个人债务人享有的债权事实清楚、数额无争议。如有争议，经管理人审查确认后当事人没有异议，或者法院、仲裁机构已经作出裁判或者仲裁且已经发生法律效力的，均可认为无争议。

（二）债务人财产状况清楚

债务人财产是清偿破产债务的财产，债务人财产的多少以及有无争议，与个人破产案件的难易程度有着直接关系。债务人财产状况清楚，无须资产调查，无须处理争议，资产处置就较简单。债务人财产状况复杂，与他人存在争议一时难以处理，或者财产为他人占有一时难以取回的，则不宜适用简易程序审理。

（三）案情简单

除上述两种情形外，案情简单还应包括：债权人人数不多且相互之间没有利益冲突或者利益冲突容易解决，债务人财产没有设定担保或者担保财产容易处置，夫妻共同财产容易分割，债权人对豁免财产没有异议等。

此外，个人债务人和债权人及其他主要破产参与人，经协商一致同意就一些较为复杂的个人破产案件简化审理的，也可适用简易程序进行审理。

对符合上述条件的个人破产案件，法院决定适用简易程序的，应当在裁定受理时告知债权人和个人债务人。债权人或者个人债务人对法院适用简易程序提出异议且有充分理由的，或者在审理过程中发生影响破产进程的衍生诉讼的，或者需要通过诉讼途径进行债权清收，致使适用简易程序的个人破产无法在规定时间内审结的，法院应当将简易程序转换为普通程

序进行审理。

四、个人破产简易化重整、和解和清算

在法院决定适用简易程序后，“在确保利害关系人程序和实体权利不受损害的前提下”，我们认为，个人破产重整、和解和清算都可以适用简易程序进行审理。

（一）简化重整程序

因《企业破产法》规定企业破产重整一律适用普通程序审理，故法院对重整案件也只能按部就班进行，这是企业破产案件久拖不决的主要原因之一，有的甚至经历三四年都不能完成，成本高而效率低，债权人意见大。因此，若想提升个人破产重整效率，在案情合适的情况下简化程序也就有其必然性。简化重整程序主要是缩短重整过程中有关操作的期限，如将重整计划草案提交期限规定为1个月，又如规定个人债务人提交重整计划草案之日起5日内就召开债权人会议表决等。

（二）简化和解程序

对一些债权人人数较少、债权债务关系明确、债权人有和解意向的个人破产案件，法院在裁定受理个人破产申请后可以及时召集个人债务人和全体债权人讨论和解草案，双方经协商形成一致意见的，当场就可签署和解协议，然后无须再召开债权人会议就可终结破产程序。在裁定受理个人破产申请时，个人债务人和全体债权人当庭提交和解协议的，法院应当及时进行审查，或者及时召集双方和利害关系人进行听证调查，各方均无异议且符合破产和解条件的，就可裁定终结破产程序。

（三）简化清算程序

破产清算适用简易程序是有一定难度的，主要原因是破产清算需要对破产财产进行评估、变价和分配，而这个过程往往需要较长时间。但在有条件的情况下可以采取一些灵活方式适用简易程序，如采取协议方式变价处理破产财产，或者采取“以物抵债”方式处理破产财产。如果必须拍卖，亦应简化评估、变价的手续，缩短评估、变价的时间，并将价款作一次性分配，快速处理破产债权债务。

第二节　个人破产案件的简化内容与简化操作

个人破产案件适用简易程序，关键在于缩短审理期限和简化审理方式，而简化后的具体操作方式比普通程序简单很多。

一、缩短审理期限

缩短审理期限是相对普通程序而言的，也就是说，在普通程序规定期限的基础上缩减为较短的期限，只有缩短期限，才能提高破产效率。

（一）规定个人破产案件的审理期限

这里的审理期限，是指自法院裁定受理个人破产申请之日起至裁定终结破产程序之日止的时间界限。因债务人破产不确定的因素很多，破产法无法规定一个明确的具体的审理期限，故《企业破产法》《深圳个人破产条例》都未明确规定适用普通破产程序的审理期限。但是，个人破产案件适用简易程序不能无限期，否则不能达到快审快结的目的。如《深圳个人破产条例》第149条规定，法院决定适用简易程序审理的案件，法院应当自裁定受理破产申请之日起3个月内审结。在个人破产法尚未出台前，这是一个值得参考的规定。

（二）缩短具体事项的操作期限

个人破产案件适用简易程序，在规定审理期限的同时，还应当规定具体事项的操作期限，从而使两者能够协调一致，确保简易程序有序并顺利进行。如《企业破产法》第45条规定，债权申报期限自法院发布受理破产申请公告之日起计算，最短不得少于30日，最长不得超过3个月。而《深圳个人破产条例》第150条规定，个人破产适用简易程序审理的，债权申报期限自发布受理破产申请公告之日起计算，最长不得超过30日。

（三）缩短管理人履行职务期限

管理人履行职务期限是从受法院指定之日起到办理破产企业注销登记完毕的次日止，但《企业破产法》对管理人各阶段、各事项的履职期限没有规定。为使管理人有效配合简易程序，法院可以根据简易程序的需要，明确规定管理人履行职责的期限。如《深圳个人破产条例》第152条规定，个人破产适用简易程序审理的，管理人应当按照下列期限要求办理有关事项：

（1）管理人自接受指定之日起15日内通知已知债权人申报债权，在30日内完成并提交债务人财产状况调查报告；

（2）管理人在第一次债权人会议召开前3日将会议内容及表决事项告知已知债权人；

（3）债务人有财产可供分配的，应当在破产财产最后分配完结10日内向法院提交破产财产分配报告。

（四）缩短终结破产程序的裁定期间

《企业破产法》第120条规定，法院应当自收到管理人终结破产程序的请求之日起15日内作出是否终结破产程序的裁定。而《深圳个人破产条例》第153条规定，个人破产适用简易程序审理的，法院应当自收到管理人终结破产程序的申请之日起10日内作出裁定，并予以公告。

（五）缩短期限需要注意的几点

第一，审理期限缩短不得突破法律规定的最低期限。诉讼法上的法定最低期限是当事人最低限度的程序权利保障，法院即使适用简易程序，有关审理期限也不能低于法定最低期限，如《企业破产法》第45条规定，债权申报期限最短不得少于30日，最长不得超过3个月。法院决定适用简易程序的，债权申报期限可缩短为“三十日”，但不能低于“三十日”，否则不能确保当事人程序权利。

第二，当事人依法行使程序权利的期限不能缩短或另行限制，如《企业破产法》第12条规定，申请人对法院裁定不受理破产申请不服的，可以自裁定送达之日起10日内向上一级人民法院提起上诉。对此，法院不能因适用简易程序而将此期限缩短至5日内或一周内，否则程序违法。

第三，是否缩短或限定期限以及缩短或限定至多少期限，应当根据破产案件的具体情况而定，但若在缩短限定的期限内不能完成相关事项的，则不宜缩短限定期限。

二、简化审理方式

简化审理方式是破产案件适用简易程序的又一大特点，只有简化审理方式，才能突出“简易”这一特点。根据《民事诉讼法》有关简易程序的规定，个人破产简易程序的审理方式可作如下简化：

（一）简化送达方式

在适用简易程序时，个人破产案件相关法律文书的送达方式简化主要是：

（1）要求个人债务人、债权人以及利害关系人确认送达地址，管理人可以参照民事诉讼程序中设置送达地址确认书的方式向其送达相关文书；

（2）采取关联查询和电话、微信等多种送达方式提高送达效率；

（3）除受理破产申请、第一次债权人会议召开时间、宣告债务人破产和终结破产程序必须公告以外，其他的公告可以以书面形式送达。

（二）简化债权人会议制度

适用简易程序受理个人破产案件，除缩短债权人会议时间外，也可简化债权人会议制度，如：

（1）在第一次债权人会议上，除核查债权表外，管理人可以将财产分配方案、追加分配方案等事项一并提交债权人会议表决，第一次债权人会议表决通过后，原则上不再召开第二次债权人会议；

（2）在表决方式上，可以通过电子邮件、传真、短信、网络平台、书面确认等方式在场外提前表决；

（3）债权人人数较少的，不设立债权人委员会。

（三）直接吸收执行成果

法院执行部门对债务人个人财产已经进行价值评估，在客观条件未发生变化的情况下，可以直接将评估结果提交债权人会议讨论，无须再委托中介机构进行价值认定。法院执行部门已经采取变价措施，应将所得价款按照债权人会议通过或法院裁定许可的分配方案直接进行分配。执行案件转个人破产简易程序的，可以直接维持已经采取且仍为有效的执行措施。破产财产在执行程序中已经调查清楚的，法院执行部门在移送案件时制作财产线索清单一并移送，管理人不再调查。

(四)法官独任审理

基层人民法院决定适用简易程序审理个人破产案件的,可以由一名法官独任审理。中级人民法院决定适用简易程序审理个人破产案件的,一般应当组成合议庭审理,但债权人人数少、债权债务数额不大的,也可由法官一人独任审理,如《深圳个人破产条例》第148条规定,“债务人债务不超过20万元的,可以由法官一人独任审理”。

在适用简易程序审理破产案件时,缩短审理期限,简化审理方式,这对债权人的程序权利必然产生一定影响,故法院和管理人都必须谨慎设计简易程序,能简则简,不能简则繁。

三、个人破产简易程序转换普通程序

《民事诉讼法》有关解释规定,已经按照普通程序审理的破产案件,在审理过程中不得改用简易程序审理。但我们认为,在适用普通程序审理个人破产案件时,个人破产案件出现可简化情形的,债务人和债权人一致要求快速结案的,根据当事人意思自治原则,法院可以简化剩余程序办结案件。

个人破产案件适用简易程序立案,在审理过程中发现案情复杂,在规定的审理期限内不能终结破产程序的,法院应当将简易程序转为普通程序,由合议庭进行审理,如《深圳个人破产条例》第154条规定,法院适用简易程序审理个人破产案件,发现不宜适用简易程序,或者无法在3个月内审结的,应当裁定转为普通程序,已经进行的破产程序继续有效。

附　录

相关法律、法规、司法解释等

中华人民共和国民法典（节录）

（2020年5月28日第十三届全国人民代表大会第三次会议通过）

第一编　总　　则

第一章　基本规定

第一条　为了保护民事主体的合法权益，调整民事关系，维护社会和经济秩序，适应中国特色社会主义发展要求，弘扬社会主义核心价值观，根据宪法，制定本法。

第二条　民法调整平等主体的自然人、法人和非法人组织之间的人身关系和财产关系。

第三条　民事主体的人身权利、财产权利以及其他合法权益受法律保护，任何组织或者个人不得侵犯。

第四条　民事主体在民事活动中的法律地位一律平等。

第五条　民事主体从事民事活动，应当遵循自愿原则，按照自己的意思设立、变更、终止民事法律关系。

第六条　民事主体从事民事活动，应当遵循公平原则，合理确定各方的权利和义务。

第七条　民事主体从事民事活动，应当遵循诚信原则，秉持诚实，恪守承诺。

第八条　民事主体从事民事活动，不得违反法律，不得违背公序良俗。

第九条　民事主体从事民事活动，应当有利于节约资源、保护生态环境。

第十条　处理民事纠纷，应当依照法律；法律没有规定的，可以适用习惯，但是不得违背公序良俗。

第十一条　其他法律对民事关系有特别规定的，依照其规定。

第十二条　中华人民共和国领域内的民事活动，适用中华人民共和国法律。法律另有规定的，依照其规定。

第二章　自　然　人

第一节　民事权利能力和民事行为能力

第十三条　自然人从出生时起到死亡时止，具有民事权利能力，依法享有民事权利，承担民事义务。

第十四条　自然人的民事权利能力一律平等。

第十五条　自然人的出生时间和死亡时间，以出生证明、死亡证明记载的时间为准；没有出生证明、死亡证明的，以户籍登记或者其他有效身份登记记载的时间为准。有其他证据足以推翻以上记载时间的，以该证据证明的时间为准。

第十六条　涉及遗产继承、接受赠与等胎儿利益保护的，胎儿视为具有民事权利能力。但是，胎儿娩出时为死体的，其民事权利能力自始不存在。

第十七条　十八周岁以上的自然人为成年人。不满十八周岁的自然人为未成年人。

第十八条　成年人为完全民事行为能力人，可以独立实施民事法律行为。

十六周岁以上的未成年人，以自己的劳动收入为主要生活来源的，视为完全民事行为能力人。

第十九条　八周岁以上的未成年人为限制民事行为能力人，实施民事法律行为由其法定代理人代理或者经其法定代理人同意、追认；但是，可以独立实施纯获利益的民事法律行为或者与其年龄、智力相适应的民事法律行为。

第二十条　不满八周岁的未成年人为无民事行为能力人，由其法定代理人代理实施民事法律行为。

第二十一条 不能辨认自己行为的成年人为无民事行为能力人，由其法定代理人代理实施民事法律行为。

八周岁以上的未成年人不能辨认自己行为的，适用前款规定。

第二十二条 不能完全辨认自己行为的成年人为限制民事行为能力人，实施民事法律行为由其法定代理人代理或者经其法定代理人同意、追认；但是，可以独立实施纯获利益的民事法律行为或者与其智力、精神健康状况相适应的民事法律行为。

第二十三条 无民事行为能力人、限制民事行为能力人的监护人是其法定代理人。

第二十四条 不能辨认或者不能完全辨认自己行为的成年人，其利害关系人或者有关组织，可以向人民法院申请认定该成年人为无民事行为能力人或者限制民事行为能力人。

被人民法院认定为无民事行为能力人或者限制民事行为能力人的，经本人、利害关系人或者有关组织申请，人民法院可以根据其智力、精神健康恢复的状况，认定该成年人恢复为限制民事行为能力人或者完全民事行为能力人。

本条规定的有关组织包括：居民委员会、村民委员会、学校、医疗机构、妇女联合会、残疾人联合会、依法设立的老年人组织、民政部门等。

第二十五条 自然人以户籍登记或者其他有效身份登记记载的居所为住所；经常居所与住所不一致的，经常居所视为住所。

第四节 个体工商户和农村承包经营户

第五十四条 自然人从事工商业经营，经依法登记，为个体工商户。个体工商户可以起字号。

第五十五条 农村集体经济组织的成员，依法取得农村土地承包经营权，从事家庭承包经营的，为农村承包经营户。

第五十六条 个体工商户的债务，个人经营的，以个人财产承担；家庭经营的，以家庭财产承担；无法区分的，以家庭财产承担。

农村承包经营户的债务，以从事农村土地承包经营的农户财产承担；事实上由农户部分成员经营的，以该部分成员的财产承担。

第四章 非法人组织

第一百零二条 非法人组织是不具有法人资格，但是能够依法以自己的名义从事民事活动的组织。

非法人组织包括个人独资企业、合伙企业、不具有法人资格的专业服务机构等。

第一百零三条 非法人组织应当依照法律的规定登记。

设立非法人组织，法律、行政法规规定须经有关机关批准的，依照其规定。

第一百零四条 非法人组织的财产不足以清偿债务的，其出资人或者设立人承担无限责任。法律另有规定的，依照其规定。

第一百零五条 非法人组织可以确定一人或者数人代表该组织从事民事活动。

第一百零六条 有下列情形之一的，非法人组织解散：

（一）章程规定的存续期间届满或者章程规定的其他解散事由出现；

（二）出资人或者设立人决定解散；

（三）法律规定的其他情形。

第一百零七条 非法人组织解散的，应当依法进行清算。

第一百零八条 非法人组织除适用本章规定外，参照适用本编第三章第一节的有关规定。

第六章 民事法律行为

第三节 民事法律行为的效力

第一百四十三条 具备下列条件的民事法律行为有效：

（一）行为人具有相应的民事行为能力；

（二）意思表示真实；

（三）不违反法律、行政法规的强制性规定，不违背公序良俗。

第一百四十四条 无民事行为能力人实施的民事法律行为无效。

第一百四十五条 限制民事行为能力人实施的纯获利益的民事法律行为

或者与其年龄、智力、精神健康状况相适应的民事法律行为有效；实施的其他民事法律行为经法定代理人同意或者追认后有效。

相对人可以催告法定代理人自收到通知之日起三十日内予以追认。法定代理人未作表示的，视为拒绝追认。民事法律行为被追认前，善意相对人有撤销的权利。撤销应当以通知的方式作出。

第一百四十六条 行为人与相对人以虚假的意思表示实施的民事法律行为无效。

以虚假的意思表示隐藏的民事法律行为的效力，依照有关法律规定处理。

第一百四十七条 基于重大误解实施的民事法律行为，行为人有权请求人民法院或者仲裁机构予以撤销。

第一百四十八条 一方以欺诈手段，使对方在违背真实意思的情况下实施的民事法律行为，受欺诈方有权请求人民法院或者仲裁机构予以撤销。

第一百四十九条 第三人实施欺诈行为，使一方在违背真实意思的情况下实施的民事法律行为，对方知道或者应当知道该欺诈行为的，受欺诈方有权请求人民法院或者仲裁机构予以撤销。

第一百五十条 一方或者第三人以胁迫手段，使对方在违背真实意思的情况下实施的民事法律行为，受胁迫方有权请求人民法院或者仲裁机构予以撤销。

第一百五十一条 一方利用对方处于危困状态、缺乏判断能力等情形，致使民事法律行为成立时显失公平的，受损害方有权请求人民法院或者仲裁机构予以撤销。

第一百五十二条 有下列情形之一的，撤销权消灭：

（一）当事人自知道或者应当知道撤销事由之日起一年内、重大误解的当事人自知道或者应当知道撤销事由之日起九十日内没有行使撤销权；

（二）当事人受胁迫，自胁迫行为终止之日起一年内没有行使撤销权；

（三）当事人知道撤销事由后明确表示或者以自己的行为表明放弃撤销权。

当事人自民事法律行为发生之日起五年内没有行使撤销权的，撤销权消灭。

第一百五十三条　违反法律、行政法规的强制性规定的民事法律行为无效。但是，该强制性规定不导致该民事法律行为无效的除外。

违背公序良俗的民事法律行为无效。

第一百五十四条　行为人与相对人恶意串通，损害他人合法权益的民事法律行为无效。

第一百五十五条　无效的或者被撤销的民事法律行为自始没有法律约束力。

第一百五十六条　民事法律行为部分无效，不影响其他部分效力的，其他部分仍然有效。

第一百五十七条　民事法律行为无效、被撤销或者确定不发生效力后，行为人因该行为取得的财产，应当予以返还；不能返还或者没有必要返还的，应当折价补偿。有过错的一方应当赔偿对方由此所受到的损失；各方都有过错的，应当各自承担相应的责任。法律另有规定的，依照其规定。

第四节　民事法律行为的附条件和附期限

第一百五十八条　民事法律行为可以附条件，但是根据其性质不得附条件的除外。附生效条件的民事法律行为，自条件成就时生效。附解除条件的民事法律行为，自条件成就时失效。

第一百五十九条　附条件的民事法律行为，当事人为自己的利益不正当地阻止条件成就的，视为条件已经成就；不正当地促成条件成就的，视为条件不成就。

第一百六十条　民事法律行为可以附期限，但是根据其性质不得附期限的除外。附生效期限的民事法律行为，自期限届至时生效。附终止期限的民事法律行为，自期限届满时失效。

第二编　物　　权

第四分编　担保物权

第十六章　一般规定

第三百八十六条　担保物权人在债务人不履行到期债务或者发生当事人

约定的实现担保物权的情形，依法享有就担保财产优先受偿的权利，但是法律另有规定的除外。

第三百八十七条 债权人在借贷、买卖等民事活动中，为保障实现其债权，需要担保的，可以依照本法和其他法律的规定设立担保物权。

第三人为债务人向债权人提供担保的，可以要求债务人提供反担保。反担保适用本法和其他法律的规定。

第三百八十八条 设立担保物权，应当依照本法和其他法律的规定订立担保合同。担保合同包括抵押合同、质押合同和其他具有担保功能的合同。担保合同是主债权债务合同的从合同。主债权债务合同无效的，担保合同无效，但是法律另有规定的除外。

担保合同被确认无效后，债务人、担保人、债权人有过错的，应当根据其过错各自承担相应的民事责任。

第三百八十九条 担保物权的担保范围包括主债权及其利息、违约金、损害赔偿金、保管担保财产和实现担保物权的费用。当事人另有约定的，按照其约定。

第三百九十条 担保期间，担保财产毁损、灭失或者被征收等，担保物权人可以就获得的保险金、赔偿金或者补偿金等优先受偿。被担保债权的履行期限未届满的，也可以提存该保险金、赔偿金或者补偿金等。

第三百九十一条 第三人提供担保，未经其书面同意，债权人允许债务人转移全部或者部分债务的，担保人不再承担相应的担保责任。

第三百九十二条 被担保的债权既有物的担保又有人的担保的，债务人不履行到期债务或者发生当事人约定的实现担保物权的情形，债权人应当按照约定实现债权；没有约定或者约定不明确，债务人自己提供物的担保的，债权人应当先就该物的担保实现债权；第三人提供物的担保的，债权人可以就物的担保实现债权，也可以请求保证人承担保证责任。提供担保的第三人承担担保责任后，有权向债务人追偿。

第三百九十三条 有下列情形之一的，担保物权消灭：

（一）主债权消灭；

（二）担保物权实现；

（三）债权人放弃担保物权；

（四）法律规定担保物权消灭的其他情形。

第十七章　抵　押　权

第一节　一般抵押权

第三百九十四条　为担保债务的履行，债务人或者第三人不转移财产的占有，将该财产抵押给债权人的，债务人不履行到期债务或者发生当事人约定的实现抵押权的情形，债权人有权就该财产优先受偿。

前款规定的债务人或者第三人为抵押人，债权人为抵押权人，提供担保的财产为抵押财产。

第三百九十五条　债务人或者第三人有权处分的下列财产可以抵押：

（一）建筑物和其他土地附着物；

（二）建设用地使用权；

（三）海域使用权；

（四）生产设备、原材料、半成品、产品；

（五）正在建造的建筑物、船舶、航空器；

（六）交通运输工具；

（七）法律、行政法规未禁止抵押的其他财产。

抵押人可以将前款所列财产一并抵押。

第三百九十六条　企业、个体工商户、农业生产经营者可以将现有的以及将有的生产设备、原材料、半成品、产品抵押，债务人不履行到期债务或者发生当事人约定的实现抵押权的情形，债权人有权就抵押财产确定时的动产优先受偿。

第三百九十七条　以建筑物抵押的，该建筑物占用范围内的建设用地使用权一并抵押。以建设用地使用权抵押的，该土地上的建筑物一并抵押。

抵押人未依据前款规定一并抵押的，未抵押的财产视为一并抵押。

第三百九十八条　乡镇、村企业的建设用地使用权不得单独抵押。以乡镇、村企业的厂房等建筑物抵押的，其占用范围内的建设用地使用权一并抵押。

第三百九十九条 下列财产不得抵押：

（一）土地所有权；

（二）宅基地、自留地、自留山等集体所有土地的使用权，但是法律规定可以抵押的除外；

（三）学校、幼儿园、医疗机构等为公益目的成立的非营利法人的教育设施、医疗卫生设施和其他公益设施；

（四）所有权、使用权不明或者有争议的财产；

（五）依法被查封、扣押、监管的财产；

（六）法律、行政法规规定不得抵押的其他财产。

第四百条 设立抵押权，当事人应当采用书面形式订立抵押合同。

抵押合同一般包括下列条款：

（一）被担保债权的种类和数额；

（二）债务人履行债务的期限；

（三）抵押财产的名称、数量等情况；

（四）担保的范围。

第四百零一条 抵押权人在债务履行期限届满前，与抵押人约定债务人不履行到期债务时抵押财产归债权人所有的，只能依法就抵押财产优先受偿。

第四百零二条 以本法第三百九十五条第一款第一项至第三项规定的财产或者第五项规定的正在建造的建筑物抵押的，应当办理抵押登记。抵押权自登记时设立。

第四百零三条 以动产抵押的，抵押权自抵押合同生效时设立；未经登记，不得对抗善意第三人。

第四百零四条 以动产抵押的，不得对抗正常经营活动中已经支付合理价款并取得抵押财产的买受人。

第四百零五条 抵押权设立前，抵押财产已经出租并转移占有的，原租赁关系不受该抵押权的影响。

第四百零六条 抵押期间，抵押人可以转让抵押财产。当事人另有约定的，按照其约定。抵押财产转让的，抵押权不受影响。

抵押人转让抵押财产的，应当及时通知抵押权人。抵押权人能够证明抵押财产转让可能损害抵押权的，可以请求抵押人将转让所得的价款向抵押权人提前清偿债务或者提存。转让的价款超过债权数额的部分归抵押人所有，不足部分由债务人清偿。

第四百零七条　抵押权不得与债权分离而单独转让或者作为其他债权的担保。债权转让的，担保该债权的抵押权一并转让，但是法律另有规定或者当事人另有约定的除外。

第四百零八条　抵押人的行为足以使抵押财产价值减少的，抵押权人有权请求抵押人停止其行为；抵押财产价值减少的，抵押权人有权请求恢复抵押财产的价值，或者提供与减少的价值相应的担保。抵押人不恢复抵押财产的价值，也不提供担保的，抵押权人有权请求债务人提前清偿债务。

第四百零九条　抵押权人可以放弃抵押权或者抵押权的顺位。抵押权人与抵押人可以协议变更抵押权顺位以及被担保的债权数额等内容。但是，抵押权的变更未经其他抵押权人书面同意的，不得对其他抵押权人产生不利影响。

债务人以自己的财产设定抵押，抵押权人放弃该抵押权、抵押权顺位或者变更抵押权的，其他担保人在抵押权人丧失优先受偿权益的范围内免除担保责任，但是其他担保人承诺仍然提供担保的除外。

第四百一十条　债务人不履行到期债务或者发生当事人约定的实现抵押权的情形，抵押权人可以与抵押人协议以抵押财产折价或者以拍卖、变卖该抵押财产所得的价款优先受偿。协议损害其他债权人利益的，其他债权人可以请求人民法院撤销该协议。

抵押权人与抵押人未就抵押权实现方式达成协议的，抵押权人可以请求人民法院拍卖、变卖抵押财产。

抵押财产折价或者变卖的，应当参照市场价格。

第四百一十一条　依据本法第三百九十六条规定设定抵押的，抵押财产自下列情形之一发生时确定：

（一）债务履行期限届满，债权未实现；

（二）抵押人被宣告破产或者解散；

（三）当事人约定的实现抵押权的情形；

（四）严重影响债权实现的其他情形。

第四百一十二条 债务人不履行到期债务或者发生当事人约定的实现抵押权的情形，致使抵押财产被人民法院依法扣押的，自扣押之日起，抵押权人有权收取该抵押财产的天然孳息或者法定孳息，但是抵押权人未通知应当清偿法定孳息义务人的除外。

前款规定的孳息应当先充抵收取孳息的费用。

第四百一十三条 抵押财产折价或者拍卖、变卖后，其价款超过债权数额的部分归抵押人所有，不足部分由债务人清偿。

第四百一十四条 同一财产向两个以上债权人抵押的，拍卖、变卖抵押财产所得的价款依照下列规定清偿：

（一）抵押权已经登记的，按照登记的时间先后确定清偿顺序；

（二）抵押权已经登记的先于未登记的受偿；

（三）抵押权未登记的，按照债权比例清偿。

其他可以登记的担保物权，清偿顺序参照适用前款规定。

第四百一十五条 同一财产既设立抵押权又设立质权的，拍卖、变卖该财产所得的价款按照登记、交付的时间先后确定清偿顺序。

第四百一十六条 动产抵押担保的主债权是抵押物的价款，标的物交付后十日内办理抵押登记的，该抵押权人优先于抵押物买受人的其他担保物权人受偿，但是留置权人除外。

第四百一十七条 建设用地使用权抵押后，该土地上新增的建筑物不属于抵押财产。该建设用地使用权实现抵押权时，应当将该土地上新增的建筑物与建设用地使用权一并处分。但是，新增建筑物所得的价款，抵押权人无权优先受偿。

第四百一十八条 以集体所有土地的使用权依法抵押的，实现抵押权后，未经法定程序，不得改变土地所有权的性质和土地用途。

第四百一十九条 抵押权人应当在主债权诉讼时效期间行使抵押权；未行使的，人民法院不予保护。

第二节 最高额抵押权

第四百二十条 为担保债务的履行，债务人或者第三人对一定期间内将要连续发生的债权提供担保财产的，债务人不履行到期债务或者发生当事人约定的实现抵押权的情形，抵押权人有权在最高债权额限度内就该担保财产优先受偿。

最高额抵押权设立前已经存在的债权，经当事人同意，可以转入最高额抵押担保的债权范围。

第四百二十一条 最高额抵押担保的债权确定前，部分债权转让的，最高额抵押权不得转让，但是当事人另有约定的除外。

第四百二十二条 最高额抵押担保的债权确定前，抵押权人与抵押人可以通过协议变更债权确定的期间、债权范围以及最高债权额。但是，变更的内容不得对其他抵押权人产生不利影响。

第四百二十三条 有下列情形之一的，抵押权人的债权确定：

（一）约定的债权确定期间届满；

（二）没有约定债权确定期间或者约定不明确，抵押权人或者抵押人自最高额抵押权设立之日起满二年后请求确定债权；

（三）新的债权不可能发生；

（四）抵押权人知道或者应当知道抵押财产被查封、扣押；

（五）债务人、抵押人被宣告破产或者解散；

（六）法律规定债权确定的其他情形。

第四百二十四条 最高额抵押权除适用本节规定外，适用本章第一节的有关规定。

第十八章 质 权

第一节 动产质权

第四百二十五条 为担保债务的履行，债务人或者第三人将其动产出质给债权人占有的，债务人不履行到期债务或者发生当事人约定的实现质权的情形，债权人有权就该动产优先受偿。

前款规定的债务人或者第三人为出质人，债权人为质权人，交付的动产为质押财产。

第四百二十六条 法律、行政法规禁止转让的动产不得出质。

第四百二十七条 设立质权，当事人应当采用书面形式订立质押合同。

质押合同一般包括下列条款：

（一）被担保债权的种类和数额；

（二）债务人履行债务的期限；

（三）质押财产的名称、数量等情况；

（四）担保的范围；

（五）质押财产交付的时间、方式。

第四百二十八条 质权人在债务履行期限届满前，与出质人约定债务人不履行到期债务时质押财产归债权人所有的，只能依法就质押财产优先受偿。

第四百二十九条 质权自出质人交付质押财产时设立。

第四百三十条 质权人有权收取质押财产的孳息，但是合同另有约定的除外。

前款规定的孳息应当先充抵收取孳息的费用。

第四百三十一条 质权人在质权存续期间，未经出质人同意，擅自使用、处分质押财产，造成出质人损害的，应当承担赔偿责任。

第四百三十二条 质权人负有妥善保管质押财产的义务；因保管不善致使质押财产毁损、灭失的，应当承担赔偿责任。

质权人的行为可能使质押财产毁损、灭失的，出质人可以请求质权人将质押财产提存，或者请求提前清偿债务并返还质押财产。

第四百三十三条 因不可归责于质权人的事由可能使质押财产毁损或者价值明显减少，足以危害质权人权利的，质权人有权请求出质人提供相应的担保；出质人不提供的，质权人可以拍卖、变卖质押财产，并与出质人协议将拍卖、变卖所得的价款提前清偿债务或者提存。

第四百三十四条 质权人在质权存续期间，未经出质人同意转质，造成质押财产毁损、灭失的，应当承担赔偿责任。

第四百三十五条 质权人可以放弃质权。债务人以自己的财产出质，质权人放弃该质权的，其他担保人在质权人丧失优先受偿权益的范围内免除担保责任，但是其他担保人承诺仍然提供担保的除外。

第四百三十六条 债务人履行债务或者出质人提前清偿所担保的债权的，

质权人应当返还质押财产。

债务人不履行到期债务或者发生当事人约定的实现质权的情形，质权人可以与出质人协议以质押财产折价，也可以就拍卖、变卖质押财产所得的价款优先受偿。

质押财产折价或者变卖的，应当参照市场价格。

第四百三十七条 出质人可以请求质权人在债务履行期限届满后及时行使质权；质权人不行使的，出质人可以请求人民法院拍卖、变卖质押财产。

出质人请求质权人及时行使质权，因质权人怠于行使权利造成出质人损害的，由质权人承担赔偿责任。

第四百三十八条 质押财产折价或者拍卖、变卖后，其价款超过债权数额的部分归出质人所有，不足部分由债务人清偿。

第四百三十九条 出质人与质权人可以协议设立最高额质权。

最高额质权除适用本节有关规定外，参照适用本编第十七章第二节的有关规定。

第二节 权利质权

第四百四十条 债务人或者第三人有权处分的下列权利可以出质：

（一）汇票、本票、支票；

（二）债券、存款单；

（三）仓单、提单；

（四）可以转让的基金份额、股权；

（五）可以转让的注册商标专用权、专利权、著作权等知识产权中的财产权；

（六）现有的以及将有的应收账款；

（七）法律、行政法规规定可以出质的其他财产权利。

第四百四十一条 以汇票、本票、支票、债券、存款单、仓单、提单出质的，质权自权利凭证交付质权人时设立；没有权利凭证的，质权自办理出质登记时设立。法律另有规定的，依照其规定。

第四百四十二条 汇票、本票、支票、债券、存款单、仓单、提单的兑现日期或者提货日期先于主债权到期的，质权人可以兑现或者提货，并与出质人协议将兑现的价款或者提取的货物提前清偿债务或者提存。

第四百四十三条 以基金份额、股权出质的，质权自办理出质登记时设立。

基金份额、股权出质后，不得转让，但是出质人与质权人协商同意的除外。出质人转让基金份额、股权所得的价款，应当向质权人提前清偿债务或者提存。

第四百四十四条 以注册商标专用权、专利权、著作权等知识产权中的财产权出质的，质权自办理出质登记时设立。

知识产权中的财产权出质后，出质人不得转让或者许可他人使用，但是出质人与质权人协商同意的除外。出质人转让或者许可他人使用出质的知识产权中的财产权所得的价款，应当向质权人提前清偿债务或者提存。

第四百四十五条 以应收账款出质的，质权自办理出质登记时设立。

应收账款出质后，不得转让，但是出质人与质权人协商同意的除外。出质人转让应收账款所得的价款，应当向质权人提前清偿债务或者提存。

第四百四十六条 权利质权除适用本节规定外，适用本章第一节的有关规定。

第十九章 留 置 权

第四百四十七条 债务人不履行到期债务，债权人可以留置已经合法占有的债务人的动产，并有权就该动产优先受偿。

前款规定的债权人为留置权人，占有的动产为留置财产。

第四百四十八条 债权人留置的动产，应当与债权属于同一法律关系，但是企业之间留置的除外。

第四百四十九条 法律规定或者当事人约定不得留置的动产，不得留置。

第四百五十条 留置财产为可分物的，留置财产的价值应当相当于债务的金额。

第四百五十一条 留置权人负有妥善保管留置财产的义务；因保管不善致使留置财产毁损、灭失的，应当承担赔偿责任。

第四百五十二条　留置权人有权收取留置财产的孳息。

前款规定的孳息应当先充抵收取孳息的费用。

第四百五十三条　留置权人与债务人应当约定留置财产后的债务履行期限；没有约定或者约定不明确的，留置权人应当给债务人六十日以上履行债务的期限，但是鲜活易腐等不易保管的动产除外。债务人逾期未履行的，留置权人可以与债务人协议以留置财产折价，也可以就拍卖、变卖留置财产所得的价款优先受偿。

留置财产折价或者变卖的，应当参照市场价格。

第四百五十四条　债务人可以请求留置权人在债务履行期限届满后行使留置权；留置权人不行使的，债务人可以请求人民法院拍卖、变卖留置财产。

第四百五十五条　留置财产折价或者拍卖、变卖后，其价款超过债权数额的部分归债务人所有，不足部分由债务人清偿。

第四百五十六条　同一动产上已经设立抵押权或者质权，该动产又被留置的，留置权人优先受偿。

第四百五十七条　留置权人对留置财产丧失占有或者留置权人接受债务人另行提供担保的，留置权消灭。

第三编　合　　同

第二分编　典型合同

第十三章　保证合同

第一节　一般规定

第六百八十一条　保证合同是为保障债权的实现，保证人和债权人约定，当债务人不履行到期债务或者发生当事人约定的情形时，保证人履行债务或者承担责任的合同。

第六百八十二条　保证合同是主债权债务合同的从合同。主债权债务合同无效的，保证合同无效，但是法律另有规定的除外。

保证合同被确认无效后，债务人、保证人、债权人有过错的，应当根据其过错各自承担相应的民事责任。

第六百八十三条　机关法人不得为保证人，但是经国务院批准为使用外国政府或者国际经济组织贷款进行转贷的除外。

以公益为目的的非营利法人、非法人组织不得为保证人。

第六百八十四条　保证合同的内容一般包括被保证的主债权的种类、数额，债务人履行债务的期限，保证的方式、范围和期间等条款。

第六百八十五条　保证合同可以是单独订立的书面合同，也可以是主债权债务合同中的保证条款。

第三人单方以书面形式向债权人作出保证，债权人接收且未提出异议的，保证合同成立。

第六百八十六条　保证的方式包括一般保证和连带责任保证。

当事人在保证合同中对保证方式没有约定或者约定不明确的，按照一般保证承担保证责任。

第六百八十七条　当事人在保证合同中约定，债务人不能履行债务时，由保证人承担保证责任的，为一般保证。

一般保证的保证人在主合同纠纷未经审判或者仲裁，并就债务人财产依法强制执行仍不能履行债务前，有权拒绝向债权人承担保证责任，但是有下列情形之一的除外：

（一）债务人下落不明，且无财产可供执行；

（二）人民法院已经受理债务人破产案件；

（三）债权人有证据证明债务人的财产不足以履行全部债务或者丧失履行债务能力；

（四）保证人书面表示放弃本款规定的权利。

第六百八十八条　当事人在保证合同中约定保证人和债务人对债务承担连带责任的，为连带责任保证。

连带责任保证的债务人不履行到期债务或者发生当事人约定的情形时，债权人可以请求债务人履行债务，也可以请求保证人在其保证范围内承担保证责任。

第六百八十九条　保证人可以要求债务人提供反担保。

第六百九十条　保证人与债权人可以协商订立最高额保证的合同，约定在最高债权额限度内就一定期间连续发生的债权提供保证。

最高额保证除适用本章规定外，参照适用本法第二编最高额抵押权的有关规定。

第二节　保证责任

第六百九十一条　保证的范围包括主债权及其利息、违约金、损害赔偿金和实现债权的费用。当事人另有约定的，按照其约定。

第六百九十二条　保证期间是确定保证人承担保证责任的期间，不发生中止、中断和延长。

债权人与保证人可以约定保证期间，但是约定的保证期间早于主债务履行期限或者与主债务履行期限同时届满的，视为没有约定；没有约定或者约定不明确的，保证期间为主债务履行期限届满之日起六个月。

债权人与债务人对主债务履行期限没有约定或者约定不明确的，保证期间自债权人请求债务人履行债务的宽限期届满之日起计算。

第六百九十三条　一般保证的债权人未在保证期间对债务人提起诉讼或者申请仲裁的，保证人不再承担保证责任。

连带责任保证的债权人未在保证期间请求保证人承担保证责任的，保证人不再承担保证责任。

第六百九十四条　一般保证的债权人在保证期间届满前对债务人提起诉讼或者申请仲裁的，从保证人拒绝承担保证责任的权利消灭之日起，开始计算保证债务的诉讼时效。

连带责任保证的债权人在保证期间届满前请求保证人承担保证责任的，从债权人请求保证人承担保证责任之日起，开始计算保证债务的诉讼时效。

第六百九十五条　债权人和债务人未经保证人书面同意，协商变更主债权债务合同内容，减轻债务的，保证人仍对变更后的债务承担保证责任；加重债务的，保证人对加重的部分不承担保证责任。

债权人和债务人变更主债权债务合同的履行期限，未经保证人书面同意的，保证期间不受影响。

第六百九十六条　债权人转让全部或者部分债权，未通知保证人的，该转让对保证人不发生效力。

保证人与债权人约定禁止债权转让，债权人未经保证人书面同意转让债权的，保证人对受让人不再承担保证责任。

第六百九十七条 债权人未经保证人书面同意，允许债务人转移全部或者部分债务，保证人对未经其同意转移的债务不再承担保证责任，但是债权人和保证人另有约定的除外。

第三人加入债务的，保证人的保证责任不受影响。

第六百九十八条 一般保证的保证人在主债务履行期限届满后，向债权人提供债务人可供执行财产的真实情况，债权人放弃或者怠于行使权利致使该财产不能被执行的，保证人在其提供可供执行财产的价值范围内不再承担保证责任。

第六百九十九条 同一债务有两个以上保证人的，保证人应当按照保证合同约定的保证份额，承担保证责任；没有约定保证份额的，债权人可以请求任何一个保证人在其保证范围内承担保证责任。

第七百条 保证人承担保证责任后，除当事人另有约定外，有权在其承担保证责任的范围内向债务人追偿，享有债权人对债务人的权利，但是不得损害债权人的利益。

第七百零一条 保证人可以主张债务人对债权人的抗辩。债务人放弃抗辩的，保证人仍有权向债权人主张抗辩。

第七百零二条 债务人对债权人享有抵销权或者撤销权的，保证人可以在相应范围内拒绝承担保证责任。

第五编 婚姻家庭

第三章 家庭关系

第一节 夫妻关系

第一千零五十五条 夫妻在婚姻家庭中地位平等。

第一千零五十六条 夫妻双方都有各自使用自己姓名的权利。

第一千零五十七条 夫妻双方都有参加生产、工作、学习和社会活动的自由，一方不得对另一方加以限制或者干涉。

第一千零五十八条　夫妻双方平等享有对未成年子女抚养、教育和保护的权利，共同承担对未成年子女抚养、教育和保护的义务。

第一千零五十九条　夫妻有相互扶养的义务。

需要扶养的一方，在另一方不履行扶养义务时，有要求其给付扶养费的权利。

第一千零六十条　夫妻一方因家庭日常生活需要而实施的民事法律行为，对夫妻双方发生效力，但是夫妻一方与相对人另有约定的除外。

夫妻之间对一方可以实施的民事法律行为范围的限制，不得对抗善意相对人。

第一千零六十一条　夫妻有相互继承遗产的权利。

第一千零六十二条　夫妻在婚姻关系存续期间所得的下列财产，为夫妻的共同财产，归夫妻共同所有：

（一）工资、奖金、劳务报酬；

（二）生产、经营、投资的收益；

（三）知识产权的收益；

（四）继承或者受赠的财产，但是本法第一千零六十三条第三项规定的除外；

（五）其他应当归共同所有的财产。

夫妻对共同财产，有平等的处理权。

第一千零六十三条　下列财产为夫妻一方的个人财产：

（一）一方的婚前财产；

（二）一方因受到人身损害获得的赔偿或者补偿；

（三）遗嘱或者赠与合同中确定只归一方的财产；

（四）一方专用的生活用品；

（五）其他应当归一方的财产。

第一千零六十四条　夫妻双方共同签名或者夫妻一方事后追认等共同意思表示所负的债务，以及夫妻一方在婚姻关系存续期间以个人名义为家庭日常生活需要所负的债务，属于夫妻共同债务。

夫妻一方在婚姻关系存续期间以个人名义超出家庭日常生活需要所负的债务，不属于夫妻共同债务；但是，债权人能够证明该债务用于夫妻共同生活、共同生产经营或者基于夫妻双方共同意思表示的除外。

第一千零六十五条 男女双方可以约定婚姻关系存续期间所得的财产以及婚前财产归各自所有、共同所有或者部分各自所有、部分共同所有。约定应当采用书面形式。没有约定或者约定不明确的，适用本法第一千零六十二条、第一千零六十三条的规定。

夫妻对婚姻关系存续期间所得的财产以及婚前财产的约定，对双方具有法律约束力。

夫妻对婚姻关系存续期间所得的财产约定归各自所有，夫或者妻一方对外所负的债务，相对人知道该约定的，以夫或者妻一方的个人财产清偿。

第一千零六十六条 婚姻关系存续期间，有下列情形之一的，夫妻一方可以向人民法院请求分割共同财产：

（一）一方有隐藏、转移、变卖、毁损、挥霍夫妻共同财产或者伪造夫妻共同债务等严重损害夫妻共同财产利益的行为；

（二）一方负有法定扶养义务的人患重大疾病需要医治，另一方不同意支付相关医疗费用。

第六编 继　　承

第一章 一般规定

第一千一百一十九条 本编调整因继承产生的民事关系。

第一千一百二十条 国家保护自然人的继承权。

第一千一百二十一条 继承从被继承人死亡时开始。

相互有继承关系的数人在同一事件中死亡，难以确定死亡时间的，推定没有其他继承人的人先死亡。都有其他继承人，辈份不同的，推定长辈先死亡；辈份相同的，推定同时死亡，相互不发生继承。

第一千一百二十二条 遗产是自然人死亡时遗留的个人合法财产。

依照法律规定或者根据其性质不得继承的遗产，不得继承。

第一千一百二十三条　继承开始后，按照法定继承办理；有遗嘱的，按照遗嘱继承或者遗赠办理；有遗赠扶养协议的，按照协议办理。

第一千一百二十四条　继承开始后，继承人放弃继承的，应当在遗产处理前，以书面形式作出放弃继承的表示；没有表示的，视为接受继承。

受遗赠人应当在知道受遗赠后六十日内，作出接受或者放弃受遗赠的表示；到期没有表示的，视为放弃受遗赠。

第一千一百二十五条　继承人有下列行为之一的，丧失继承权：

（一）故意杀害被继承人；

（二）为争夺遗产而杀害其他继承人；

（三）遗弃被继承人，或者虐待被继承人情节严重；

（四）伪造、篡改、隐匿或者销毁遗嘱，情节严重；

（五）以欺诈、胁迫手段迫使或者妨碍被继承人设立、变更或者撤回遗嘱，情节严重。

继承人有前款第三项至第五项行为，确有悔改表现，被继承人表示宽恕或者事后在遗嘱中将其列为继承人的，该继承人不丧失继承权。

受遗赠人有本条第一款规定行为的，丧失受遗赠权。

第二章　法定继承

第一千一百二十六条　继承权男女平等。

第一千一百二十七条　遗产按照下列顺序继承：

（一）第一顺序：配偶、子女、父母；

（二）第二顺序：兄弟姐妹、祖父母、外祖父母。

继承开始后，由第一顺序继承人继承，第二顺序继承人不继承；没有第一顺序继承人继承的，由第二顺序继承人继承。

本编所称子女，包括婚生子女、非婚生子女、养子女和有扶养关系的继子女。

本编所称父母，包括生父母、养父母和有扶养关系的继父母。

本编所称兄弟姐妹，包括同父母的兄弟姐妹、同父异母或者同母异父的兄弟姐妹、养兄弟姐妹、有扶养关系的继兄弟姐妹。

第一千一百二十八条 被继承人的子女先于被继承人死亡的，由被继承人的子女的直系晚辈血亲代位继承。

被继承人的兄弟姐妹先于被继承人死亡的，由被继承人的兄弟姐妹的子女代位继承。

代位继承人一般只能继承被代位继承人有权继承的遗产份额。

第一千一百二十九条 丧偶儿媳对公婆，丧偶女婿对岳父母，尽了主要赡养义务的，作为第一顺序继承人。

第一千一百三十条 同一顺序继承人继承遗产的份额，一般应当均等。

对生活有特殊困难又缺乏劳动能力的继承人，分配遗产时，应当予以照顾。

对被继承人尽了主要扶养义务或者与被继承人共同生活的继承人，分配遗产时，可以多分。

有扶养能力和有扶养条件的继承人，不尽扶养义务的，分配遗产时，应当不分或者少分。

继承人协商同意的，也可以不均等。

第一千一百三十一条 对继承人以外的依靠被继承人扶养的人，或者继承人以外的对被继承人扶养较多的人，可以分给适当的遗产。

第一千一百三十二条 继承人应当本着互谅互让、和睦团结的精神，协商处理继承问题。遗产分割的时间、办法和份额，由继承人协商确定；协商不成的，可以由人民调解委员会调解或者向人民法院提起诉讼。

第三章 遗嘱继承和遗赠

第一千一百三十三条 自然人可以依照本法规定立遗嘱处分个人财产，并可以指定遗嘱执行人。

自然人可以立遗嘱将个人财产指定由法定继承人中的一人或者数人继承。

自然人可以立遗嘱将个人财产赠与国家、集体或者法定继承人以外的组织、个人。

自然人可以依法设立遗嘱信托。

第一千一百三十四条 自书遗嘱由遗嘱人亲笔书写，签名，注明年、月、日。

第一千一百三十五条　代书遗嘱应当有两个以上见证人在场见证，由其中一人代书，并由遗嘱人、代书人和其他见证人签名，注明年、月、日。

第一千一百三十六条　打印遗嘱应当有两个以上见证人在场见证。遗嘱人和见证人应当在遗嘱每一页签名，注明年、月、日。

第一千一百三十七条　以录音录像形式立的遗嘱，应当有两个以上见证人在场见证。遗嘱人和见证人应当在录音录像中记录其姓名或者肖像，以及年、月、日。

第一千一百三十八条　遗嘱人在危急情况下，可以立口头遗嘱。口头遗嘱应当有两个以上见证人在场见证。危急情况消除后，遗嘱人能够以书面或者录音录像形式立遗嘱的，所立的口头遗嘱无效。

第一千一百三十九条　公证遗嘱由遗嘱人经公证机构办理。

第一千一百四十条　下列人员不能作为遗嘱见证人：

（一）无民事行为能力人、限制民事行为能力人以及其他不具有见证能力的人；

（二）继承人、受遗赠人；

（三）与继承人、受遗赠人有利害关系的人。

第一千一百四十一条　遗嘱应当为缺乏劳动能力又没有生活来源的继承人保留必要的遗产份额。

第一千一百四十二条　遗嘱人可以撤回、变更自己所立的遗嘱。

立遗嘱后，遗嘱人实施与遗嘱内容相反的民事法律行为的，视为对遗嘱相关内容的撤回。

立有数份遗嘱，内容相抵触的，以最后的遗嘱为准。

第一千一百四十三条　无民事行为能力人或者限制民事行为能力人所立的遗嘱无效。

遗嘱必须表示遗嘱人的真实意思，受欺诈、胁迫所立的遗嘱无效。

伪造的遗嘱无效。

遗嘱被篡改的，篡改的内容无效。

第一千一百四十四条　遗嘱继承或者遗赠附有义务的，继承人或者受遗赠人应当履行义务。没有正当理由不履行义务的，经利害关系人或者有关组织请求，人民法院可以取消其接受附义务部分遗产的权利。

第四章　遗产的处理

第一千一百四十五条　继承开始后，遗嘱执行人为遗产管理人；没有遗嘱执行人的，继承人应当及时推选遗产管理人；继承人未推选的，由继承人共同担任遗产管理人；没有继承人或者继承人均放弃继承的，由被继承人生前住所地的民政部门或者村民委员会担任遗产管理人。

第一千一百四十六条　对遗产管理人的确定有争议的，利害关系人可以向人民法院申请指定遗产管理人。

第一千一百四十七条　遗产管理人应当履行下列职责：

（一）清理遗产并制作遗产清单；

（二）向继承人报告遗产情况；

（三）采取必要措施防止遗产毁损、灭失；

（四）处理被继承人的债权债务；

（五）按照遗嘱或者依照法律规定分割遗产；

（六）实施与管理遗产有关的其他必要行为。

第一千一百四十八条　遗产管理人应当依法履行职责，因故意或者重大过失造成继承人、受遗赠人、债权人损害的，应当承担民事责任。

第一千一百四十九条　遗产管理人可以依照法律规定或者按照约定获得报酬。

第一千一百五十条　继承开始后，知道被继承人死亡的继承人应当及时通知其他继承人和遗嘱执行人。继承人中无人知道被继承人死亡或者知道被继承人死亡而不能通知的，由被继承人生前所在单位或者住所地的居民委员会、村民委员会负责通知。

第一千一百五十一条　存有遗产的人，应当妥善保管遗产，任何组织或者个人不得侵吞或者争抢。

第一千一百五十二条　继承开始后，继承人于遗产分割前死亡，并没有放弃继承的，该继承人应当继承的遗产转给其继承人，但是遗嘱另有安排的除外。

第一千一百五十三条　夫妻共同所有的财产，除有约定的外，遗产分割时，应当先将共同所有的财产的一半分出为配偶所有，其余的为被继承人的遗产。

遗产在家庭共有财产之中的，遗产分割时，应当先分出他人的财产。

第一千一百五十四条　有下列情形之一的，遗产中的有关部分按照法定继承办理：

（一）遗嘱继承人放弃继承或者受遗赠人放弃受遗赠；

（二）遗嘱继承人丧失继承权或者受遗赠人丧失受遗赠权；

（三）遗嘱继承人、受遗赠人先于遗嘱人死亡或者终止；

（四）遗嘱无效部分所涉及的遗产；

（五）遗嘱未处分的遗产。

第一千一百五十五条　遗产分割时，应当保留胎儿的继承份额。胎儿娩出时是死体的，保留的份额按照法定继承办理。

第一千一百五十六条　遗产分割应当有利于生产和生活需要，不损害遗产的效用。

不宜分割的遗产，可以采取折价、适当补偿或者共有等方法处理。

第一千一百五十七条　夫妻一方死亡后另一方再婚的，有权处分所继承的财产，任何组织或者个人不得干涉。

第一千一百五十八条　自然人可以与继承人以外的组织或者个人签订遗赠扶养协议。按照协议，该组织或者个人承担该自然人生养死葬的义务，享有受遗赠的权利。

第一千一百五十九条　分割遗产，应当清偿被继承人依法应当缴纳的税款和债务；但是，应当为缺乏劳动能力又没有生活来源的继承人保留必要的遗产。

第一千一百六十条　无人继承又无人受遗赠的遗产，归国家所有，用于公益事业；死者生前是集体所有制组织成员的，归所在集体所有制组织所有。

第一千一百六十一条　继承人以所得遗产实际价值为限清偿被继承人依法应当缴纳的税款和债务。超过遗产实际价值部分，继承人自愿偿还的不在此限。

继承人放弃继承的，对被继承人依法应当缴纳的税款和债务可以不负清偿责任。

第一千一百六十二条 执行遗赠不得妨碍清偿遗赠人依法应当缴纳的税款和债务。

第一千一百六十三条 既有法定继承又有遗嘱继承、遗赠的，由法定继承人清偿被继承人依法应当缴纳的税款和债务；超过法定继承遗产实际价值部分，由遗嘱继承人和受遗赠人按比例以所得遗产清偿。

中华人民共和国企业破产法

（2006 年 8 月 27 日第十届全国人民代表大会常务委员会第二十三次会议通过）

第一章　总　　则

第一条 为规范企业破产程序，公平清理债权债务，保护债权人和债务人的合法权益，维护社会主义市场经济秩序，制定本法。

第二条 企业法人不能清偿到期债务，并且资产不足以清偿全部债务或者明显缺乏清偿能力的，依照本法规定清理债务。

企业法人有前款规定情形，或者有明显丧失清偿能力可能的，可以依照本法规定进行重整。

第三条 破产案件由债务人住所地人民法院管辖。

第四条 破产案件审理程序，本法没有规定的，适用民事诉讼法的有关规定。

第五条 依照本法开始的破产程序，对债务人在中华人民共和国领域外的财产发生效力。

对外国法院作出的发生法律效力的破产案件的判决、裁定，涉及债务人在中华人民共和国领域内的财产，申请或者请求人民法院承认和执行的，人民法院依照中华人民共和国缔结或者参加的国际条约，或者按照互惠原则进行审查，认为不违反中华人民共和国法律的基本原则，不损害国家主权、安全和社会公共利益，不损害中华人民共和国领域内债权人的合法权益的，裁定承认和执行。

第六条　人民法院审理破产案件，应当依法保障企业职工的合法权益，依法追究破产企业经营管理人员的法律责任。

第二章　申请和受理

第一节　申　　请

第七条　债务人有本法第二条规定的情形，可以向人民法院提出重整、和解或者破产清算申请。

债务人不能清偿到期债务，债权人可以向人民法院提出对债务人进行重整或者破产清算的申请。

企业法人已解散但未清算或者未清算完毕，资产不足以清偿债务的，依法负有清算责任的人应当向人民法院申请破产清算。

第八条　向人民法院提出破产申请，应当提交破产申请书和有关证据。

破产申请书应当载明下列事项：

（一）申请人、被申请人的基本情况；

（二）申请目的；

（三）申请的事实和理由；

（四）人民法院认为应当载明的其他事项。

债务人提出申请的，还应当向人民法院提交财产状况说明、债务清册、债权清册、有关财务会计报告、职工安置预案以及职工工资的支付和社会保险费用的缴纳情况。

第九条　人民法院受理破产申请前，申请人可以请求撤回申请。

第二节　受　　理

第十条　债权人提出破产申请的，人民法院应当自收到申请之日起五日内通知债务人。债务人对申请有异议的，应当自收到人民法院的通知之日起七日内向人民法院提出。人民法院应当自异议期满之日起十日内裁定是否受理。

除前款规定的情形外，人民法院应当自收到破产申请之日起十五日内裁定是否受理。

有特殊情况需要延长前两款规定的裁定受理期限的，经上一级人民法院批准，可以延长十五日。

第十一条 人民法院受理破产申请的，应当自裁定作出之日起五日内送达申请人。

债权人提出申请的，人民法院应当自裁定作出之日起五日内送达债务人。债务人应当自裁定送达之日起十五日内，向人民法院提交财产状况说明、债务清册、债权清册、有关财务会计报告以及职工工资的支付和社会保险费用的缴纳情况。

第十二条 人民法院裁定不受理破产申请的，应当自裁定作出之日起五日内送达申请人并说明理由。申请人对裁定不服的，可以自裁定送达之日起十日内向上一级人民法院提起上诉。

人民法院受理破产申请后至破产宣告前，经审查发现债务人不符合本法第二条规定情形的，可以裁定驳回申请。申请人对裁定不服的，可以自裁定送达之日起十日内向上一级人民法院提起上诉。

第十三条 人民法院裁定受理破产申请的，应当同时指定管理人。

第十四条 人民法院应当自裁定受理破产申请之日起二十五日内通知已知债权人，并予以公告。

通知和公告应当载明下列事项：

（一）申请人、被申请人的名称或者姓名；

（二）人民法院受理破产申请的时间；

（三）申报债权的期限、地点和注意事项；

（四）管理人的名称或者姓名及其处理事务的地址；

（五）债务人的债务人或者财产持有人应当向管理人清偿债务或者交付财产的要求；

（六）第一次债权人会议召开的时间和地点；

（七）人民法院认为应当通知和公告的其他事项。

第十五条 自人民法院受理破产申请的裁定送达债务人之日起至破产程序终结之日，债务人的有关人员承担下列义务：

（一）妥善保管其占有和管理的财产、印章和账簿、文书等资料；

（二）根据人民法院、管理人的要求进行工作，并如实回答询问；

（三）列席债权人会议并如实回答债权人的询问；

（四）未经人民法院许可，不得离开住所地；

（五）不得新任其他企业的董事、监事、高级管理人员。

前款所称有关人员，是指企业的法定代表人；经人民法院决定，可以包括企业的财务管理人员和其他经营管理人员。

第十六条 人民法院受理破产申请后，债务人对个别债权人的债务清偿无效。

第十七条 人民法院受理破产申请后，债务人的债务人或者财产持有人应当向管理人清偿债务或者交付财产。

债务人的债务人或者财产持有人故意违反前款规定向债务人清偿债务或者交付财产，使债权人受到损失的，不免除其清偿债务或者交付财产的义务。

第十八条 人民法院受理破产申请后，管理人对破产申请受理前成立而债务人和对方当事人均未履行完毕的合同有权决定解除或者继续履行，并通知对方当事人。管理人自破产申请受理之日起二个月内未通知对方当事人，或者自收到对方当事人催告之日起三十日内未答复的，视为解除合同。

管理人决定继续履行合同的，对方当事人应当履行；但是，对方当事人有权要求管理人提供担保。管理人不提供担保的，视为解除合同。

第十九条 人民法院受理破产申请后，有关债务人财产的保全措施应当解除，执行程序应当中止。

第二十条 人民法院受理破产申请后，已经开始而尚未终结的有关债务人的民事诉讼或者仲裁应当中止；在管理人接管债务人的财产后，该诉讼或者仲裁继续进行。

第二十一条 人民法院受理破产申请后，有关债务人的民事诉讼，只能向受理破产申请的人民法院提起。

第三章 管 理 人

第二十二条 管理人由人民法院指定。

债权人会议认为管理人不能依法、公正执行职务或者有其他不能胜任职务情形的，可以申请人民法院予以更换。

指定管理人和确定管理人报酬的办法，由最高人民法院规定。

第二十三条 管理人依照本法规定执行职务，向人民法院报告工作，并接受债权人会议和债权人委员会的监督。

管理人应当列席债权人会议，向债权人会议报告职务执行情况，并回答询问。

第二十四条 管理人可以由有关部门、机构的人员组成的清算组或者依法设立的律师事务所、会计师事务所、破产清算事务所等社会中介机构担任。

人民法院根据债务人的实际情况，可以在征询有关社会中介机构的意见后，指定该机构具备相关专业知识并取得执业资格的人员担任管理人。

有下列情形之一的，不得担任管理人：

（一）因故意犯罪受过刑事处罚；

（二）曾被吊销相关专业执业证书；

（三）与本案有利害关系；

（四）人民法院认为不宜担任管理人的其他情形。

个人担任管理人的，应当参加执业责任保险。

第二十五条 管理人履行下列职责：

（一）接管债务人的财产、印章和账簿、文书等资料；

（二）调查债务人财产状况，制作财产状况报告；

（三）决定债务人的内部管理事务；

（四）决定债务人的日常开支和其他必要开支；

（五）在第一次债权人会议召开之前，决定继续或者停止债务人的营业；

（六）管理和处分债务人的财产；

（七）代表债务人参加诉讼、仲裁或者其他法律程序；

（八）提议召开债权人会议；

（九）人民法院认为管理人应当履行的其他职责。

本法对管理人的职责另有规定的，适用其规定。

第二十六条　在第一次债权人会议召开之前，管理人决定继续或者停止债务人的营业或者有本法第六十九条规定行为之一的，应当经人民法院许可。

第二十七条　管理人应当勤勉尽责，忠实执行职务。

第二十八条　管理人经人民法院许可，可以聘用必要的工作人员。

管理人的报酬由人民法院确定。债权人会议对管理人的报酬有异议的，有权向人民法院提出。

第二十九条　管理人没有正当理由不得辞去职务。管理人辞去职务应当经人民法院许可。

第四章　债务人财产

第三十条　破产申请受理时属于债务人的全部财产，以及破产申请受理后至破产程序终结前债务人取得的财产，为债务人财产。

第三十一条　人民法院受理破产申请前一年内，涉及债务人财产的下列行为，管理人有权请求人民法院予以撤销：

（一）无偿转让财产的；

（二）以明显不合理的价格进行交易的；

（三）对没有财产担保的债务提供财产担保的；

（四）对未到期的债务提前清偿的；

（五）放弃债权的。

第三十二条　人民法院受理破产申请前六个月内，债务人有本法第二条第一款规定的情形，仍对个别债权人进行清偿的，管理人有权请求人民法院予以撤销。但是，个别清偿使债务人财产受益的除外。

第三十三条　涉及债务人财产的下列行为无效：

（一）为逃避债务而隐匿、转移财产的；

（二）虚构债务或者承认不真实的债务的。

第三十四条　因本法第三十一条、第三十二条或者第三十三条规定的行为而取得的债务人的财产，管理人有权追回。

第三十五条 人民法院受理破产申请后，债务人的出资人尚未完全履行出资义务的，管理人应当要求该出资人缴纳所认缴的出资，而不受出资期限的限制。

第三十六条 债务人的董事、监事和高级管理人员利用职权从企业获取的非正常收入和侵占的企业财产，管理人应当追回。

第三十七条 人民法院受理破产申请后，管理人可以通过清偿债务或者提供为债权人接受的担保，取回质物、留置物。

前款规定的债务清偿或者替代担保，在质物或者留置物的价值低于被担保的债权额时，以该质物或者留置物当时的市场价值为限。

第三十八条 人民法院受理破产申请后，债务人占有的不属于债务人的财产，该财产的权利人可以通过管理人取回。但是，本法另有规定的除外。

第三十九条 人民法院受理破产申请时，出卖人已将买卖标的物向作为买受人的债务人发运，债务人尚未收到且未付清全部价款的，出卖人可以取回在运途中的标的物。但是，管理人可以支付全部价款，请求出卖人交付标的物。

第四十条 债权人在破产申请受理前对债务人负有债务的，可以向管理人主张抵销。但是，有下列情形之一的，不得抵销：

（一）债务人的债务人在破产申请受理后取得他人对债务人的债权的；

（二）债权人已知债务人有不能清偿到期债务或者破产申请的事实，对债务人负担债务的；但是，债权人因为法律规定或者有破产申请一年前所发生的原因而负担债务的除外；

（三）债务人的债务人已知债务人有不能清偿到期债务或者破产申请的事实，对债务人取得债权的；但是，债务人的债务人因为法律规定或者有破产申请一年前所发生的原因而取得债权的除外。

第五章 破产费用和共益债务

第四十一条 人民法院受理破产申请后发生的下列费用，为破产费用：

（一）破产案件的诉讼费用；

（二）管理、变价和分配债务人财产的费用；

（三）管理人执行职务的费用、报酬和聘用工作人员的费用。

第四十二条 人民法院受理破产申请后发生的下列债务，为共益债务：

（一）因管理人或者债务人请求对方当事人履行双方均未履行完毕的合同所产生的债务；

（二）债务人财产受无因管理所产生的债务；

（三）因债务人不当得利所产生的债务；

（四）为债务人继续营业而应支付的劳动报酬和社会保险费用以及由此产生的其他债务；

（五）管理人或者相关人员执行职务致人损害所产生的债务；

（六）债务人财产致人损害所产生的债务。

第四十三条 破产费用和共益债务由债务人财产随时清偿。

债务人财产不足以清偿所有破产费用和共益债务的，先行清偿破产费用。

债务人财产不足以清偿所有破产费用或者共益债务的，按照比例清偿。

债务人财产不足以清偿破产费用的，管理人应当提请人民法院终结破产程序。人民法院应当自收到请求之日起十五日内裁定终结破产程序，并予以公告。

第六章 债权申报

第四十四条 人民法院受理破产申请时对债务人享有债权的债权人，依照本法规定的程序行使权利。

第四十五条 人民法院受理破产申请后，应当确定债权人申报债权的期限。债权申报期限自人民法院发布受理破产申请公告之日起计算，最短不得少于三十日，最长不得超过三个月。

第四十六条 未到期的债权，在破产申请受理时视为到期。

附利息的债权自破产申请受理时起停止计息。

第四十七条 附条件、附期限的债权和诉讼、仲裁未决的债权，债权人可以申报。

第四十八条 债权人应当在人民法院确定的债权申报期限内向管理人申报债权。

债务人所欠职工的工资和医疗、伤残补助、抚恤费用，所欠的应当划入职工个人账户的基本养老保险、基本医疗保险费用，以及法律、行政法规规定应当支付给职工的补偿金，不必申报，由管理人调查后列出清单并予以公示。职工对清单记载有异议的，可以要求管理人更正；管理人不予更正的，职工可以向人民法院提起诉讼。

第四十九条 债权人申报债权时，应当书面说明债权的数额和有无财产担保，并提交有关证据。申报的债权是连带债权的，应当说明。

第五十条 连带债权人可以由其中一人代表全体连带债权人申报债权，也可以共同申报债权。

第五十一条 债务人的保证人或者其他连带债务人已经代替债务人清偿债务的，以其对债务人的求偿权申报债权。

债务人的保证人或者其他连带债务人尚未代替债务人清偿债务的，以其对债务人的将来求偿权申报债权。但是，债权人已经向管理人申报全部债权的除外。

第五十二条 连带债务人数人被裁定适用本法规定的程序的，其债权人有权就全部债权分别在各破产案件中申报债权。

第五十三条 管理人或者债务人依照本法规定解除合同的，对方当事人以因合同解除所产生的损害赔偿请求权申报债权。

第五十四条 债务人是委托合同的委托人，被裁定适用木法规定的程序，受托人不知该事实，继续处理委托事务的，受托人以由此产生的请求权申报债权。

第五十五条 债务人是票据的出票人，被裁定适用本法规定的程序，该票据的付款人继续付款或者承兑的，付款人以由此产生的请求权申报债权。

第五十六条 在人民法院确定的债权申报期限内，债权人未申报债权的，可以在破产财产最后分配前补充申报；但是，此前已进行的分配，不再对其补充分配。为审查和确认补充申报债权的费用，由补充申报人承担。

债权人未依照本法规定申报债权的，不得依照本法规定的程序行使权利。

第五十七条 管理人收到债权申报材料后，应当登记造册，对申报的债权进行审查，并编制债权表。

债权表和债权申报材料由管理人保存，供利害关系人查阅。

第五十八条 依照本法第五十七条规定编制的债权表，应当提交第一次债权人会议核查。

债务人、债权人对债权表记载的债权无异议的，由人民法院裁定确认。

债务人、债权人对债权表记载的债权有异议的，可以向受理破产申请的人民法院提起诉讼。

第七章 债权人会议

第一节 一般规定

第五十九条 依法申报债权的债权人为债权人会议的成员，有权参加债权人会议，享有表决权。

债权尚未确定的债权人，除人民法院能够为其行使表决权而临时确定债权额的外，不得行使表决权。

对债务人的特定财产享有担保权的债权人，未放弃优先受偿权利的，对于本法第六十一条第一款第七项、第十项规定的事项不享有表决权。

债权人可以委托代理人出席债权人会议，行使表决权。代理人出席债权人会议，应当向人民法院或者债权人会议主席提交债权人的授权委托书。

债权人会议应当有债务人的职工和工会的代表参加，对有关事项发表意见。

第六十条 债权人会议设主席一人，由人民法院从有表决权的债权人中指定。

债权人会议主席主持债权人会议。

第六十一条 债权人会议行使下列职权：

（一）核查债权；

（二）申请人民法院更换管理人，审查管理人的费用和报酬；

（三）监督管理人；

（四）选任和更换债权人委员会成员；

（五）决定继续或者停止债务人的营业；

（六）通过重整计划；

（七）通过和解协议；

（八）通过债务人财产的管理方案；

（九）通过破产财产的变价方案；

（十）通过破产财产的分配方案；

（十一）人民法院认为应当由债权人会议行使的其他职权。

债权人会议应当对所议事项的决议作成会议记录。

第六十二条 第一次债权人会议由人民法院召集，自债权申报期限届满之日起十五日内召开。

以后的债权人会议，在人民法院认为必要时，或者管理人、债权人委员会、占债权总额四分之一以上的债权人向债权人会议主席提议时召开。

第六十三条 召开债权人会议，管理人应当提前十五日通知已知的债权人。

第六十四条 债权人会议的决议，由出席会议的有表决权的债权人过半数通过，并且其所代表的债权额占无财产担保债权总额的二分之一以上。但是，本法另有规定的除外。

债权人认为债权人会议的决议违反法律规定，损害其利益的，可以自债权人会议作出决议之日起十五日内，请求人民法院裁定撤销该决议，责令债权人会议依法重新作出决议。

债权人会议的决议，对于全体债权人均有约束力。

第六十五条 本法第六十一条第一款第八项、第九项所列事项，经债权人会议表决未通过的，由人民法院裁定。

本法第六十一条第一款第十项所列事项，经债权人会议二次表决仍未通过的，由人民法院裁定。

对前两款规定的裁定，人民法院可以在债权人会议上宣布或者另行通知债权人。

第六十六条 债权人对人民法院依照本法第六十五条第一款作出的裁定不服的，债权额占无财产担保债权总额二分之一以上的债权人对人民法院依照本法第六十五条第二款作出的裁定不服的，可以自裁定宣布之日或者收到通知之日起十五日内向该人民法院申请复议。复议期间不停止裁定的执行。

第二节　债权人委员会

第六十七条　债权人会议可以决定设立债权人委员会。债权人委员会由债权人会议选任的债权人代表和一名债务人的职工代表或者工会代表组成。债权人委员会成员不得超过九人。

债权人委员会成员应当经人民法院书面决定认可。

第六十八条　债权人委员会行使下列职权：

（一）监督债务人财产的管理和处分；

（二）监督破产财产分配；

（三）提议召开债权人会议；

（四）债权人会议委托的其他职权。

债权人委员会执行职务时，有权要求管理人、债务人的有关人员对其职权范围内的事务作出说明或者提供有关文件。

管理人、债务人的有关人员违反本法规定拒绝接受监督的，债权人委员会有权就监督事项请求人民法院作出决定；人民法院应当在五日内作出决定。

第六十九条　管理人实施下列行为，应当及时报告债权人委员会：

（一）涉及土地、房屋等不动产权益的转让；

（二）探矿权、采矿权、知识产权等财产权的转让；

（三）全部库存或者营业的转让；

（四）借款；

（五）设定财产担保；

（六）债权和有价证券的转让；

（七）履行债务人和对方当事人均未履行完毕的合同；

（八）放弃权利；

（九）担保物的取回；

（十）对债权人利益有重大影响的其他财产处分行为。

未设立债权人委员会的，管理人实施前款规定的行为应当及时报告人民法院。

第八章　重　　整

第一节　重整申请和重整期间

第七十条　债务人或者债权人可以依照本法规定，直接向人民法院申请对债务人进行重整。

债权人申请对债务人进行破产清算的，在人民法院受理破产申请后、宣告债务人破产前，债务人或者出资额占债务人注册资本十分之一以上的出资人，可以向人民法院申请重整。

第七十一条　人民法院经审查认为重整申请符合本法规定的，应当裁定债务人重整，并予以公告。

第七十二条　自人民法院裁定债务人重整之日起至重整程序终止，为重整期间。

第七十三条　在重整期间，经债务人申请，人民法院批准，债务人可以在管理人的监督下自行管理财产和营业事务。

有前款规定情形的，依照本法规定已接管债务人财产和营业事务的管理人应当向债务人移交财产和营业事务，本法规定的管理人的职权由债务人行使。

第七十四条　管理人负责管理财产和营业事务的，可以聘任债务人的经营管理人员负责营业事务。

第七十五条　在重整期间，对债务人的特定财产享有的担保权暂停行使。但是，担保物有损坏或者价值明显减少的可能，足以危害担保权人权利的，担保权人可以向人民法院请求恢复行使担保权。

在重整期间，债务人或者管理人为继续营业而借款的，可以为该借款设定担保。

第七十六条　债务人合法占有的他人财产，该财产的权利人在重整期间要求取回的，应当符合事先约定的条件。

第七十七条　在重整期间，债务人的出资人不得请求投资收益分配。

在重整期间，债务人的董事、监事、高级管理人员不得向第三人转让其持有的债务人的股权。但是，经人民法院同意的除外。

第七十八条　在重整期间，有下列情形之一的，经管理人或者利害关系人请求，人民法院应当裁定终止重整程序，并宣告债务人破产：

（一）债务人的经营状况和财产状况继续恶化，缺乏挽救的可能性；

（二）债务人有欺诈、恶意减少债务人财产或者其他显著不利于债权人的行为；

（三）由于债务人的行为致使管理人无法执行职务。

第二节　重整计划的制定和批准

第七十九条　债务人或者管理人应当自人民法院裁定债务人重整之日起六个月内，同时向人民法院和债权人会议提交重整计划草案。

前款规定的期限届满，经债务人或者管理人请求，有正当理由的，人民法院可以裁定延期三个月。

债务人或者管理人未按期提出重整计划草案的，人民法院应当裁定终止重整程序，并宣告债务人破产。

第八十条　债务人自行管理财产和营业事务的，由债务人制作重整计划草案。

管理人负责管理财产和营业事务的，由管理人制作重整计划草案。

第八十一条　重整计划草案应当包括下列内容：

（一）债务人的经营方案；

（二）债权分类；

（三）债权调整方案；

（四）债权受偿方案；

（五）重整计划的执行期限；

（六）重整计划执行的监督期限；

（七）有利于债务人重整的其他方案。

第八十二条　下列各类债权的债权人参加讨论重整计划草案的债权人会议，依照下列债权分类，分组对重整计划草案进行表决：

（一）对债务人的特定财产享有担保权的债权；

（二）债务人所欠职工的工资和医疗、伤残补助、抚恤费用，所欠的应当划入职工个人账户的基本养老保险、基本医疗保险费用，以及法律、行政法规规定应当支付给职工的补偿金；

（三）债务人所欠税款；

（四）普通债权。

人民法院在必要时可以决定在普通债权组中设小额债权组对重整计划草案进行表决。

第八十三条 重整计划不得规定减免债务人欠缴的本法第八十二条第一款第二项规定以外的社会保险费用；该项费用的债权人不参加重整计划草案的表决。

第八十四条 人民法院应当自收到重整计划草案之日起三十日内召开债权人会议，对重整计划草案进行表决。

出席会议的同一表决组的债权人过半数同意重整计划草案，并且其所代表的债权额占该组债权总额的三分之二以上的，即为该组通过重整计划草案。

债务人或者管理人应当向债权人会议就重整计划草案作出说明，并回答询问。

第八十五条 债务人的出资人代表可以列席讨论重整计划草案的债权人会议。

重整计划草案涉及出资人权益调整事项的，应当设出资人组，对该事项进行表决。

第八十六条 各表决组均通过重整计划草案时，重整计划即为通过。

自重整计划通过之日起十日内，债务人或者管理人应当向人民法院提出批准重整计划的申请。人民法院经审查认为符合本法规定的，应当自收到申请之日起三十日内裁定批准，终止重整程序，并予以公告。

第八十七条 部分表决组未通过重整计划草案的，债务人或者管理人可以同未通过重整计划草案的表决组协商。该表决组可以在协商后再表决一次。双方协商的结果不得损害其他表决组的利益。

未通过重整计划草案的表决组拒绝再次表决或者再次表决仍未通过重整计划草案，但重整计划草案符合下列条件的，债务人或者管理人可以申请人民法院批准重整计划草案：

（一）按照重整计划草案，本法第八十二条第一款第一项所列债权就该特定财产将获得全额清偿，其因延期清偿所受的损失将得到公平补偿，并且其担保权未受到实质性损害，或者该表决组已经通过重整计划草案；

（二）按照重整计划草案，本法第八十二条第一款第二项、第三项所列债权将获得全额清偿，或者相应表决组已经通过重整计划草案；

（三）按照重整计划草案，普通债权所获得的清偿比例，不低于其在重整计划草案被提请批准时依照破产清算程序所能获得的清偿比例，或者该表决组已经通过重整计划草案；

（四）重整计划草案对出资人权益的调整公平、公正，或者出资人组已经通过重整计划草案；

（五）重整计划草案公平对待同一表决组的成员，并且所规定的债权清偿顺序不违反本法第一百一十三条的规定；

（六）债务人的经营方案具有可行性。

人民法院经审查认为重整计划草案符合前款规定的，应当自收到申请之日起三十日内裁定批准，终止重整程序，并予以公告。

第八十八条 重整计划草案未获得通过且未依照本法第八十七条的规定获得批准，或者已通过的重整计划未获得批准的，人民法院应当裁定终止重整程序，并宣告债务人破产。

第三节 重整计划的执行

第八十九条 重整计划由债务人负责执行。

人民法院裁定批准重整计划后，已接管财产和营业事务的管理人应当向债务人移交财产和营业事务。

第九十条 自人民法院裁定批准重整计划之日起，在重整计划规定的监督期内，由管理人监督重整计划的执行。

在监督期内，债务人应当向管理人报告重整计划执行情况和债务人财务状况。

第九十一条 监督期届满时，管理人应当向人民法院提交监督报告。自监督报告提交之日起，管理人的监督职责终止。

管理人向人民法院提交的监督报告，重整计划的利害关系人有权查阅。

经管理人申请，人民法院可以裁定延长重整计划执行的监督期限。

第九十二条 经人民法院裁定批准的重整计划，对债务人和全体债权人均有约束力。

债权人未依照本法规定申报债权的，在重整计划执行期间不得行使权利；在重整计划执行完毕后，可以按照重整计划规定的同类债权的清偿条件行使权利。

债权人对债务人的保证人和其他连带债务人所享有的权利，不受重整计划的影响。

第九十三条 债务人不能执行或者不执行重整计划的，人民法院经管理人或者利害关系人请求，应当裁定终止重整计划的执行，并宣告债务人破产。

人民法院裁定终止重整计划执行的，债权人在重整计划中作出的债权调整的承诺失去效力。债权人因执行重整计划所受的清偿仍然有效，债权未受清偿的部分作为破产债权。

前款规定的债权人，只有在其他同顺位债权人同自己所受的清偿达到同一比例时，才能继续接受分配。

有本条第一款规定情形的，为重整计划的执行提供的担保继续有效。

第九十四条 按照重整计划减免的债务，自重整计划执行完毕时起，债务人不再承担清偿责任。

第九章 和 解

第九十五条 债务人可以依照本法规定，直接向人民法院申请和解；也可以在人民法院受理破产申请后、宣告债务人破产前，向人民法院申请和解。

债务人申请和解，应当提出和解协议草案。

第九十六条 人民法院经审查认为和解申请符合本法规定的，应当裁定和解，予以公告，并召集债权人会议讨论和解协议草案。

对债务人的特定财产享有担保权的权利人，自人民法院裁定和解之日起可以行使权利。

第九十七条 债权人会议通过和解协议的决议，由出席会议的有表决权的债权人过半数同意，并且其所代表的债权额占无财产担保债权总额的三分之二以上。

第九十八条 债权人会议通过和解协议的，由人民法院裁定认可，终止和解程序，并予以公告。管理人应当向债务人移交财产和营业事务，并向人民法院提交执行职务的报告。

第九十九条 和解协议草案经债权人会议表决未获得通过，或者已经债权人会议通过的和解协议未获得人民法院认可的，人民法院应当裁定终止和解程序，并宣告债务人破产。

第一百条 经人民法院裁定认可的和解协议，对债务人和全体和解债权人均有约束力。

和解债权人是指人民法院受理破产申请时对债务人享有无财产担保债权的人。

和解债权人未依照本法规定申报债权的，在和解协议执行期间不得行使权利；在和解协议执行完毕后，可以按照和解协议规定的清偿条件行使权利。

第一百零一条 和解债权人对债务人的保证人和其他连带债务人所享有的权利，不受和解协议的影响。

第一百零二条 债务人应当按照和解协议规定的条件清偿债务。

第一百零三条 因债务人的欺诈或者其他违法行为而成立的和解协议，人民法院应当裁定无效，并宣告债务人破产。

有前款规定情形的，和解债权人因执行和解协议所受的清偿，在其他债权人所受清偿同等比例的范围内，不予返还。

第一百零四条 债务人不能执行或者不执行和解协议的，人民法院经和解债权人请求，应当裁定终止和解协议的执行，并宣告债务人破产。

人民法院裁定终止和解协议执行的，和解债权人在和解协议中作出的债权调整的承诺失去效力。和解债权人因执行和解协议所受的清偿仍然有效，和解债权未受清偿的部分作为破产债权。

前款规定的债权人，只有在其他债权人同自己所受的清偿达到同一比例时，才能继续接受分配。

有本条第一款规定情形的，为和解协议的执行提供的担保继续有效。

第一百零五条 人民法院受理破产申请后，债务人与全体债权人就债权债务的处理自行达成协议的，可以请求人民法院裁定认可，并终结破产程序。

第一百零六条 按照和解协议减免的债务，自和解协议执行完毕时起，债务人不再承担清偿责任。

第十章 破产清算

第一节 破产宣告

第一百零七条 人民法院依照本法规定宣告债务人破产的，应当自裁定作出之日起五日内送达债务人和管理人，自裁定作出之日起十日内通知已知债权人，并予以公告。

债务人被宣告破产后，债务人称为破产人，债务人财产称为破产财产，人民法院受理破产申请时对债务人享有的债权称为破产债权。

第一百零八条 破产宣告前，有下列情形之一的，人民法院应当裁定终结破产程序，并予以公告：

（一）第三人为债务人提供足额担保或者为债务人清偿全部到期债务的；

（二）债务人已清偿全部到期债务的。

第一百零九条 对破产人的特定财产享有担保权的权利人，对该特定财产享有优先受偿的权利。

第一百一十条 享有本法第一百零九条规定权利的债权人行使优先受偿权利未能完全受偿的，其未受偿的债权作为普通债权；放弃优先受偿权利的，其债权作为普通债权。

第二节 变价和分配

第一百一十一条 管理人应当及时拟订破产财产变价方案，提交债权人会议讨论。

管理人应当按照债权人会议通过的或者人民法院依照本法第六十五条第一款规定裁定的破产财产变价方案，适时变价出售破产财产。

第一百一十二条 变价出售破产财产应当通过拍卖进行。但是，债权人会议另有决议的除外。

破产企业可以全部或者部分变价出售。企业变价出售时，可以将其中的无形资产和其他财产单独变价出售。

按照国家规定不能拍卖或者限制转让的财产，应当按照国家规定的方式处理。

第一百一十三条　破产财产在优先清偿破产费用和共益债务后，依照下列顺序清偿：

（一）破产人所欠职工的工资和医疗、伤残补助、抚恤费用，所欠的应当划入职工个人账户的基本养老保险、基本医疗保险费用，以及法律、行政法规规定应当支付给职工的补偿金；

（二）破产人欠缴的除前项规定以外的社会保险费用和破产人所欠税款；

（三）普通破产债权。

破产财产不足以清偿同一顺序的清偿要求的，按照比例分配。

破产企业的董事、监事和高级管理人员的工资按照该企业职工的平均工资计算。

第一百一十四条　破产财产的分配应当以货币分配方式进行。但是，债权人会议另有决议的除外。

第一百一十五条　管理人应当及时拟订破产财产分配方案，提交债权人会议讨论。

破产财产分配方案应当载明下列事项：

（一）参加破产财产分配的债权人名称或者姓名、住所；

（二）参加破产财产分配的债权额；

（三）可供分配的破产财产数额；

（四）破产财产分配的顺序、比例及数额；

（五）实施破产财产分配的方法。

债权人会议通过破产财产分配方案后，由管理人将该方案提请人民法院裁定认可。

第一百一十六条　破产财产分配方案经人民法院裁定认可后，由管理人执行。

管理人按照破产财产分配方案实施多次分配的，应当公告本次分配的财产额和债权额。管理人实施最后分配的，应当在公告中指明，并载明本法第一百一十七条第二款规定的事项。

第一百一十七条 对于附生效条件或者解除条件的债权，管理人应当将其分配额提存。

管理人依照前款规定提存的分配额，在最后分配公告日，生效条件未成就或者解除条件成就的，应当分配给其他债权人；在最后分配公告日，生效条件成就或者解除条件未成就的，应当交付给债权人。

第一百一十八条 债权人未受领的破产财产分配额，管理人应当提存。债权人自最后分配公告之日起满二个月仍不领取的，视为放弃受领分配的权利，管理人或者人民法院应当将提存的分配额分配给其他债权人。

第一百一十九条 破产财产分配时，对于诉讼或者仲裁未决的债权，管理人应当将其分配额提存。自破产程序终结之日起满二年仍不能受领分配的，人民法院应当将提存的分配额分配给其他债权人。

第三节 破产程序的终结

第一百二十条 破产人无财产可供分配的，管理人应当请求人民法院裁定终结破产程序。

管理人在最后分配完结后，应当及时向人民法院提交破产财产分配报告，并提请人民法院裁定终结破产程序。

人民法院应当自收到管理人终结破产程序的请求之日起十五日内作出是否终结破产程序的裁定。裁定终结的，应当予以公告。

第一百二十一条 管理人应当自破产程序终结之日起十日内，持人民法院终结破产程序的裁定，向破产人的原登记机关办理注销登记。

第一百二十二条 管理人于办理注销登记完毕的次日终止执行职务。但是，存在诉讼或者仲裁未决情况的除外。

第一百二十三条 自破产程序依照本法第四十三条第四款或者第一百二十条的规定终结之日起二年内，有下列情形之一的，债权人可以请求人民法院按照破产财产分配方案进行追加分配：

（一）发现有依照本法第三十一条、第三十二条、第三十三条、第三十六条规定应当追回的财产的；

（二）发现破产人有应当供分配的其他财产的。

有前款规定情形，但财产数量不足以支付分配费用的，不再进行追加分配，由人民法院将其上交国库。

第一百二十四条　破产人的保证人和其他连带债务人，在破产程序终结后，对债权人依照破产清算程序未受清偿的债权，依法继续承担清偿责任。

第十一章　法律责任

第一百二十五条　企业董事、监事或者高级管理人员违反忠实义务、勤勉义务，致使所在企业破产的，依法承担民事责任。

有前款规定情形的人员，自破产程序终结之日起三年内不得担任任何企业的董事、监事、高级管理人员。

第一百二十六条　有义务列席债权人会议的债务人的有关人员，经人民法院传唤，无正当理由拒不列席债权人会议的，人民法院可以拘传，并依法处以罚款。债务人的有关人员违反本法规定，拒不陈述、回答，或者作虚假陈述、回答的，人民法院可以依法处以罚款。

第一百二十七条　债务人违反本法规定，拒不向人民法院提交或者提交不真实的财产状况说明、债务清册、债权清册、有关财务会计报告以及职工工资的支付情况和社会保险费用的缴纳情况的，人民法院可以对直接责任人员依法处以罚款。

债务人违反本法规定，拒不向管理人移交财产、印章和账簿、文书等资料的，或者伪造、销毁有关财产证据材料而使财产状况不明的，人民法院可以对直接责任人员依法处以罚款。

第一百二十八条　债务人有本法第三十一条、第三十二条、第三十三条规定的行为，损害债权人利益的，债务人的法定代表人和其他直接责任人员依法承担赔偿责任。

第一百二十九条　债务人的有关人员违反本法规定，擅自离开住所地的，人民法院可以予以训诫、拘留，可以依法并处罚款。

第一百三十条 管理人未依照本法规定勤勉尽责，忠实执行职务的，人民法院可以依法处以罚款；给债权人、债务人或者第三人造成损失的，依法承担赔偿责任。

第一百三十一条 违反本法规定，构成犯罪的，依法追究刑事责任。

第十二章 附 则

第一百三十二条 本法施行后，破产人在本法公布之日前所欠职工的工资和医疗、伤残补助、抚恤费用，所欠的应当划入职工个人账户的基本养老保险、基本医疗保险费用，以及法律、行政法规规定应当支付给职工的补偿金，依照本法第一百一十三条的规定清偿后不足以清偿的部分，以本法第一百零九条规定的特定财产优先于对该特定财产享有担保权的权利人受偿。

第一百三十三条 在本法施行前国务院规定的期限和范围内的国有企业实施破产的特殊事宜，按照国务院有关规定办理。

第一百三十四条 商业银行、证券公司、保险公司等金融机构有本法第二条规定情形的，国务院金融监督管理机构可以向人民法院提出对该金融机构进行重整或者破产清算的申请。国务院金融监督管理机构依法对出现重大经营风险的金融机构采取接管、托管等措施的，可以向人民法院申请中止以该金融机构为被告或者被执行人的民事诉讼程序或者执行程序。

金融机构实施破产的，国务院可以依据本法和其他有关法律的规定制定实施办法。

第一百三十五条 其他法律规定企业法人以外的组织的清算，属于破产清算的，参照适用本法规定的程序。

第一百三十六条 本法自2007年6月1日起施行，《中华人民共和国企业破产法（试行）》同时废止。

最高人民法院
关于适用《中华人民共和国企业破产法》
若干问题的规定（三）

（2019年2月25日最高人民法院审判委员会
第1762次会议通过，自2019年3月28日起施行）
法释〔2019〕3号

为正确适用《中华人民共和国企业破产法》，结合审判实践，就人民法院审理企业破产案件中有关债权人权利行使等相关法律适用问题，制定本规定。

第一条 人民法院裁定受理破产申请的，此前债务人尚未支付的公司强制清算费用、未终结的执行程序中产生的评估费、公告费、保管费等执行费用，可以参照企业破产法关于破产费用的规定，由债务人财产随时清偿。

此前债务人尚未支付的案件受理费、执行申请费，可以作为破产债权清偿。

第二条 破产申请受理后，经债权人会议决议通过，或者第一次债权人会议召开前经人民法院许可，管理人或者自行管理的债务人可以为债务人继续营业而借款。提供借款的债权人主张参照企业破产法第四十二条第四项的规定优先于普通破产债权清偿的，人民法院应予支持，但其主张优先于此前已就债务人特定财产享有担保的债权清偿的，人民法院不予支持。

管理人或者自行管理的债务人可以为前述借款设定抵押担保，抵押物在破产申请受理前已为其他债权人设定抵押的，债权人主张按照物权法第一百九十九条规定的顺序清偿，人民法院应予支持。

第三条 破产申请受理后，债务人欠缴款项产生的滞纳金，包括债务人未履行生效法律文书应当加倍支付的迟延利息和劳动保险金的滞纳金，债权人作为破产债权申报的，人民法院不予确认。

第四条 保证人被裁定进入破产程序的，债权人有权申报其对保证人的保证债权。

主债务未到期的，保证债权在保证人破产申请受理时视为到期。一般保证的保证人主张行使先诉抗辩权的，人民法院不予支持，但债权人在一般保证人破产程序中的分配额应予提存，待一般保证人应承担的保证责任确定后再按照破产清偿比例予以分配。

保证人被确定应当承担保证责任的，保证人的管理人可以就保证人实际承担的清偿额向主债务人或其他债务人行使求偿权。

第五条 债务人、保证人均被裁定进入破产程序的，债权人有权向债务人、保证人分别申报债权。

债权人向债务人、保证人均申报全部债权的，从一方破产程序中获得清偿后，其对另一方的债权额不作调整，但债权人的受偿额不得超出其债权总额。保证人履行保证责任后不再享有求偿权。

第六条 管理人应当依照企业破产法第五十七条的规定对所申报的债权进行登记造册，详尽记载申报人的姓名、单位、代理人、申报债权额、担保情况、证据、联系方式等事项，形成债权申报登记册。

管理人应当依照企业破产法第五十七条的规定对债权的性质、数额、担保财产、是否超过诉讼时效期间、是否超过强制执行期间等情况进行审查、编制债权表并提交债权人会议核查。

债权表、债权申报登记册及债权申报材料在破产期间由管理人保管，债权人、债务人、债务人职工及其他利害关系人有权查阅。

第七条 已经生效法律文书确定的债权，管理人应当予以确认。

管理人认为债权人据以申报债权的生效法律文书确定的债权错误，或者有证据证明债权人与债务人恶意通过诉讼、仲裁或者公证机关赋予强制执行力公证文书的形式虚构债权债务的，应当依法通过审判监督程序向作出该判决、裁定、调解书的人民法院或者上一级人民法院申请撤销生效法律文书，或者向受理破产申请的人民法院申请撤销或者不予执行仲裁裁决、不予执行公证债权文书后，重新确定债权。

第八条 债务人、债权人对债权表记载的债权有异议的，应当说明理由和法律依据。经管理人解释或调整后，异议人仍然不服的，或者管理人不予解释或调整的，异议人应当在债权人会议核查结束后十五日内向人民法院提起债权确认的诉讼。当事人之间在破产申请受理前订立有仲裁条款或仲裁协议的，应当向选定的仲裁机构申请确认债权债务关系。

第九条 债务人对债权表记载的债权有异议向人民法院提起诉讼的，应将被异议债权人列为被告。债权人对债权表记载的他人债权有异议的，应将被异议债权人列为被告；债权人对债权表记载的本人债权有异议的，应将债务人列为被告。

对同一笔债权存在多个异议人，其他异议人申请参加诉讼的，应当列为共同原告。

第十条 单个债权人有权查阅债务人财产状况报告、债权人会议决议、债权人委员会决议、管理人监督报告等参与破产程序所必需的债务人财务和经营信息资料。管理人无正当理由不予提供的，债权人可以请求人民法院作出决定；人民法院应当在五日内作出决定。

上述信息资料涉及商业秘密的，债权人应当依法承担保密义务或者签署保密协议；涉及国家秘密的应当依照相关法律规定处理。

第十一条 债权人会议的决议除现场表决外，可以由管理人事先将相关决议事项告知债权人，采取通信、网络投票等非现场方式进行表决。采取非现场方式进行表决的，管理人应当在债权人会议召开后的三日内，以信函、电子邮件、公告等方式将表决结果告知参与表决的债权人。

根据企业破产法第八十二条规定，对重整计划草案进行分组表决时，权益因重整计划草案受到调整或者影响的债权人或者股东，有权参加表决；权益未受到调整或者影响的债权人或者股东，参照企业破产法第八十三条的规定，不参加重整计划草案的表决。

第十二条 债权人会议的决议具有以下情形之一，损害债权人利益，债权人申请撤销的，人民法院应予支持：

（一）债权人会议的召开违反法定程序；

（二）债权人会议的表决违反法定程序；

（三）债权人会议的决议内容违法；

（四）债权人会议的决议超出债权人会议的职权范围。

人民法院可以裁定撤销全部或者部分事项决议，责令债权人会议依法重新作出决议。

债权人申请撤销债权人会议决议的，应当提出书面申请。债权人会议采取通信、网络投票等非现场方式进行表决的，债权人申请撤销的期限自债权人收到通知之日起算。

第十三条 债权人会议可以依照企业破产法第六十八条第一款第四项的规定，委托债权人委员会行使企业破产法第六十一条第一款第二、三、五项规定的债权人会议职权。债权人会议不得作出概括性授权，委托其行使债权人会议所有职权。

第十四条 债权人委员会决定所议事项应获得全体成员过半数通过，并作成议事记录。债权人委员会成员对所议事项的决议有不同意见的，应当在记录中载明。

债权人委员会行使职权应当接受债权人会议的监督，以适当的方式向债权人会议及时汇报工作，并接受人民法院的指导。

第十五条 管理人处分企业破产法第六十九条规定的债务人重大财产的，应当事先制作财产管理或者变价方案并提交债权人会议进行表决，债权人会议表决未通过的，管理人不得处分。

管理人实施处分前，应当根据企业破产法第六十九条的规定，提前十日书面报告债权人委员会或者人民法院。债权人委员会可以依照企业破产法第六十八条第二款的规定，要求管理人对处分行为作出相应说明或者提供有关文件依据。

债权人委员会认为管理人实施的处分行为不符合债权人会议通过的财产管理或变价方案的，有权要求管理人纠正。管理人拒绝纠正的，债权人委员会可以请求人民法院作出决定。

人民法院认为管理人实施的处分行为不符合债权人会议通过的财产管理或变价方案的，应当责令管理人停止处分行为。管理人应当予以纠正，或者提交债权人会议重新表决通过后实施。

第十六条 本规定自 2019 年 3 月 28 日起实施。

实施前本院发布的有关企业破产的司法解释，与本规定相抵触的，自本规定实施之日起不再适用。

深圳经济特区个人破产条例

（2020年8月26日深圳市第六届人民代表大会常务委员会第四十四次会议通过）

第一章　总　　则

第一条　为了规范个人破产程序，合理调整债务人、债权人以及其他利害关系人的权利义务关系，促进诚信债务人经济再生，完善社会主义市场经济体制，根据法律、行政法规的基本原则，结合深圳经济特区实际，制定本条例。

第二条　在深圳经济特区居住，且参加深圳社会保险连续满三年的自然人，因生产经营、生活消费导致丧失清偿债务能力或者资产不足以清偿全部债务的，可以依照本条例进行破产清算、重整或者和解。

第三条　依照本条例清理债权债务，应当遵循诚实信用、公平保护、公正高效的原则。

第四条　自然人债务人（以下简称债务人）经过破产清算、重整或者和解后，依照本条例规定免除其未清偿债务。

第五条　适用本条例审理的个人破产案件由市中级人民法院管辖，但经依法指定由基层人民法院管辖的除外。

第六条　个人破产事务的行政管理职能由市人民政府确定的工作部门或者机构（以下称破产事务管理部门）行使。

第七条　建立个人破产登记制度，及时、准确登记个人破产重大事项，并依法向社会公开个人破产相关信息。

第二章　申请和受理

第一节　申　　请

第八条　符合本条例第二条规定的债务人，可以向人民法院提出破产申请，包括申请破产清算、重整、和解。

债务人提出破产申请的，应当向人民法院提交下列材料：

（一）破产申请书、破产原因及经过说明；

（二）收入状况、社保证明、纳税记录；

（三）个人财产以及夫妻共同财产清册；

（四）债权债务清册；

（五）诚信承诺书。

债务人依法承担扶养义务的未成年人和丧失劳动能力且无其他生活来源的成年近亲属（以下简称所扶养人），应当提供所扶养人的基本情况等有关材料。

债务人合法雇用他人的，还应当提交其雇用人员工资支付和社会保险费用缴纳情况的相关材料。

第九条　当债务人不能清偿到期债务时，单独或者共同对债务人持有五十万元以上到期债权的债权人，可以向人民法院提出破产申请，申请对债务人进行破产清算。

债权人申请对债务人进行破产清算的，应当向人民法院提交下列材料：

（一）破产清算申请书；

（二）被申请人基本信息材料；

（三）到期债权证明；

（四）经书面或者法定程序要求债务人清偿债务的证明等相关材料；

（五）诚信承诺书。

第十条　人民法院应当自收到破产申请之日起五日内通知已知债权人、债务人和破产事务管理部门，并公开破产申请。

债务人对债权人的申请有异议的，应当自收到人民法院通知之日起七日内向人民法院提出。

第二节　受　　理

第十一条　人民法院裁定受理破产申请前，申请人可以请求撤回申请。

人民法院裁定准许撤回申请的，申请人无正当理由，不得在撤回申请之日起一年内再次申请同一债务人破产。

第十二条　人民法院审查破产申请，一般以书面调查的方式进行；案情复杂的，可以进行听证调查。

人民法院进行听证调查的，应当提前三日通知债务人和已知债权人，必要时可以通知其他利害关系人参加。

第十三条　人民法院应当自收到破产申请之日起三十日内裁定是否受理。如有特殊情况需要延长的，经本院院长批准，可以延长十五日。

第十四条　人民法院审查破产申请时，发现有下列情形之一的，应当裁定不予受理；人民法院已经受理但尚未宣告破产的，应当裁定驳回申请：

（一）债务人不符合本条例第二条规定，或者债权人申请对债务人进行破产清算不符合本条例第九条第一款规定的；

（二）申请人基于转移财产、恶意逃避债务、损害他人信誉等不正当目的申请破产的；

（三）申请人有虚假陈述、提供虚假证据等妨害破产程序行为的；

（四）债务人依照本条例免除未清偿债务未超过八年的。

申请人不服裁定的，可以自裁定书送达之日起十日内向上一级人民法院提起上诉。

申请人因本条第一款第二项、第三项情形造成他人损失的，应当承担赔偿责任。

第十五条　债务人提出破产申请，人民法院裁定受理的，应当自受理之日起五日内将裁定书送达债务人。

债权人申请对债务人进行破产清算，人民法院裁定受理的，应当自受理之日起五日内将裁定书同时送达债权人和债务人。债务人自裁定书送达之日起十五日内，应当向人民法院提交本条例第八条规定的相关材料。

第十六条　自人民法院公开破产申请之日起十五日内，债权人可以单独或者共同向人民法院推荐破产管理人（以下简称管理人）人选。

第十七条　人民法院同意债权人推荐的管理人人选的，应当在裁定受理破产申请时同时作出指定管理人的决定。管理人执行职务的费用由其推荐人预付。

多名债权人推荐不同的管理人人选的，人民法院可以从中指定一名或者多名管理人。

第十八条 债权人未推荐管理人人选或者人民法院认为债权人推荐的人选不适宜担任管理人的，人民法院应当在裁定受理破产申请时，通知破产事务管理部门五日内提出管理人人选；破产事务管理部门提出人选后，人民法院应当在五日内作出指定管理人的决定。

第十九条 人民法院裁定受理破产申请的，应当依照本条例第二十三条规定同时作出限制债务人行为的决定，将决定书送达债务人，并通知破产事务管理部门。

第二十条 人民法院应当自裁定受理破产申请之日起二十日内发布受理公告。公告应当载明下列事项：

（一）申请人、被申请人的姓名或者名称；

（二）人民法院裁定受理破产申请的时间和适用程序；

（三）限制债务人行为的决定；

（四）债权申报的期限、方式和注意事项；

（五）管理人姓名或者名称及其地址；

（六）对债务人负有债务的人或者债务人财产的持有人向管理人清偿债务或者交付财产的方式；

（七）第一次债权人会议召开的时间、地点和方式；

（八）人民法院认为需要公告的其他事项。

第三节 破产受理的效力

第二十一条 自人民法院裁定受理破产申请之日起至依照本条例裁定免除债务人未清偿债务之日止，债务人应当承担下列义务：

（一）按照人民法院、破产事务管理部门、管理人要求提交或者补充相关材料，并配合调查；

（二）列席债权人会议并接受询问；

（三）当债务人的姓名、联系方式、住址等个人信息发生变动或者需要离开居住地时，及时向破产事务管理部门、管理人报告；

（四）未经人民法院同意，不得出境；

（五）按时向人民法院、破产事务管理部门登记申报个人破产重大事项，包括破产申请、财产以及债务状况、重整计划或者和解协议、破产期间的收入和消费情况等；

（六）借款一千元以上或者申请等额信用额度时，应当向出借人或者授信人声明本人破产状况；

（七）配合人民法院、破产事务管理部门和管理人开展与破产程序有关的其他工作。

第二十二条　债务人的配偶、子女、共同生活的近亲属、财产管理人以及其他利害关系人，应当配合人民法院、破产事务管理部门和管理人调查，协助管理人进行财产清查、接管和分配。

第二十三条　自人民法院作出限制债务人行为的决定之日起至作出解除限制债务人行为的决定之日止，除确因生活和工作需要，经人民法院同意外，债务人不得有下列消费行为：

（一）乘坐交通工具时，选择飞机商务舱或者头等舱、列车软卧、轮船二等以上舱位、高铁以及其他动车组列车一等以上座位；

（二）在夜总会、高尔夫球场以及三星级以上宾馆、酒店等场所消费；

（三）购买不动产、机动车辆；

（四）新建、扩建、装修房屋；

（五）供子女就读高收费私立学校；

（六）租赁高档写字楼、宾馆、公寓等场所办公；

（七）支付高额保费购买保险理财产品；

（八）其他非生活或者工作必需的消费行为。

第二十四条　人民法院裁定受理破产申请后，债务人不得向个别债权人清偿债务。但是，个别清偿使债务人财产受益或者属于债务人正常生活、工作所必需的除外。

第二十五条　人民法院裁定受理破产申请后，对债务人负有债务的人或者债务人财产的持有人应当向管理人清偿债务或者交付财产。

对债务人负有债务的人或者债务人财产的持有人故意违反前款规定向债

务人清偿债务或者交付财产，造成债权人损失的，不免除其向管理人清偿债务或者交付财产的义务。

第二十六条 人民法院裁定受理破产申请后，管理人对破产申请受理前成立但债务人和对方当事人均未履行完毕的合同，有权决定解除或者继续履行，并通知对方当事人。

管理人自破产申请受理之日起二个月内未通知对方当事人，或者自收到对方当事人催告之日起三十日内未答复的，视为解除合同。

管理人决定继续履行合同的，对方当事人应当履行，但是，对方当事人有权要求提供相应担保。管理人不提供担保的，视为解除合同。

第二十七条 人民法院裁定受理破产申请后，对债务人财产采取的保全措施应当解除，执行程序应当中止。除本条例第一百一十条规定的情形外，为实现有财产担保债权或者其他法定优先权而对特定财产的执行可以不中止。

第二十八条 对债务人的特定财产享有担保权的权利人，可以随时向管理人主张就该特定财产变价处置，行使优先受偿权。

处置有担保权的特定财产时，管理人和担保权人不得损害其他债权人利益。因处置不当给其他债权人造成损失的，应当承担赔偿责任。

担保权人行使优先受偿权未能完全受偿的，其未受偿的债权作为普通债权；担保权人放弃优先受偿权的，其债权作为普通债权。

第二十九条 人民法院裁定受理破产申请并作出指定管理人的决定后，已经开始但尚未终结的涉及债务人财产权利的民事诉讼或者仲裁，应当由管理人代为参加。法律另有规定的，从其规定。

第三十条 自人民法院裁定受理破产申请之日起至终结破产程序之日止，涉及债务人财产权利的民事诉讼，应当由裁定受理破产申请的人民法院管辖。法律另有规定的，从其规定。

第三十一条 人民法院裁定受理破产申请后，债务人死亡的，其遗产继承人一致同意继续进行破产程序或者没有遗产继承人的，由管理人依照本条例相关规定对其遗产进行接管、变价和分配后，由人民法院裁定终结破产程序。

债务人的遗产继承人在债务人死亡之日起三十日内无法达成一致意见的，

人民法院应当裁定终结破产程序。管理人以债务人财产或者遗产清偿已经发生的破产费用和共益债务后，依照《中华人民共和国民法典》有关继承的规定处理。

第三章　债务人财产

第一节　财产申报

第三十二条　人民法院裁定受理破产申请时属于债务人的财产和依照本条例裁定免除未清偿债务之前债务人所取得的财产，为债务人财产。

第三十三条　债务人应当自人民法院受理破产申请裁定书送达之日起十五日内向人民法院和管理人如实申报本人及其配偶、未成年子女以及其他共同生活的近亲属名下的财产和财产权益：

（一）工资收入、劳务所得、银行存款、现金、第三方支付平台账户资金、住房公积金账户资金等现金类资产；

（二）投资或者以其他方式持有股票、基金、投资型保险以及其他金融产品和理财产品等享有的财产权益；

（三）投资境内外非上市股份有限公司、有限责任公司，注册个体工商户、个人独资企业、合伙企业等享有的财产权益；

（四）知识产权、信托受益权、集体经济组织分红等财产权益；

（五）所有或者共有的土地使用权、房屋等财产；

（六）交通运输工具、机器设备、产品、原材料等财产；

（七）个人收藏的文玩字画等贵重物品；

（八）债务人基于继承、赠与、代持等依法享有的财产权益；

（九）债务人在破产申请受理前可期待的财产和财产权益；

（十）其他具有处置价值的财产和财产权益。

债务人在境外的前款财产和财产权益，也应当如实申报。

第三十四条　债务人依照本条例第三十三条规定申报财产和财产权益有下列情形之一的，应当在申报时予以说明：

（一）财产或者财产权益为债务人成年子女所有，但取得时该子女尚未成年；

（二）债务人财产已出租、已设立担保物权等权利负担，或者存在共有、权属争议等情形；

（三）债务人的动产由第三人占有；

（四）债务人的不动产、特定动产或者其他财产权等登记在第三人名下。

第三十五条 自人民法院裁定受理破产申请之日前二年内，债务人财产发生下列变动的，债务人应当一并申报：

（一）赠与、转让、出租财产；

（二）在财产上设立担保物权等权利负担；

（三）放弃债权或者延长债权清偿期限；

（四）一次性支出五万元以上大额资金；

（五）因离婚而分割共同财产；

（六）提前清偿未到期债务；

（七）其他重大财产变动情况。

第二节 豁免财产

第三十六条 为保障债务人及其所扶养人的基本生活及权利，依照本条例为其保留的财产为豁免财产。豁免财产范围如下：

（一）债务人及其所扶养人生活、学习、医疗的必需品和合理费用；

（二）因债务人职业发展需要必须保留的物品和合理费用；

（三）对债务人有特殊纪念意义的物品；

（四）没有现金价值的人身保险；

（五）勋章或者其他表彰荣誉的物品；

（六）专属于债务人的人身损害赔偿金、社会保险金以及最低生活保障金；

（七）根据法律规定或者基于公序良俗不应当用于清偿债务的其他财产。

前款规定的财产，价值较大、不用于清偿债务明显违反公平原则的，不认定为豁免财产。

除本条第一款第五项、第六项规定的财产外，豁免财产累计总价值不得超过二十万元。本条第一款第一项、第二项的具体分项和各分项具体价值上限标准由市中级人民法院另行制定。

第三十七条　债务人应当自人民法院受理裁定书送达之日起十五日内向管理人提交豁免财产清单，并列明财产对应的价值或者金额。

第三十八条　管理人应当在债务人提交财产申报和豁免财产清单之日起三十日内，审查制作债务人财产报告，对其中的豁免财产清单提出意见，并提交债权人会议表决。

债务人的豁免财产清单未获债权人会议表决通过的，由人民法院裁定。

第三十九条　除本条例第一百零九条规定的情形外，管理人应当接管债务人除豁免财产以外的全部财产。

第三节　财产交易行为

第四十条　破产申请提出前二年内，涉及债务人财产的下列处分行为，管理人有权请求人民法院予以撤销：

（一）无偿处分财产或者财产权益；

（二）以明显不合理的条件进行交易；

（三）为无财产担保的债务追加设立财产担保；

（四）以自有房产为他人设立居住权；

（五）提前清偿未到期的债务；

（六）豁免债务或者恶意延长到期债权的履行期限；

（七）为亲属和利害关系人以外的第三人提供担保。

第四十一条　破产申请提出前六个月内，债务人对个别债权人进行清偿的，或者破产申请提出前二年内，债务人向其亲属和利害关系人进行个别清偿的，管理人有权请求人民法院予以撤销，但个别清偿使债务人财产受益或者属于债务人正常生活所必需的除外。

第四十二条　涉及债务人财产的下列行为无效：

（一）为逃避债务而隐匿、转移、不当处分财产和财产权益的；

（二）虚构债务或者承认不真实债务的。

第四十三条　因本条例第四十条、第四十一条、第四十二条规定的行为而取得债务人财产的，管理人有权追回。

明知或者应当知道债务人处于破产状态或者濒临破产，仍然与债务人实施本条例第四十条、第四十一条、第四十二条规定的行为，造成债权人经济损失的，应当承担赔偿责任。

第四十四条 人民法院裁定受理破产申请后，管理人可以通过清偿债务或者约定提供担保，取回质物、留置物。

前款规定的清偿债务或者替代担保，在质物或者留置物的价值低于被担保的债权额时，以该质物或者留置物当时的市场价值为限。

第四十五条 除本条例第一百一十一条规定的情形外，人民法院裁定受理破产申请后，债务人占有的财产属于他人的，该财产的权利人可以向管理人取回。

第四十六条 人民法院裁定受理破产申请时，出卖人已将买卖标的物向作为买受人的债务人发运，债务人尚未收到且未付清全部价款的，出卖人可以取回在运途中的标的物；管理人也可以支付全部价款，请求出卖人交付标的物。

第四十七条 债权人在破产申请受理前对债务人负有债务的，可以向管理人主张抵销。但是，有下列情形之一的，不得抵销：

（一）对债务人负有债务的人在破产申请受理后取得他人对债务人的债权的；

（二）债权人已知债务人有不能清偿到期债务或者申请破产的事实，仍然对债务人负担债务的，但是，债权人因为法律规定或者有破产申请二年前所发生的原因而负担债务的除外；

（三）对债务人负有债务的人已知债务人有不能清偿到期债务或者申请破产的事实，仍然对债务人取得债权的，但是，对债务人负有债务的人因为法律规定或者有破产申请二年前所发生的原因而取得债权的除外。

第四章 债权申报

第一节 申报程序

第四十八条 人民法院裁定受理破产申请后，对债务人持有债权的债权人，可以依照本条例规定的程序行使权利。法律另有规定的，从其规定。

第四十九条　人民法院裁定受理破产申请时，应当确定债权人申报债权的期限。债权申报期限自发布受理破产申请公告之日起计算，最短不得少于三十日，最长不得超过六十日。

管理人应当通知已知债权人申报债权。

第五十条　债权人应当在人民法院确定的债权申报期限内向管理人申报债权。债权人因不可归责于自身的事由未申报债权的，应当在该事由消除之日起十日内申报债权。

第五十一条　债权人申报债权时，应当书面说明债权的金额和有无财产担保，并提交相关证据。申报的债权属于连带债权的，应当予以说明。

第五十二条　连带债权人可以由其中一人代表全体连带债权人申报债权，也可以共同申报债权。

第五十三条　债务人的保证人或者其他连带债务人已经代替债务人清偿债务的，以其对债务人的求偿权申报债权。

债务人的保证人或者其他连带债务人尚未代替债务人清偿债务的，以其对债务人的将来求偿权申报债权。但是，债权人已经向管理人申报全部债权的除外。

第五十四条　连带债务人中数人经裁定适用本条例规定程序的，其债权人有权就全部债权分别在各个破产程序中申报债权，并如实说明已申报情况、相关破产案件信息和已获清偿的金额。

第五十五条　在人民法院确定的债权申报期限内，债权人非因不可归责于自身的事由未申报债权的，不得依照本条例规定的程序行使权利。

前款规定的债权人，在债权申报期限内未申报债权的，可以在破产财产最后分配时或者重整计划执行完毕前补充申报；但是，此前已分配或者执行完毕的部分，不再对其补充分配。

因审查和确认补充申报债权产生的费用，由补充申报的债权人承担。

第五十六条　债权人在破产财产最后分配时或者重整计划执行完毕前仍未申报债权的，人民法院依照本条例裁定免除债务人未清偿债务后，债务人不再承担清偿责任。但是，本条例第九十七条规定不得免除的债务除外。

第二节　可申报债权

第五十七条　债权人申报的债权应当为其对债务人合法持有的债权。

第五十八条　债权人可以申报附条件、附期限的债权和诉讼、仲裁未决的债权。

第五十九条　未到期的债权，自人民法院裁定受理破产申请之日起视为到期债权；附利息的债权，自人民法院裁定受理破产申请之日起停止计息。

第六十条　债务人依法应当承担的赡养费、抚养费、扶养费无需申报，由管理人根据债务人提供的信息调查核实后，予以公示。

债务人所欠雇用人员的工资和医疗、伤残补助、抚恤费用，包括应当缴入雇用人员个人账户的基本养老保险、基本医疗保险等社会保险费用，以及依法应当支付给雇用人员的补偿金等无需申报，由管理人调查核实后予以公示。

前款雇用人员对公示内容有异议的，可以要求管理人更正；管理人不予更正的，雇用人员可以向人民法院提起诉讼。

第六十一条　管理人依照本条例第二十六条规定解除合同的，对方当事人可以以因合同解除产生的损害赔偿请求权申报债权。

第六十二条　债务人作为委托合同的委托人，受托人不知道人民法院已经裁定受理该债务人提起的或者债权人对该债务人提起的破产申请，继续处理委托事务的，受托人可以以因此产生的请求权申报债权。

第六十三条　债务人作为票据出票人，经裁定受理破产申请，该票据的付款人继续付款或者承兑的，付款人可以以因此产生的请求权申报债权。

第三节　债权审核

第六十四条　管理人收到债权申报材料后，应当登记造册，对申报的债权进行审查，并编制债权表。

第六十五条　管理人应当自债权申报期限届满之日起十五日内，将债权表提交债务人和第一次债权人会议核查。

债务人、债权人对债权表记载的债权均无异议的，由人民法院裁定确认。

债务人、债权人对债权表记载的债权有异议的，应当自收到债权表之日起十五日内向管理人提交异议书并说明理由和依据。经管理人复核，异议人仍然不服的，应当自收到管理人复核意见之日起十五日内向裁定受理破产申请的人民法院起诉。

第五章　破产费用和共益债务

第六十六条　人民法院裁定受理破产申请后发生的下列费用，为破产费用：

（一）破产案件的诉讼费用；

（二）管理、变价和分配债务人财产而产生的费用；

（三）管理人执行职务的费用、报酬。

第六十七条　人民法院裁定受理破产申请后发生的下列债务，为共益债务：

（一）管理人或者债务人请求对方当事人履行双方均未履行完毕的合同所产生的债务；

（二）债务人财产受无因管理所产生的债务；

（三）债务人因不当得利产生的债务；

（四）管理人执行职务致人损害所产生的债务；

（五）债务人财产致人损害所产生的债务；

（六）为债务人重整提供融资或者担保所产生的债务；

（七）为债务人继续营业支付劳动报酬、社会保险所产生的债务以及由此产生的其他债务。

第六十八条　破产费用和共益债务以债务人财产随时清偿。

债务人可供分配的财产不足以清偿所有破产费用和共益债务的，先行清偿破产费用。

债务人可供分配的财产不足以清偿同一顺序所有破产费用或者共益债务的，按照比例清偿。

第六章　债权人会议

第一节　组织形式

第六十九条　依法申报债权并经管理人审查编入债权表的债权人有权参

加第一次债权人会议，核查债权并行使表决权。

经人民法院裁定确认或者经确权诉讼判决确认的债权人为债权人会议成员，有权参加债权人会议并行使表决权。

仅有一位债权人申报债权或者债权被确认的，由其行使债权人会议的职权。

第七十条 债权尚未确定的债权人，除人民法院为其行使表决权而临时确定债权额外，不得行使表决权。

债权人可以委托代理人出席债权人会议，行使表决权。债权人的代理人出席债权人会议，应当提交债权人的授权委托书。

第七十一条 在破产清算程序中，对债务人的特定财产享有担保权的债权人，未放弃优先受偿权利的，不参加审议破产财产分配方案的表决。

在重整程序中，权益未受重整计划草案影响的债权人，不参加审议重整计划草案的表决。

第七十二条 债权人会议可以设主席一人，由人民法院从债权人中指定。

债权人会议主席主持债权人会议。

第七十三条 债权人会议行使下列职权：

（一）核查债权；

（二）监督管理人；

（三）向人民法院申请更换管理人；

（四）审查管理人的费用和报酬；

（五）授权管理人在一定额度内处分债务人的财产和财产权益；

（六）选任和更换债权人委员会成员；

（七）审议通过豁免财产清单；

（八）审议通过重整计划；

（九）审议通过债务人财产管理方案；

（十）审议通过破产财产分配方案；

（十一）审议通过债务人预期外收入分配方案；

（十二）就本条例规定或者人民法院要求由债权人会议审议的其他事项作出决议。

债权人会议应当对所议事项作出决议并形成会议记录。

第七十四条　债权人会议可以决定设立债权人委员会。债权人委员会由债权人会议选任的债权人代表组成。债权人委员会成员为单数且不得超过九人。

债权人委员会成员应当经人民法院书面确认。

第七十五条　债权人委员会行使下列职权：

（一）监督债务人财产的管理和处分；

（二）监督债务人可供分配财产的分配；

（三）提议召开债权人会议；

（四）债权人会议委托的其他职权。

债权人委员会执行职务时，有权在前款职权范围内要求管理人、债务人对相关事项作出说明并提供相关材料。

第七十六条　管理人、债务人拒绝接受监督的，债权人会议或者债权人委员会有权就监督事项请求人民法院作出决定。人民法院应当在五日内作出决定。

第七十七条　管理人实施下列涉及债务人财产的行为，应当及时报告债权人委员会：

（一）转让土地、房屋、知识产权等财产或者财产权益；

（二）借款；

（三）设定财产担保；

（四）转让债权和有价证券；

（五）履行债务人和对方当事人均未履行完毕的合同；

（六）放弃权利；

（七）取回担保物；

（八）对债权人利益有重大影响的其他财产处分行为。

未设立债权人委员会的，管理人实施前款规定的行为应当及时报告人民法院。

第二节　召开会议和表决

第七十八条　债权人会议可以以现场、书面或者网络形式召开并进行表决。

第七十九条 第一次债权人会议由人民法院召集，自债权申报期限届满之日起十五日内召开。

后续的债权人会议，在人民法院认为必要时，或者管理人、债权人委员会、所代表债权额占债权总额四分之一以上的债权人提议时召开。

第八十条 召开债权人会议，管理人应当提前十五日通知已知债权人。

第八十一条 债权人会议的决议，由出席会议的有表决权的债权人过半数通过，并且其所代表的债权额占对表决事项有表决权的债权总额的二分之一以上。但本条例另有规定的除外。

债权人认为债权人会议的决议违反法律规定，损害其合法权益的，可以自债权人会议作出决议之日起十五日内，请求人民法院裁定撤销该决议并责令债权人会议依法重新作出决议。

债权人会议的决议对全体债权人均有约束力。

第八十二条 经债权人会议表决未获通过的债务人财产管理方案、破产财产分配方案，由人民法院裁定，并通知债权人。

第八十三条 债权人对人民法院依照本条例第八十二条规定作出的裁定不服，且其所代表的债权额占对表决事项有表决权的债权总额的四分之一以上的，可以自收到裁定书之日起十五日内申请复议。复议期间不停止裁定执行。

第七章 破产清算

第一节 破产宣告

第八十四条 债务人财产报告、豁免财产清单以及债权人的债权申报经债权人会议核查或者通过，并经人民法院裁定确认后，债务人或者管理人可以向人民法院申请宣告债务人破产。

人民法院认为债务人符合宣告破产条件的，应当裁定宣告债务人破产。人民法院应当自裁定作出之日起五日内将裁定书送达债务人和管理人，并予以公告。

债务人被宣告破产后，债务人财产为破产财产。

第八十五条　破产宣告前，有下列情形之一的，人民法院应当裁定终结破产程序，并予以公告：

（一）债务人已清偿全部到期债务的；

（二）第三人为债务人清偿全部到期债务的。

人民法院依照前款规定裁定终结破产程序的，应当同时作出解除限制债务人行为的决定，将决定书送达债务人，并通知破产事务管理部门。

第八十六条　自人民法院宣告债务人破产之日起至依照本条例裁定免除债务人未清偿债务之日止，债务人不得担任上市公司、非上市公众公司和金融机构的董事、监事和高级管理人员职务。

第八十七条　管理人处置破产财产应当按照人民法院关于拍卖和变价的有关规定，以网络拍卖等方式在公开的交易平台进行。

财产拍卖底价应当参照市场价格确定，也可以通过定向询价、网络询价确定。网络拍卖两次流拍的，管理人可以通过网络变价等方式进行处置。但是，债权人会议另有决议或者法律、行政法规另有规定的除外。

第八十八条　破产财产因变现费用高于财产价值等原因，不宜进行处置和分配的，经债权人会议表决通过，可以放弃处置并归还债务人。

第八十九条　破产财产在优先清偿破产费用和共益债务后，其他债务依照下列顺序清偿：

（一）债务人欠付的赡养费、抚养费、扶养费和专属于人身赔偿部分的损害赔偿金；

（二）债务人所欠雇用人员的工资和医疗、伤残补助、抚恤等费用，应当缴入雇用人员个人账户的基本养老保险、基本医疗保险等社会保险费用，以及依法应当支付给雇用人员的补偿金；

（三）债务人所欠税款；

（四）普通破产债权，其中债务人的配偶以及前配偶、共同生活的近亲属以及成年子女不得在其他普通破产债权人未受完全清偿前，以普通债权人身份获得清偿；

（五）因违法或者犯罪行为所欠的罚金类款项。

破产财产不足以清偿同一顺序债权的，按照比例分配。

第九十条 管理人应当及时拟订破产财产分配方案，提交债权人会议审议。

破产财产分配方案应当载明下列事项：

（一）参加财产分配的债权人姓名或者名称、住所；

（二）参加财产分配的债权额；

（三）可供分配的财产数额；

（四）财产分配的顺序、比例及数额；

（五）实施财产分配的方式；

（六）债务人未来收入的分配方式。

债权人会议通过破产财产分配方案后，由管理人将该方案提请人民法院裁定认可。

人民法院裁定认可破产财产分配方案的，应当同时裁定终结破产清算程序，并予以公告。

第二节 财产分配

第九十一条 管理人负责破产财产分配方案的执行。

管理人按照破产财产分配方案实施多次分配的，应当公告当次分配的财产额和债权额。管理人实施最后一次分配的，应当在公告中指明，并载明分配额提存的相关事项。

第九十二条 对于附生效条件或者解除条件的债权，管理人应当将其分配额提存。

管理人依照前款规定提存的分配额，在最后分配公告日，生效条件未成就或者解除条件成就的，应当分配给其他债权人；在最后分配公告日，生效条件成就或者解除条件未成就的，应当交付给债权人。

第九十三条 债权人未领取的破产财产分配额，管理人应当提存。债权人自最后分配公告之日起满二个月仍未领取的，视为放弃受领分配的权利，管理人应当将提存的分配额分配给其他债权人。

第九十四条 分配破产财产时，对于诉讼或者仲裁未决的债权，管理人应当将其分配额提存。自人民法院裁定破产清算程序终结之日起满二年仍未受领的，管理人应当将提存的分配额分配给其他债权人。

第三节 免责考察

第九十五条 自人民法院宣告债务人破产之日起三年，为免除债务人未清偿债务的考察期限（以下简称考察期）。

第九十六条 债务人在考察期内应当继续履行人民法院作出的限制行为决定规定的义务，并履行本条例规定的债务人其他义务。

债务人违反前款规定的，人民法院可以决定延长考察期，但延长期限不超过二年。

第九十七条 下列债务不得免除，但债权人自愿放弃或者法律另有规定的除外：

（一）因故意或者重大过失侵犯他人身体权或者生命权产生的损害赔偿金；

（二）基于法定身份关系产生的赡养费、抚养费和扶养费等；

（三）基于雇用关系产生的报酬请求权和预付金返还请求权；

（四）债务人知悉而未记载于债权债务清册的债务，但债权人明知人民法院裁定宣告债务人破产的除外；

（五）恶意侵权行为产生的财产损害赔偿金；

（六）债务人所欠税款；

（七）因违法或者犯罪行为所欠的罚金类款项；

（八）法律规定不得免除的其他债务。

前款规定的债务，因债务人丧失或者部分丧失劳动能力，不予免除将导致债务人及其所扶养人生活长期极其困难的，债务人或者管理人可以向人民法院申请部分或者全部免除。

第九十八条 债务人存在下列情形之一的，不得免除未清偿债务：

（一）故意违反本条例第二十三条、第八十六条关于债务人行为限制的规定；

（二）故意违反本条例第二十一条关于债务人应当遵守的义务，以及第三十三条至第三十五条关于债务人财产申报义务的规定；

（三）因奢侈消费、赌博等行为承担重大债务或者引起财产显著减少；

（四）隐匿、毁弃、伪造或者变造财务凭证、印章、信函文书、电子文档等资料物件；

（五）隐匿、转移、毁损财产，不当处分财产权益或者不当减少财产价值；

（六）法律规定不得免除的其他情形。

第九十九条 在考察期内，债务人应当每月在破产事务管理部门的破产信息系统登记申报个人收入、支出和财产状况等信息。

管理人负责监督债务人考察期内的相关行为，审核债务人提交的年度个人收入、支出和财产报告，按照破产财产分配方案对债务人年度新增或者新发现的破产财产进行接管分配。

破产事务管理部门应当对债务人的收入、支出、财产等的变动情况以及管理人履行职责行为进行检查监督，并依法予以公开。

第一百条 考察期届满，债务人可以依照本条例相关规定向人民法院申请免除其未清偿的债务。

债务人符合下列情形之一的，视为考察期届满：

（一）债务人清偿剩余债务或者债权人免除债务人全部清偿责任的；

（二）债务人清偿剩余债务达到三分之二以上，且考察期经过一年的；

（三）债务人清偿剩余债务达到三分之一以上不足三分之二，且考察期经过二年的。

第一百零一条 考察期届满，债务人申请免除未清偿债务的，管理人应当对债务人是否存在不得免除的债务以及不得免除未清偿债务的情形进行调查，征询债权人和破产事务管理部门意见，并向人民法院出具书面报告。

人民法院根据债务人申请和管理人报告，裁定是否免除债务人未清偿债务，同时作出解除对债务人行为限制的决定。

第一百零二条 人民法院裁定免除债务人未清偿债务的，应当将裁定书送达债权人和债务人，并予以公告。债权人不服的，可以自裁定书送达之日起十五日内申请复议。

人民法院裁定不免除债务人未清偿债务的，债务人可以自裁定书送达之日起十五日内申请复议。

免除未清偿债务裁定的效力及于已申报和未申报的全体债权人。债务人的保证人和其他连带债务人尚未承担保证责任或者连带责任的，在人民法院依照本条例裁定免除债务人未清偿债务后对债权人依照破产清算程序未受清偿的债权，依法继续承担清偿责任。

第一百零三条　债权人或者其他利害关系人发现债务人通过欺诈手段获得免除未清偿债务的，可以申请人民法院撤销免除未清偿债务的裁定。

第一百零四条　人民法院撤销免除债务人未清偿债务裁定的，应当将撤销裁定书送达债务人和债权人，并予以公告。债务人对撤销裁定不服的，可以自撤销裁定书送达之日起十五日内申请复议。

第一百零五条　人民法院裁定不免除债务人未清偿债务的，或者撤销免除债务人未清偿债务裁定的，债权人可以向债务人继续追偿债务。

第八章　重　　整

第一节　重整申请与期间

第一百零六条　有未来可预期收入的债务人，可以依照本条例向人民法院申请重整。

申请重整的，除提交本条例第八条规定的材料外，还应当提交重整可行性报告或者重整计划草案。

债权人申请对债务人进行破产清算，债务人申请重整，人民法院认为符合重整受理条件的，应当裁定受理重整申请。

第一百零七条　在人民法院裁定受理债权人对债务人的破产清算申请后至裁定宣告破产前，债务人也可以向人民法院申请重整。人民法院认为符合重整受理条件的，应当裁定转入重整程序。

第一百零八条　自人民法院裁定受理重整申请之日起至重整程序终结，为重整期间，重整期间不超过六个月。

第一百零九条　在重整期间，债务人在管理人的监督下自行管理财产和营业事务。

确需管理人接管债务人财产和营业事务的，经债权人或者管理人申请，由人民法院决定。

第一百一十条 在重整期间，对债务人特定财产享有担保权，且该财产为重整所必需的，该担保权暂停行使。但是，担保物有损坏或者价值明显减少的可能，足以损害担保权人权利的，担保权人可以向人民法院请求恢复行使担保权，也可以要求债务人另外提供担保。

在重整期间，债务人为增加其未来收入而借款的，可以为该借款设定担保。

第一百一十一条 债务人合法占有他人财产，该财产的权利人在重整期间要求取回的，应当符合事先约定的条件。

第一百一十二条 在重整期间，债务人有下列情形之一的，管理人应当在五日内告知债权人，债权人或者管理人可以向人民法院申请裁定终结重整程序并宣告债务人破产：

（一）债务人财产状况继续恶化，缺乏重整的可能性；

（二）债务人有欺诈、恶意减少债务人财产或者有其他显著减损债权人财产权益的行为；

（三）债务人的行为致使管理人无法执行职务。

第二节 重整计划制定和批准

第一百一十三条 债务人或者管理人应当自人民法院裁定受理重整申请之日起三十日内，向人民法院和债权人会议提交重整计划草案。

前款期限届满，经债务人或者管理人申请，有正当理由的，人民法院可以裁定延期三十日。

债务人或者管理人无法形成重整计划草案并提交表决的，管理人应当在五日内向人民法院申请终结重整程序。

第一百一十四条 重整计划草案应当包括下列内容：

（一）债权分类；

（二）依照本条例第九十七条规定不得免除的债务；

（三）债权调整方案；

（四）债务清偿方案；

（五）可预期收入与预期外收入分配方案；

（六）重整计划的执行期限；

（七）有利于债务人重整的其他措施。

债务人及其所扶养人居住的房屋上有未清偿完毕的房屋抵押贷款的，债务人可以与抵押权人就该抵押贷款的本金、利息、清偿期限和方式等内容达成家庭住宅抵押贷款方案，作为重整计划草案的组成部分一并提交。

第一百一十五条　重整计划草案应当符合下列要求：

（一）除家庭住宅抵押贷款方案外，重整计划执行期限不超过五年，每次债务清偿间隔不超过三个月；

（二）不损害担保权人的担保权利，并对其因延期受偿的损失予以公平补偿；

（三）债务清偿顺序符合本条例第八十九条规定，同类债权按比例清偿；

（四）清偿比例不低于破产清算状态下的清偿比例；

（五）不损害国家利益、社会公共利益或者他人合法权益。

债权人自愿放弃权利的，可以不受前款规定限制。

第一百一十六条　债权人应当依照下列债权所属分类，按照分组在债权人会议上讨论和表决重整计划草案：

（一）对债务人的特定财产享有担保权的债权；

（二）债务人欠付的赡养费、抚养费、扶养费和专属于人身赔偿部分的损害赔偿金等；

（三）债务人所欠雇用人员的工资和医疗、伤残补助、抚恤等费用，应当缴入雇用人员个人账户的基本养老保险、基本医疗保险等社会保险费用，以及依法应当支付给雇用人员的补偿金；

（四）税款、罚金类款项；

（五）普通债权。

必要时，人民法院可以在普通债权组增设小额债权组。

第一百一十七条　人民法院应当自收到重整计划草案之日起十五日内召开债权人会议，对重整计划草案进行表决。

第一百一十八条　人民法院裁定受理重整申请前，债权人和债务人就债务清偿达成书面协议的，债务人可以将其纳入重整计划草案提交债权人会议进行表决。

重整计划草案未修改前款协议内容的，或者经人民法院审查修改未实质性减损债权人权益的，视为该债权人对该内容表决同意，其所代表的债权额计入表决通过的债权额。

第一百一十九条 出席债权人会议同一表决组的债权人过半数同意重整计划草案，并且其所代表的债权额占该组债权总额的三分之二以上的，即为该组通过重整计划草案。

各表决组均通过重整计划草案的，重整计划草案即为通过。自重整计划草案通过之日起十日内，债务人或者管理人可以向人民法院申请批准。

人民法院经审查认为符合本条例规定的，应当自收到申请之日起十五日内裁定批准重整计划并终结重整程序，予以公告。

第一百二十条 重整计划草案未通过或者部分表决组未通过的，债务人可以与债权人协商修改重整计划草案，自表决未通过之日起十五日内，重新提交债权人会议表决。权益未受影响的表决组或者债权人不再参加表决。

前款规定的重新提交表决的次数不得超过两次。

第一百二十一条 部分表决组未通过重整计划草案，但重整计划草案符合本条例第一百一十四条、第一百一十五条规定的，债务人或者管理人可以自表决之日起十日内，申请人民法院批准重整计划草案。

人民法院经审查认为重整计划草案符合前款规定的，应当自收到申请之日起三十日内裁定批准重整计划并终结重整程序，予以公告。

第一百二十二条 重整计划草案自人民法院裁定受理重整申请之日起六个月内未获得通过且未依照本条例的规定获得批准，或者已通过的重整计划未获得批准的，人民法院应当裁定终结重整程序。

经债务人或者债权人申请，人民法院认为债务人符合破产条件的，应当裁定宣告债务人破产，对其进行破产清算。

之前已经发生与破产清算有关的行为继续有效，重整管理人继续担任破产清算管理人。

第一百二十三条 经人民法院裁定批准的重整计划，对债务人和全体债权人均有约束力。

债权人对债务人的保证人和其他连带债务人所享有的权利，不受重整计划的影响，债权人自愿放弃的除外。

第一百二十四条 人民法院裁定批准重整计划的，应当同时作出解除限制债务人行为的决定，将决定书送达债务人，并通知破产事务管理部门。

第三节 重整计划执行

第一百二十五条 重整计划由债务人负责执行。

自人民法院裁定批准重整计划之日起，在重整计划规定的期限内，由管理人协助和监督重整计划的执行。

债务人应当每月向破产事务管理部门、管理人报告重整计划执行期间的收入、支出以及债务清偿情况。破产事务管理部门应当予以登记并依法公开。

第一百二十六条 重整计划执行期限届满之日起十日内，管理人应当向人民法院和破产事务管理部门提交执行报告，重整利害关系人有权查阅该报告。

第一百二十七条 经批准的重整计划因不可归责于债务人的原因导致无法按期执行的，经债务人申请，人民法院可以批准延长执行期限，但最长不得超过二年。债权人因延期清偿所受的损失应当得到合理补偿。

第一百二十八条 经批准的重整计划因不可抗力、意外事件等原因导致无法执行，且债务人按照重整计划清偿各类债务均达到四分之三以上的，经债务人申请，人民法院可以裁定免除未清偿债务，并终止重整计划的执行。

第一百二十九条 自重整计划执行完毕之日起十五日内，债务人可以向人民法院申请免除其未清偿的债务。

第一百三十条 债务人不执行或者不能执行重整计划，或者债务人存在欺诈行为的，债权人可以向人民法院申请终止重整计划执行，并对债务人进行破产清算。人民法院应当裁定终止重整计划执行，并宣告债务人破产。重整中已经发生的与破产清算有关的行为继续有效，重整管理人继续担任破产清算管理人。

第一百三十一条 人民法院依照本条例第一百三十条规定裁定终止重整

计划执行的，债权人在重整计划中的债权调整承诺失效。债权人因执行重整计划所受的清偿仍然有效，债权未受清偿的部分作为破产债权。

前款规定的债权人，只有在其他同顺位债权人同自己所受的清偿达到同一比例时，才能继续接受分配。

第一百三十二条 人民法院依照本条例第一百三十条规定裁定终止重整计划执行的，在重整期间设定的担保继续有效。

第九章 和 解

第一节 和解申请

第一百三十三条 债务人可以依照本条例直接向人民法院申请和解。

债务人申请和解的，除提交本条例第八条规定的材料外，还应当提交和解可行性报告。

第一百三十四条 在人民法院裁定受理破产清算申请后、宣告债务人破产前，债务人或者债权人可以向人民法院申请和解。人民法院认为有和解可能的，应当自收到和解申请之日起五日内裁定转入和解程序。

第一百三十五条 人民法院可以委托人民调解委员会、特邀调解员、特邀调解组织或者破产事务管理部门等组织和解。

委托和解期限不超过二个月。委托和解期限内，债务人与全体债权人达成和解协议的，可以申请人民法院认可和解协议。

人民法院决定委托和解时尚未指定管理人的，可以暂不指定管理人。

第一百三十六条 债务人与全体债权人可以就债务清理在庭外自行委托人民调解委员会、特邀调解员、特邀调解组织或者破产事务管理部门等组织进行和解，达成和解协议的，可以直接请求人民法院裁定认可和解协议。

第二节 和解协议认可

第一百三十七条 债务人向人民法院申请认可和解协议的，应当向人民法院提交下列材料：

（一）和解协议；

（二）和解情况说明；

（三）债权人名册；

（四）债务人财产及债务说明；

（五）人民法院认为需要提交的其他材料。

第一百三十八条 和解协议应当包括下列内容：

（一）债务人基本信息、财产和收入状况；

（二）债权人名册及债权数额；

（三）债权清偿方案；

（四）债务减免方案；

（五）和解协议执行期限；

（六）人民法院要求载明的其他事项。

第一百三十九条 达成和解协议，除应当符合本条例第一百三十八条规定外，还应当满足下列条件：

（一）和解意思表示真实；

（二）和解信息充分公开、程序规范完整、过程公正透明、表决真实有效；

（三）和解协议未损害国家利益、社会公共利益或者他人合法权益；

（四）不违反法律、行政法规的强制性规定。

第一百四十条 人民法院应当将和解协议予以公告。债权人、利害关系人对和解协议有异议的，应当自公告发布之日起十五日内向人民法院提出。

第一百四十一条 人民法院应当对和解协议进行审查。

人民法院审查和解协议应当进行听证调查，并提前三日通知债务人、参与和解的债权人以及提出异议的利害关系人参加。

第一百四十二条 人民法院经审查认为和解协议符合本条例规定的，应当裁定认可和解协议并终结和解程序。上述裁定书自裁定作出之日起五日内送达债务人、参与和解的债权人，并予以公告。

自和解协议执行完毕之日起十五日内，债务人可以向人民法院申请免除其未清偿的债务。

第一百四十三条 参与和解的债权人对债务人的保证人和其他连带债务人所享有的权利，不受和解协议的影响，但债权人自愿放弃的除外。

第一百四十四条 委托和解期限届满，无法达成和解协议的，或者和解协议未获得人民法院认可的，人民法院应当裁定终结和解程序。

第一百四十五条 委托和解期限届满，无法达成和解协议的，或者和解协议未获得人民法院认可的，经债务人或者债权人申请，人民法院认为债务人符合破产条件的，应当宣告债务人破产，对其进行破产清算。

之前已经发生与破产清算有关的行为继续有效，已经指定管理人的，由其继续担任破产清算管理人。

第一百四十六条 自和解程序终结之日起一年内，债务人不得再次提出和解申请。

第一百四十七条 在破产程序中，债务人与全体债权人自行就债权债务的处理达成和解协议的，可以向人民法院申请终结破产程序。

第十章 简易程序

第一百四十八条 人民法院审理个人破产案件，债权债务关系明确、债务人财产状况清楚、案情简单的，可以由合议庭适用简易程序审理。债务人债务不超过二十万元的，可以由法官一人独任审理。

第一百四十九条 人民法院决定适用简易程序审理的案件，应当在裁定受理时告知债权人、债务人。

适用简易程序审理的案件，人民法院应当在裁定受理破产申请之日起三个月内审结。

第一百五十条 适用简易程序审理的案件，债权申报期限自发布受理破产申请公告之日起计算，最长不得超过三十日。

第一百五十一条 适用简易程序审理的案件，在第一次债权人会议上，除核查债权表以外，管理人可以将财产分配方案等事项一并提交债权人会议表决。

管理人按照前款规定表决通过的方案进行财产分配和追加分配，无需再次表决。

第一百五十二条 适用简易程序审理的案件，管理人应当按照下列期限要求办理有关事项：

（一）自接受指定之日起十五日内通知已知债权人申报债权，在三十日内完成并提交债务人财产状况调查报告；

（二）在第一次债权人会议召开前三日将会议内容及表决事项告知已知债权人；

（三）债务人有财产可供分配的，应当在破产财产最后分配完结十日内向人民法院提交破产财产分配报告。

第一百五十三条　适用简易程序审理的案件，符合终结破产程序条件的，人民法院应当自收到管理人终结破产程序的申请之日起十日内作出裁定，并予以公告。

第一百五十四条　人民法院适用简易程序审理个人破产案件，发现不宜适用简易程序，或者无法在三个月内审结的，应当裁定转为普通程序，已经进行的破产程序继续有效。

第十一章　破产事务管理

第一节　破产事务管理部门

第一百五十五条　市破产事务管理部门应当履行下列职责：

（一）确定管理人资质，建立管理人名册；

（二）依照本条例第十八条规定提出管理人人选；

（三）管理、监督管理人履行职责；

（四）提供破产事务咨询和援助服务；

（五）协助调查破产欺诈和相关违法行为；

（六）实施破产信息登记和信息公开制度；

（七）建立完善政府各相关部门办理破产事务的协调机制；

（八）其他与本条例实施有关的行政管理职责。

第一百五十六条　除依法不公开的信息外，破产事务管理部门应当及时登记并公开破产申请、行为限制决定、财产申报、债权申报、分配方案、重整计划、和解协议、免责考察等相关信息，供有关单位和个人依法查询。

第二节　管理人

第一百五十七条　管理人由符合条件的个人或者机构担任。

律师、注册会计师以及其他具有法律、会计、金融等专业资质的个人或者相关中介服务机构，经破产事务管理部门认可，可以担任管理人。

管理人的任用、履职和报酬管理具体办法，由市人民政府制定。

第一百五十八条 个人或者机构有下列情形之一的，不得担任管理人：

（一）因故意犯罪受过刑事处罚；

（二）曾被吊销相关专业执业证书；

（三）与案件有利害关系；

（四）法律、行政法规规定或者人民法院、破产事务管理部门认为不宜担任管理人的其他情形。

第一百五十九条 管理人依照本条例规定执行职务，接受人民法院、破产事务管理部门、债权人会议及债权人委员会的监督。

管理人应当列席债权人会议，并向债权人会议报告履行职责情况，回答询问。

第一百六十条 债权人会议认为管理人不能依法、公正执行职务或者有其他不能胜任职务情形的，可以申请人民法院予以更换。

第一百六十一条 管理人应当勤勉尽责，忠实履行下列职责：

（一）调查核实债务人及其所扶养人、雇用人员的基本情况；

（二）通知已知债权人申报债权并审查债权情况；

（三）接管与债务人财产状况相关的财产清单、凭证以及债权债务清册等资料；

（四）调查债务人财产状况和人民法院裁定受理破产申请之日起前二年的财产变动情况，制作债务人财产报告；

（五）提出对债务人豁免财产清单的意见，调查、接管债务人可供分配的财产；

（六）拟定破产财产分配方案并实施分配；

（七）代表债务人提起、参加涉及债务人财产的诉讼、仲裁等活动；

（八）提议、协调召开债权人会议；

（九）管理、监督、协助重整计划或者和解协议的执行；

（十）管理、监督债务人在考察期的行为；

（十一）人民法院、破产事务管理部门依照本条例以及其他规定要求管理人履行的其他职责。

第一百六十二条　管理人可以持人民法院的指定管理人决定书，向公安、民政、社会保障、税务、市场监管等部门和金融、征信机构等查询调取债务人、债权人相关信息资料，有关部门和机构应当予以协助。必要时，管理人可以申请人民法院签发调查令。

第一百六十三条　管理人负责保管债务人财产状况报告、债权申报材料、债权人会议决议、债权人委员会决议、管理人监督报告等相关材料，供债权人和利害关系人查阅。管理人无正当理由不予提供的，查阅人可以请求人民法院决定；人民法院应当在五日内作出决定。

前款材料涉及商业秘密的，查阅人应当依法承担保密义务或者签署保密协议。涉及个人隐私或者国家秘密的，依照相关法律、行政法规规定处理。

第一百六十四条　管理人在履行职责过程中发现债务人、债权人或者其他相关人员涉嫌犯罪的，应当及时向有关机关报告。

第一百六十五条　管理人无正当理由不得辞去职务。管理人辞去职务应当经债权人会议或者破产事务管理部门同意并提请人民法院决定。

第一百六十六条　管理人履行个人破产案件管理职责，由人民法院依照有关规定确定其报酬。

管理人应当按照规定为破产财产不足以支付破产费用的案件提供破产事务公益服务。

第十二章　法律责任

第一百六十七条　债务人违反本条例规定，有下列行为之一的，由人民法院依法予以训诫、拘传、罚款、拘留；构成犯罪的，依法追究刑事责任：

（一）拒不配合调查，拒不回答询问，或者拒不提交相关资料的；

（二）提供虚假、变造资料，作虚假陈述或者误导性陈述的；

（三）故意隐匿、转移、毁损、不当处分财产或者财产权益，或者其他不当减少财产价值的；

（四）虚构债务，或者承认不真实债务的；

（五）隐匿、毁弃、伪造，或者变造财务凭证、印章、信函文书、电子文件等资料物件的；

（六）无正当理由拒不执行重整计划或者和解协议，损害债权人利益的；

（七）其他妨害破产程序的行为。

第一百六十八条 债务人的配偶、共同生活的近亲属等利害关系人违反本条例规定，有下列行为之一的，由人民法院依法予以训诫、拘传、罚款、拘留；构成犯罪的，依法追究刑事责任：

（一）拒不协助人民法院或者管理人调查债务人的财产及收入状况，或者提供虚假资料、作虚假陈述的；

（二）帮助、包庇债务人故意隐匿、转移、毁损、不当处分财产或者财产权益，或者其他不当减少财产价值的；

（三）帮助、包庇债务人虚构债务或者承认不真实债务的；

（四）帮助、包庇债务人违反本条例关于债务人义务规定和限制债务人行为决定的；

（五）其他妨害破产程序的行为。

第一百六十九条 债权人、利害关系人违反本条例规定，有下列行为之一的，由人民法院依法予以训诫、拘传、罚款、拘留；构成犯罪的，依法追究刑事责任：

（一）基于不正当理由申请债务人破产的；

（二）虚构债权，虚假申报，或者主张虚假的取回权、抵销权的；

（三）明知人民法院已经裁定受理破产申请，仍然向债务人及其近亲属追索债权或者取得债务人财产或者财产权益的；

（四）恶意串通行使表决权，损害他人合法权益的；

（五）其他妨害破产程序的行为。

第一百七十条 管理人未依照本条例规定勤勉尽责、忠实执行职务，给债务人、债权人或者其他利害关系人造成损失的，应当依法承担赔偿责任。

管理人怠于履行或者不当履行职责的，由人民法院责令改正，并可以采取降低管理人报酬、依职权更换管理人等措施；破产事务管理部门可以暂停其任职资格或者将其从管理人名册中除名。

管理人与他人恶意串通，妨害破产程序的，由人民法院依法予以训诫、拘传、罚款、拘留；构成犯罪的，依法追究刑事责任。

第十三章　附　　则

第一百七十一条　符合本条例规定的债务人，其配偶可以选择同时适用本条例进行破产清算、重整或者和解。

第一百七十二条　本条例没有规定的，适用《中华人民共和国民事诉讼法》《中华人民共和国企业破产法》和其他法律、行政法规的有关规定。

第一百七十三条　本条例自2021年3月1日起施行。

浙江法院个人债务集中清理（类个人破产）工作指引（试行）

（浙江省高级人民法院审判委员会第2820次会议通过，
2020年12月2日发布）

一、基本原则

1. 依法合规，开展个人债务集中清理工作，应当坚持法治思维和法治方式，在现行法律框架内，依法合规开展工作，保障各方当事人的合法权益。

2. 鼓励探索，积极探索通过附条件的债务免除、诚信财产申报、合理确定“生活必需品”以实现破产制度中豁免财产的制度目的等途径，在个人债务集中清理工作中充分探索个人破产的制度因素。

3. 府院联动，积极推动政府相关部门在财产登记、公职管理人、专项资金、信用体系建设等方面优化个人破产的制度环境。

二、管辖

4. 符合以下条件的基层人民法院可以开展个人债务集中清理工作：

（一）自然人债务人住所地、经常居住地或主要财产所在地在该基层人民法院辖区内；

（二）该基层人民法院有以该自然人作为被执行人的强制执行案件。

5. 债务人向两个以上符合条件的人民法院申请的，由最先立案的人民法院开展个人债务集中清理工作。

三、申请和受理

6. 具有浙江省户籍，在浙江省内居住并参加浙江省内社会保险或缴纳个人所得税连续满三年的自然人不能清偿到期债务，资产不足以清偿全部债务或者明显缺乏清偿能力，可以依照本指引申请开展个人债务集中清理工作。

个体工商户可以参照本指引进行债务集中清理。

7. 债务人申请个人债务集中清理的，应当由本人提交下列材料，并现场签名：

（一）个人债务集中清理申请书；

（二）财产状况申报；

（三）债权人清册；

（四）债务方面的证据、收入和支出的证据；

（五）诚信承诺书；

（六）法院认为需要的其他材料。

8. 人民法院可以在诉讼服务中心引入管理人工作人员，就个人债务集中清理工作的受理条件、程序、法律后果等事项向债务人进行释明和引导。

9. 人民法院在个人债务集中清理案件审查受理阶段，可以召集已知债权人听证会，向债权人释明个人债务集中清理程序在引入管理人进行财产调查、债务人财产申报等方面的程序利益，引导债权人作出附条件的债务免除承诺。

人民法院可以将债权人附条件的债务免除承诺作为启动个人债务集中清理工作的条件之一。

10. 人民法院在收到符合条件的个人债务集中清理申请之日起三十日内裁定是否受理。

11. 人民法院可以自裁定受理个人债务集中清理申请之日起二十日内发布受理公告。公告可以载明下列事项：

（一）债务人姓名；

（二）人民法院裁定受理个人债务集中清理申请的时间；

（三）限制债务人行为的决定；

（四）管理人姓名或者名称及地址；

（五）债权人会议召开的时间、地点和方式；

（六）人民法院认为需要公告的其他事项。

12. 债务人申请个人债务集中清理属于主动纠正失信行为，人民法院裁定受理个人债务集中清理申请的，可以依照《最高人民法院关于公布失信被执行人名单信息的若干规定》决定提前删除失信信息。

13. 人民法院受理后，对于以进行个人债务集中清理的自然人作为被执行人的执行案件，受理个人债务集中清理申请的人民法院在浙江省范围内可以向执行案件的共同上级法院申请集中指定执行。

共同上级法院一般应当集中指定执行。

14. 自人民法院受理个人债务集中清理申请之日起至程序终结之日或者债务人行为考察期满之日止，债务人不得有以下消费行为：

（一）乘坐交通工具时，选择飞机商务舱、头等舱、列车软卧、轮船二等以上舱位、G 字头高速动车组旅客列车二等及其他动车组一等以上座位；

（二）在三星级以上宾馆、酒店、夜总会、高尔夫球场等场所进行消费；

（三）购买不动产或者新建、扩建、高档装修房屋；

（四）租赁高档写字楼、宾馆、公寓等场所办公；

（五）购买机动车辆；

（六）旅游、度假；

（七）子女就读高收费私立学校；

（八）支付高额保费购买保险理财产品；

（九）其他非生活和工作必须的消费行为。

15. 债务人在依本指引进行债务清理期间，应当履行下列义务：

（一）妥善保管其占有和管理的财产、文书资料，并根据管理人要求及时完整移交，不得擅自处分其所有的财产；

（二）接受人民法院或者管理人的调查询问，如实全面申报财产及债权债务；

（三）出席债权人会议、听证会，接受债权人的质询；

（四）未经人民法院许可，不得出境；

（五）姓名、联系方式、住址等个人信息发生变动或者需要离开住所地时，及时向人民法院、管理人报告；

（六）遵守本指引第 14 条有关限制高消费的规定；

（七）不得对债权人进行个别清偿，但个别清偿使债务人财产受益的除外；

（八）人民法院认为需要履行的其他义务。

上述第（一）至第（三）项的规定，适用于与债务人共同生活的近亲属或者其他利害关系人。

16. 人民法院受理个人债务集中清理申请后，发现债务人不符合本指引第 6 条规定情形的，应当裁定驳回申请。

17. 申请个人债务集中清理，人民法院暂不收取申请费用。

有执行案件的，执行案件的申请费由债务人负担。

18. 个人债务集中清理工作中管理人执行职务的费用、报酬和聘用工作人员的费用等可以从各地设立的破产专项资金中列支。

四、财产申报

19. 债务人应当在申请时向人民法院书面报告本人及其配偶、未成年子女以及其他共同生活的近亲属名下的财产情况：

（一）收入、银行存款、现金、支付宝等第三方支付工具中的财产、理财产品、有价证券等；

（二）土地使用权、房屋等不动产；

（三）交通运输工具、机器设备、产品、原材料、个人收藏的文玩字画等动产；

（四）债权、股权、投资权益、基金份额、信托受益权、知识产权等财产性权利；

（五）其他具有处置价值的财产。

债务人的财产已出租、已设立担保物权等权利负担，或者存在共有、权属争议等情形的，应当一并申报；债务人的动产由第三人占有，债务人的不动产、特定动产、其他财产权等登记在第三人名下的，应当一并申报。

20. 自人民法院裁定受理个人债务集中清理申请之日前两年内，债务人财产发生下列变动的，债务人应当一并如实申报：

（一）赠与、转让、出租财产；

（二）在财产上设立担保物权、地役权等权利负担；

（三）放弃债权或者延长债权清偿期限；

（四）一次性支出五万元以上大额资金；

（五）因离婚、继承而分割共同财产；

（六）提前清偿未到期债务；

（七）其他重大财产变动情况。

21. 人民法院开展个人债务集中清理工作期间，债务人应当定期向人民法院申报财产变动情况。

22. 人民法院应当保留债务人及所扶养的家属的生活必需费用和必需品不受执行，人民法院可以依照《中华人民共和国民事诉讼法》第二百四十四条规定认定下列财产属于“生活必需品”：

（一）债务人及其所需要抚养、赡养和扶养的家庭成员生活、学习、医疗的必需品和合理费用；

（二）因债务人职业发展需要必须保留的物品和合理费用；

（三）对债务人有特殊纪念意义的物品；

（四）无现金价值的人身保险；

（五）勋章或者其他表彰荣誉的物品；

（六）专属于债务人的人身损害赔偿金、社会保险金以及最低生活保障金；

（七）根据法律规定或者基于公序良俗不应当用于清偿债务的其他财产。

前款规定的财产，价值较大、不用于清偿债务明显违反公平原则的，不认定为生活必需品。

23. 债务人应当自人民法院受理裁定送达之日起十五日内向管理人提交“生活必需品”清单，并列明财产对应的价值或者金额。

五、管理人

24. 个人债务集中清理工作中，可以指定列入破产管理人名册的社会中介机构及其执业律师、执业注册会计师，或者政府部门的公职管理人，担任个人债务集中清理工作的管理人。

也可以由债权人及债务人共同协商在列入名册的机构及其执业律师、执业注册会计师，或政府部门的公职人员中选定管理人。

企业破产案件中，将实际控制人、股东等的个人债务集中清理工作一并纳入的，由破产案件管理人担任个人债务集中清理工作的管理人。

25. 管理人应当勤勉尽责，忠实执行职务。

26. 管理人履行下列职责：

（一）调查核实债务人的基本情况；

（二）通知已知债权人申报债权；

（三）审查债权，并制作债权表；

（四）调查核实债务人财产申报情况，并制作债务人财产报告；

（五）提出对债务人生活必需品（豁免财产）清单的意见；

（六）拟定财产分配方案并实施分配；

（七）提议、协调召开债权人会议；

（八）管理、监督债务人在考察期的行为；

（九）人民法院认为管理人应当履行的其他职责。

27. 公职管理人原则上不另行收取报酬。

执业律师、执业注册会计师被指定为管理人的，可以在各地设立的破产专项资金中支付报酬。

企业破产案件中，将实际控制人、股东等的个人债务集中清理工作一并纳入的，管理人报酬可以按照《最高人民法院关于审理企业破产案件确定管理人报酬的规定》一并确定。

六、财产调查、核实

28. 对债务人申报的财产情况，人民法院应当及时调查核实，必要时可以组织当事人进行听证。

（一）人民法院应当通过网络执行查控系统对被执行人的存款、车辆及其他交通运输工具、不动产、有价证券等财产情况进行查询、核实；

（二）经债权人申请，根据案件实际情况，可以依法采取审计调查、公告悬赏等调查、核实措施；

（三）其他必要的调查核实措施。

29. 管理人可采取询问、查询、走访等多种方式，对债务人的财产进行全面调查核实，其中债务人居住地及存放个人财产情况应当进行调查核实。

管理人应向公安、民政、村（居）委会、工作单位、人民银行、金融机构、信息查询平台、不动产登记、车辆管理、知识产权、公积金、社会保障、市场监督管理、税务、法院执行等部门和机构调取债务人必要信息资料，具体调查工作包括但不限于以下方面：

（一）通过公安部门调查债务人家庭人口信息，包括其父母、子女、配偶、兄弟姐妹等；如与父母分户的，则进一步查询户籍的原始档案，了解当时的家庭成员情况；

（二）通过公安部门调查债务人住宿登记及出入境记录，必要时，对债务人直系亲属的住宿登记及出入境记录情况进行调查；

（三）通过民政部门调查债务人婚姻存续情况，如涉离婚，则需了解子女抚养及财产分割情况；

（四）通过村（居）委会调查债务人家庭常住人口情况、村集体经济分红情况以及拆迁补偿情况等；

（五）通过债务人工作单位调查债务人工作情况、工资水平及其福利等情况；

（六）通过人民银行调查债务人征信情况、银行开户、信用卡办理、贷款、担保、被担保情况；

（七）通过金融机构调查债务人开户情况、资金存取记录及账户余额；

（八）通过市场监督管理部门、信息查询平台调查债务人持股情况以及担任企业职务等情况；

（九）通过不动产登记部门调查债务人名下不动产情况；

（十）通过车辆管理部门调查债务人名下车辆情况；

（十一）通过知识产权部门调查债务人名下专利权、商标权、著作权等知识产权情况；

（十二）通过公积金管理部门调查债务人公积金存取记录及账户余额；

（十三）通过社会保障部门调查债务人养老保险、医疗保险缴存、领取情况；

（十四）通过税务部门调查债务人税款缴纳及欠税情况；

（十五）通过法院调查债务人涉诉案件及其执行情况；

（十六）通过上海证券交易所、深圳证券交易所调查债务人股票交易情况；

（十七）调查债务人使用支付宝、微信等第三方支付平台有关情况。必要时，对债务人近亲属的支付宝、微信等第三方支付平台有关情况进行调查。

30. 管理人需对调查获取的有关信息、资料进行全面、综合分析，重点审查以下事项，包括但不限于：

（一）根据债务人日常开支情况，审查债务人名下银行对账单、第三方支付平台账户是否存在异常收支记录；

（二）审查债务人住房公积金账户支取记录与债务人购房、装修记录是否匹配；

（三）审查财产权益状况及财产权益处置资金去向；

（四）审查债务人配偶、父母、子女等近亲属名下资产与其收入是否匹配；

（五）审查是否存在挥霍消费行为；

（六）审查是否存在未履行完毕合同；

（七）审查是否存在放弃债权、放弃债权担保、无偿转让财产等方式无偿处分财产权益，或者恶意延长其到期债权的履行期限，影响债权人利益情况；

（八）审查是否存在以明显不合理的低价转让财产、以明显不合理的高价受让他人财产或者为他人的债务提供担保，影响债权人的债权实现情况；

（九）审查是否存在虚构债务或承认不真实的债务情况；

（十）审查是否存在恶意串通，签订合同损害债权人利益情况；

（十一）审查是否存在虚假诉讼，损害债权人利益情况；

（十二）审查是否存在其他违反法律、行政法规强制性规定，损害债权人利益的行为。

31. 因管理人自身客观原因，无法调查或核实债务人财产的，可以申请由人民法院依职权调查核实或签发调查令，有关部门和机构应当配合管理人的调查。

管理人为调查事实，就债权、财产等争议，可以通知相关人员到指定场所接受询问或者提交书面陈述意见。

32. 管理人应当及时完成债务人财产状况调查报告，并对生活必需品（豁免财产）清单提出意见，财产状况调查报告提交债权人会议审查。

七、债权申报

33. 债权人申报债权时，应当书面说明债权的数额和有无财产担保，并提交有关证据。申报的债权是连带债权的，应当予以说明。

连带债权人可以由其中一人代表全体连带债权人申报债权，也可以共同申报债权。

附条件、附期限的债权和诉讼、仲裁未决的债权，债权人可以申报。

债务人的保证人或者其他连带债务人已经代替债务人清偿债务的，以其对债务人的求偿权申报债权。债务人的保证人或者其他连带债务人尚未代替债务人清偿债务的，以其对债务人的将来求偿权申报债权。但是，债权人已经向管理人申报全部债权的除外。

34. 管理人收到债权申报材料后，应当登记造册，对申报的债权进行审查，并编制债权表。

根据债权性质可分为享有特定财产担保债权，赡养费、抚养费、扶养费请求权，雇用人员债权、税收债权、普通债权。管理人应在债权表对每笔债权性质进行列示。

35. 管理人编制的债权表，应当提交债权人会议核查。

八、债权人会议

36. 第一次债权人会议由人民法院召集，以后的债权人会议，在人民法院认为必要时，或者管理人、所代表债权额占债权总额四分之一以上的债权人提议时召开。

召开债权人会议，管理人应当提前十五日通知已知债权人，并提前三日告知会议内容。

37. 第一次债权人会议自人民法院裁定受理个人债务集中清理申请之日

起三十日内召开，重点对申请执行人和其他已知债权人释明以下内容：

（一）执行程序的功能主要在于对“有履行能力而拒不履行生效法律文书确定义务”的被执行人进行强制执行；

（二）债务人无履行能力的，属于市场交易风险或者是由于债务人意志以外的特定原因；

（三）个人债务集中清理程序在债务人配合、财产调查、专项资金援助等方面的优势；

（四）人民法院认为需要释明的其他事项。

38. 经过债权人会议释明，尽可能引导债权人同意或者附条件同意免除债务人的剩余债务，所附条件主要是“个人债务集中清理期间债务人如实申报财产并经处置分配”。

39. 债权人会议行使下列职权：

（一）核查债权；

（二）监督管理人；

（三）申请人民法院更换管理人，审查管理人的费用和报酬；

（四）审议生活必需品（豁免财产）清单；

（五）审议债务人财产情况报告；

（六）审议财产调查情况；

（七）审议财产分配方案；

（八）人民法院认为应当由债权人会议行使的其他职权。

债权人会议应当对所议事项的审议情况作成会议记录。

40. 债权人会议可以探索采用双重表决规则等方式，即首先由全体债权人一致同意通过一项表决规则，然后再根据通过的表决规则对财产分配方案等事项进行表决，以有效推进清理程序。

41. 债权人会议对债务人生活必需品（豁免财产）清单的审议结果，作为人民法院依据《中华人民共和国民事诉讼法》第二百四十四条确定“被执行人及其所扶养家属的生活必需品”范围、金额的重要依据。

42. 债务人应当出席债权人会议并接受质询。

债权人可以在债权人会议召开十日前，以书面方式陈述具体理由，要求